当代社科研究文库

明清文化名人

方 良◎著

中国言实出版社

图书在版编目（CIP）数据

明清文化名人 / 方良著 . -- 北京：中国言实出版
社，2014.7

ISBN 978-7-80250-925-2

Ⅰ.①明… Ⅱ.①方… Ⅲ.①文化—名人—人物研究
—苏南地区—明清时代 Ⅳ.①K825.4

中国版本图书馆 CIP 数据核字（2014）第 164565 号

责任编辑：马晓冉

出版发行 **中国言实出版社**
地　　址：北京市朝阳区北苑路 180 号加利大厦 5 号楼 105 室
邮　　编：100101
编辑部：北京市西城区百万庄大街甲 16 号五层
邮　　编：100037
电　　话：64924853（总编室）64924716（发行部）
网　　址：www. zgyscbs. cn
E - mail：zgyscbs@ 263. net

经　　销 新华书店
印　　刷 北京天正元印务有限公司
版　　次 2014 年 10 月第 1 版　2014 年 10 月第 1 次印刷
规　　格 710 毫米×1000 毫米　1/16　16. 125 印张
字　　数 264 千字
定　　价 48. 00 元　　ISBN 978-7-80250-925-2

●●●●● **目录**

绪 论

明清两朝是我国古代封建社会的晚期，首尾 544 年（1368～1911）。

从世界历史观察，无论何种民族，凡一种社会制度的晚期，其创新能力当然不可与其前面的上升时期相媲美；但其优点，也可以一眼望到，特别在经济文化方面，晚期的成就往往大于以往。把我国封建社会历史比作一条长河的话，这条河就像长江，开始阶段从西部高原奔腾而下，建树多，速度快；中间阶段又从丘陵地带急驰而过，弯弯曲曲，襟带九水；后期阶段流入东部低地，其流速缓、润泽广、作用大。说得实际一点，从政治体制而言，明清时期已经没有前期与中期的创新与规划；仅有的一些变化，还是模拟先贤为多，故可以称作缓；从经济文化来看，明清时期的变化大得惊人，新式事物层出不穷，精神产品极其丰富，故可以称作广；从历史作用来看，明清时期对近现代乃至当代影响深刻，亦为历史上的其他时期无法比拟，故可以称作大。学人们对明清历史的重视程度素来不薄。在这一领域，已经有了大量佳作，本书不敢望厕身其间，只是示以个人的一二研究特点而已。

本书的第一特点是文化名人研究。

在明清历史著作之林，有不少书专致力于士大夫的研究。今天，我们换称文化名人研究，不是特地另辟蹊径，而是考虑本书要讲的人物分布面颇杂且广，用士大夫概称未必妥帖。固然，古代文人，已仕的称作士大夫，未仕的、忽儒忽僧的称作士大夫不妨。但笼而统之地称之为士大夫，还不如直接叫文化名人为好。

还有，士大夫是有社会责任的。士为民范，既仕则浩然养气，事君泽民；未仕则修养洁身，恭敬示民。有了这样一个意识，注意力自然集中到政治方面来。用现代社会的阶级分析法，士大夫是统治阶级的范畴，其言行举止代表着统治阶级的意识，凡事不能忽略观其立场，假如承认其可能为被统治阶级代言，难免迂道论之。我们换称文化名人，只是不想在一本论述地方文化历史的小册子里，把阶级立场过多地说来说去。

文化人士的精神生活，极其丰富。他们要承担起在不同情况下的力所能及的作用，要言、要画、要唱、要写，用不同方式（包括非士大夫化的方式）抒发情感。他们对许多问题的看法，不尽一致，甚至是大相径庭的；但不妨碍他们的各自思考的价值。从整体上看，他们作为文化人士，领先一步的悟性始终是存在的。他们的精神意识包含着人类美好的愿望。褒之为前瞻性强，可以；批评为理想色彩浓，也可以；但是，作过多的指指点点，罗列其不合理性，恐怕成为煞风景的举止。古代文人良莠不齐、才德不双、学养不一等等顽症，应当宽宏地看待。古代社会的政治环境与物质条件，非后人所能体验，苛求先贤不如自勉。总之，我们不想简单地看待历史问题，但又想简单地勾勒出众多乡贤留下的历史遗迹，径直用文化名人，称呼为好。

文化名人研究，不能不评定高低，臧否善恶。

评定高低，就是判别贤庸。贤者，聪慧能干，故与庸对应。对文化名人的能量作出判别，是比较容易的。因为能力的裁量，一般有客观的标准衡之，古今论者具有共识。

臧否善恶，就是判别忠奸，则不容易。忠者，忠贞不贰，操守如一，故与奸对应。判别忠奸的政治意识浓，必须说明"忠"的内涵与价值；也必须辨析"奸"的内涵与危害。如果，不从当时的时代背景、当事人的主观动机、事功的客观对比等方面，详细道来；笼统地说，还真是不容易说得清楚。

本书不能回避这些问题，尽力而为，自有不少想法不同于往说，只当作个人研究或个人观点与大家商榷，并期待批评。

本书的第二特点是区域性。

应当交代本书的"苏南"概念。苏南本是一个地理概念，与苏北、苏中的地理概念相对应。苏南指的是江苏省内长江以南部分。

苏南又是一个历史概念。苏南与"三吴"的名称相对应。古称"三吴"：东吴，含苏州、上海、无锡等地。中吴，含常州、丹阳等地。西吴，含湖州等地。

苏南又是经济文化概念。在江苏的江南区域内，南京、镇江地区与更为南边的常州、无锡、苏州地区仍然存在不小的差异，一般把苏南指定为后者。

本书所指的苏南，综合历史因素与经济文化因素，把它确定为大致相当今天苏、锡、常地区的范围，外含镇江地区的丹阳（县级市），不含松江府与崇明县（今天的上海），湖州府（今天的湖州市），也不包括今天的南京、镇江地区大部分地区。

这样本书所指的苏南区域，其历史上的行政区划沿革情况简要说明如下：

先秦，这里先后为吴、越、楚国领地；秦设会稽郡，在此设立吴县等6县；汉仍之，东汉改为吴郡，设县不变；三国至南朝末，机构设置变动大，主要特征是形成了以吴县、晋陵县为区域中心的局面，与太湖西南角的吴兴郡并称"三吴"；隋、唐、宋、元时期，苏南发展速度加快，已设有10县，苏州与常州各领有4县，另两县分别由江宁与镇江管辖。

进入明清时期，设县最多，见表：

	省	南 直 隶			
明	府	苏州府	常州府	应天府	镇江府
	县	吴、长洲、吴江、常熟、太仓、昆山	无锡、宜兴、江阴、武进	溧阳	金坛、丹阳
清	省	江南省（1667年后改为江苏省）			
	府	苏州府	常州府	镇江府	
	县	吴、元和、长洲、吴江、震泽、常熟、昭文、镇洋、昆山、新阳	无锡、金匮、宜兴、荆溪、江阴、武进、阳湖	溧阳、金坛、丹阳	

另外，本书的编写是在对明清历史的若干问题作了自己的思考之后，在大的格局中认识若干乡贤。古人云：知世论人。如今我们研究明清苏南文化名人，必须先要考察这些历史人物所处的社会背景，然后才可能了解、分析、评判历史人物。明清历史为读者所熟知，没必要从头讲。在此，只将我们加以留意的若干个大问题，揭示出来，为人物的研究作好铺垫。

一是明初立国的优势与弊端，对于整个明朝关系重大，也对于明朝人才的构成、发展或破坏影响极大，应有所说明。

明朝立国恢弘，气势不凡，宜乎国运长久、经济文化繁荣的封建王朝。开国皇帝朱元璋（年号洪武，又称洪武帝），在位31年（1368~1399），是一位奇特的皇帝——以其流丐出身终能推翻元政权，夺取天下是为奇；以其天子身份君临天下，不忘民生，惩治污吏是为特。另外，他重用经生，加强君主专制、加强思想文化管制，形成严厉的社会氛围；对外不断发动军事攻势，以攻为守，加强了国防，使国力不断得以加强，时称"凡天下道里，纵一万九百里，横一万一千七百五十里，四夷之驿无不与焉"。[1](p. 883)

洪武之后，有明成祖（年号永乐，又称永乐帝），在位 22 年（1402～1424），与洪武年合并 53 年，堪称明初盛世。值得一提的是，永乐帝根据形势的变化，调整了国家对外政策，采取对外开放、稳定周边的策略，把中国的稳定发展与世界、尤其是周边邻国联系起来，力争一个长治久安的局面。因而，永乐帝把派遣郑和下西洋，作为当时的一项重要国策。事已 600 年了，回忆起来还足以使国人自豪。郑和下西洋的船队，一般从南京出发，在江苏太仓刘家港集结，然后沿海南下，在福建长乐太平港再次集结，并候季风出远洋。所以，在江南期间，收揽了各路人才，随之出使西洋的便有不少苏南子弟。

但是，从明朝立国伊始，明朝的政治建制与政权构架就有特别的缺陷。如过分依赖中央集权，限制地方政权，同时严格监控在京文武百官，创设由宦官领衔的特务机构，使宦官势力由此坐大，一发而不可收拾，成为贯穿有明一朝始终的政治大隐患。魏忠贤为历代宦者之最，自称上公，小宦官称其九千岁，无耻官员称其九千九百岁。魏阉权倾朝野，飞扬跋扈，其势力成为晚明一大社会政治黑帮。总之，在大多数时间内，宦官势力没有起到积极的作用，长期妨碍统治阶级组织有效的自身力量与社会力量，去克服一次次的内忧外患；又因外患内忧并发，导致亡国。

如在加强国防方面，没有合理的机制，协调备战与作战期间各方面的关系，合理地调配好一个大国应有的物力与人力，形成强有力的武装力量；使得明朝除了开始几十年尚能有所开拓进取、对外保持攻势之外，余下的大部分时间内，经常疲于应付来自国内北部游牧民族向中央政府的挑衅与掠抢中原居民；甚至对付邻国海盗集团的武装侵犯与掠抢东南沿海居民，也是办法不多，久久不能平息。

如选拔经生，用为官吏的途径，很快形成依据宋代理学，作为中式的标准，用八股文的形式，引导士子拘泥于宋代理学的成说，不能越雷池半步，从而极大地束缚了学人的思想，甚至于许多举子固守一部《朱子注疏大全》

而不放，不问其他学术学问。

二是明朝灭亡的原因，古今论者，议论纷纷，且对于判别明清之际的历史人物忠奸贤庸关系重大，应当加以说明。

1644 年，明朝中央政府终于垮台。导致明亡的原因很多，除了上述内在的、长期性的原因之外，还有一些直接原因。

从明朝政府自身角度来看，首先，负有直接责任的应当是明朝后几位不称职的国君——不问国事的神宗皇帝（年号万历）、糊涂透顶的光宗皇帝、傀儡一世的熹宗皇帝（年号天启）、反复无常的思宗皇帝（年号崇祯）；偌大一个国家交给昏君或庸君办理，是古代中国人的不幸。但是，恰恰这一点，古代士民是不会承认的。在他们的心目中天子无论如何都是神圣的。

其次，明代实施极端的君主专制，无论君主直接执政，还是宦官、权臣揽权专政，都有很大问题。明思宗（崇祯帝）年轻气盛，滥用君主权利，在位期间（1628～1644），不过 16 年，就下令处死总督 7 人、巡抚 11 人，还更换内阁大学士 50 人次，尤其是冤杀大将袁崇焕，自毁长城，罪莫大焉。

再次，封建社会的政治体制决定了管理层的整体腐败，导致明朝的灭亡。明宫廷养有宦官十万、宫女九千；皇亲国戚、宦官权臣，放肆截取财富，简直是对地方群众吸髓饮血，然后挥霍浪费；上行下效，各地官场贿赂公行，贪墨成风；并由此产生一系列的并发症，统治阶层内部纷争不止，往往又是以邪压正而告终。吏治大坏、士风亦大坏，难以达成统治阶层内部的团结、形成一股凝聚力，对付随时可能出现的社会危机，从而解救国家危难。

南明（福王）政权是明朝廷的继续，混乱与腐败有过之无不及，几乎拥有百万大军，却没有打一次象样的仗，便纷纷崩溃，不过一年多时间，就上演了一出极其丑陋的历史剧。

从明朝敌对势力角度来看，表面上是明朝直接亡于李自成农民军队，实际上明朝灭亡是由于不能承受后金军队与农民起义军的双重打击。两者相比较，还是后金军队对明朝的危害性与摧毁能力更大。孰不知，由于后金政权的崛起、明朝遣尽精锐部队出关抵抗而不胜、继而后金军队屡屡南下骚扰掠杀河北、山东等地城乡群众、明朝反因"辽事"屡屡增加内地民众的经济负担而招致民怨、特别是在明朝的军事实力与物质力量已经无法同时应付南北两线作战时，明朝迫于无奈，还是把对付李自成、张献忠等农民军队卓有成效的两大将领卢象升、洪承畴，先后从南方战线撤出，移向北部前线；结果，南部战事重新吃紧，并且造成两河地区的真空，使李自成部队直驱京城，打得明朝中央措手不及。

然而，李自成农民军果然有力量吗？孰不知，被后金（清）军队一击即破，李自成进京速来速去。与其说李自成农民军因迅速腐败而失败，不如说李自成农民军本身实力不强。由此可知，假如不是后金军队的"协助"，农民军不可能如此顺利得天下；即使崇祯帝自尽后，明朝在各地的实力，也容不得李自成坐稳江山。假如不是后金入关，明朝不会就此为止，明朝的"中兴"是有把握的。

弄清楚明朝灭亡的种种因素以及各因素之间的联系，对于我们评判那个时期的人物、分析他们的思想动机，应有所帮助。

三是对明末清初的民族矛盾，所谓的"华裔之别"，应当加以说明。

明末，以崇祯帝为代表的明朝中央政府，面临外患内忧、即所谓"辽"与"寇"的两种敌对势力，在"华裔之别"的思想原则指导下，两害相权，以为"辽事"伤及国本，"寇事"不过民瘼。所以，在使用兵力方面，对"辽"使尽气力，也从不妥协；对"寇"时抚时剿，用兵不专。后人根据李自成军因而坐大，并打下京城的结果，去逆推崇祯帝的军事决策错误，是有道理的。但是，也要理解崇祯帝决策的由来，事实上，不仅仅是崇祯帝，当时几乎所有的士大夫都以"辽事"为先。假如从清朝建立的事实来逆推，崇祯帝的考虑，道理就更足了。

比起李自成，清朝的危害更大，尤其是在清朝初期，清政府对经济文化的破坏、对人民的摧残是非常严重的。

清朝政权的构建，是以满贵为核心、参以汉族以及其他民族的上层成分作为辅助。这样一个封建政府，建国伊始，并没有像清朝中后期文人宣传得那样的圣明、清廉。清初，统治者固然知道自己所面临的主要问题是，如何抚顺一个人口众多、历史悠久、文化先进的大民族，以及很多分散在各地的小民族？但是，清朝的决策层在实际操作的过程中，宁失之于猛，毋失之于宽。以暴立威，是其主要手段；宽容谅解只是次要手段。每到一地，无不屠杀、劫掠。试图以高压政策吓住人数众多的内地各族人民、主要是管住汉族人民，因而实施凶穷极恶的破坏、强暴政策；特别是进入江南之后，强行推出"剃发令",所谓:"遵依者为我国人民,迟疑者同逆命之寇,""留头不留发,留发不留头。"使得汉族及其他许多民族的人民群众共同遭受了一场特大浩劫。如谓不信,谨举几则清朝早期文人的实录:

《尤侗自撰年谱》云:"乙酉五月,王师渡江,福王出奔,南中大乱。予奉父母避地斜塘旧庄。湖寇猝发,烽火相望。寝食不宁。"

又:"尤侗斜塘避难图,伤乱也。乙酉五月,予移家斜塘。八月仍入城。鸡乱飞,狗乱吠。烽火红,刀兵起。城外白布头,半是无□□。□人贱如麻,抄家轻如纸。扶爷娘,掣儿郎,东村逃,走西□□□……朝闻官军捉剃发,夜防土贼来打粮。故乡不可住,他乡不可去,无何买得一扁舟,移家寄宿芦苇处,遥望五湖万里长,何当款乃潇湘雨。"[2]

《陈安道先生年谱》云:"乙酉夏六月,奉庄介公避乱。闻军渡江,公弃故居,奉庄介公行遁吴中诸野。初至双凤,旋入蔚村,又次澜漕,遂达阳城。七月七日,昆城破,则走任阳。十三日虞城破,则又走直塘之曾家湾,又走何市之王秀桥。七月晦,兵至穿山,又走红庙。明日走白茆。又明日,走沙溪。将东行以大风阻,夜,盗窃舟去。既而依沙溪之曹氏以居。"[3]

《吴梅村年谱》云:"五月十七日,州役皂隶与厮等殴张南郭,以积米未明为词。浏河兵以数月乏粮,拥至城,势张甚。十九日,满城民夜皆闻鬼哭。二十日,士民讹言大兵已至苏州,居民惊徙,城市一空。知州朱乔秀客而懦,卒当时危,惟拥赀阊门为走计。六月初二日盗库币逸。初四日,州乱,焚抢蜂起,先生避乱蠚清湖。"[4](p.1451)

朱明镐《小山杂著》云:"七月初四日屠嘉定,初六日,屠昆山,十二日屠常熟,吴郡县七州一,崇明悬处海外,六邑五受伤夷,惟一州为鲁灵光之独存。自杂弁恣意淫刑,悍卒踊跃夺劫,乡城哽咽,互召敌仇。譬之蟹然,取其郭索之物,惟余顽然一腹,究复何济。三县合计,所屠之户不下二十万人,凡厚赀强有力者先遁荒野,遇害间有一二,大率中下户居多。"[4](p.1451)

徐崧《百城烟水》云:"松之(崧字松之)少而失怙,华国先生崇祯壬申殁,时松之年甫十六。长更多艰,播迁则屡失其资。初迁钱家泾,乱时又迁八斤、廿八都、蔺村、双杨、曹村等处。死丧则尽倾其产。殇则有增弟、留妹、桂儿、明儿、盛儿、月女、殇女。"[5](p.354)

此类材料举不胜举。

对待清朝的野蛮统治，毫无疑问地遭到各地各民族人民群众的反抗，而受华夏文化熏陶数千年、经宋、明理学激励数百年、形成民间社团组织（如东林、复社、几社）数十年的苏南人民群众，以极大的热情、能力、甚至身家性命，勇敢地与强敌抗争，试图捍卫自己的文化与家园。这一场斗争，不仅仅是政权正朔之争，也不仅仅是排斥少数民族入主中原，更不仅仅是复立明政权的问题；而是体现一个民族、社会群体、一种文化如何自立、如何生存、如何延续的问题；与数千年无数次"华裔之争"一样，中华民族的凝聚力由此而积累、而发扬，是中华民族永存的法宝。

对这段历史的回顾，我们不是强调大汉民族主义，而是在尊重历史事实的前提下，强调各族人民的生存权利、民族信仰权利以及保护文化传统的意愿；同时，也是评判当时各类人物的需要。

四是对明清两朝的大势进行说明。

总的看来，明清两朝的大势，各自的前期要比中后期有所建树，社会生活与民众情绪较好；中后期则是问题越来越多，不仅民生维艰，哀鸿遍野；连社会上层人物自身也乱了起来。两朝都没有逃脱这样一种模式，如张溥所说"逆取顺守，道固essence。大抵开辟之忧勤，不敌季朝之燕逸，群贤之劳罢，莫救一夫之顽谗。古今尽然。"[6](p.6)

当然，两者还是有所不同。

明朝后期似乎有历史机遇，那就是生长于自身封建生产关系内部的异质因素，被学人称作"资本主义生产关系的萌芽"，能否自生自长，从而向高一级的社会形态过渡。事实证明这是不可能的，在当时，世人对此也是浑然不识。所以，"萌芽"与当时文人的关系可以忽略不计。

从鸦片战争开始，晚清仅70余年时间，走过了一段现在看来是我国这样一个大国所无法避免的一个历史阶段。这70余年，清朝所面临的外部环境与民族生存的挑战，与其他任何一个封建王朝不同；西方列强所带来的不仅仅是暴力，（如果仅仅是暴力，注定是不长久的。）还有体用并强的西方文化。从而使得我国社会面貌发生了很大的变化。亘古不变的观念受到了比较彻底的冲击，"中央王朝"的优越感沈刷得几乎荡然无存，原有的崇拜被一批"舶来品"所替代，"远来近悦"的假说与单向主义政策变得销声匿迹，"富饶强大"的自信与傲气不复存在，伦理纲常的权威与束缚越见淡薄；洋货充斥城乡各地，都市生活商品化与农村群众贫困化并存，"人口过剩"的危机显露，社会秩序大坏；救亡声日起，民族主义运动压倒一切。

70余年，由一个相对平静的封建大国，迅速向一个近代化的国家过渡，并非坏事。但是，整个过程，是与原来的世界一流大国沦为一个任人宰割、弱肉强食的样板同步的，怎能不激发起这个古老民族的自奋与拼争。晚清忧国忧民者，无不既为丧权辱国、割地赔款而伤心痛骨，又为亘古以来"华优夷劣"观念的破灭而困惑迷茫。由此看来，清末国运颓废，仅仅归罪于清末统治阶级的"燕逸"、西太后的"顽谗"，是把历史问题看得简单化了。要知，清末一切社会问题与外交问题的要害，在于社会制度的落后与传统文化的落后。这是毋庸讳言的。

当然，我们并不因此全盘否定传统文化，还要指出。传统文化的内核好得很，就是民族自尊、吐故纳新、应"天"（"天"之古义，可训作法则、规律）革命、自强不息。所以，清末的士林不再斯文，民众无法平静，终于形成一股势力，向本国统治结构的最为薄弱处，发起攻击，"驱除鞑虏，恢复中华，"成为一时最强音，清政权几乎无还手之力，迅速垮台。

讲到晚清文化名人，我们认为，人品学养，不能不优先考虑他们的思想是否与时俱进，不论其进步程度如何，都应当尊重；而不能与时俱进的，则不免亮相耻之。

本章参考文献：

[1] 张廷玉. 明史 [M] 北京：中华书局，1974.

[2] 北京图书馆编. 北京图书馆藏珍本年谱丛刊（73）[M] 北京：书目文献出版社，1999.

[3] 北京图书馆编. 北京图书馆藏珍本年谱丛刊（71）[M] 北京：书目文献出版社，1999.

[4] 吴伟业. 吴梅村全集 [M] 上海：上海古籍出版社，1990.

[5] 徐崧. 百城烟水 [M] 南京：江苏古籍出版社，1999.

[6] 冯琦. 宋史纪事本末 [M] 北京：中华书局，1955.

乱后文章感慨多——"吴中四杰"刍论

历史进入明朝初年，公元 14 世纪中叶，苏南的经济与文化发展状况，齐头并进，宜乎成为文化人才密集的地区。

第一节　文学之乡

一、风土人情

苏南地貌与风物特点显著。地貌以水域纵横著称；水域以"五湖"与"三江"最为重要。"五湖"即太湖。"三江"，即古代太湖入海途径，历来多说；其一说为"松江、娄江、东江"。松江，又称吴淞江，经苏州城南折向东方流向长江出海口。娄江，又称浏河，经苏州城北再向北流入长江。东江，又称黄浦江，由太湖南端流向沪渎。其他重要的水域是大运河、盐铁塘（始修于 827 年，完工于 835 年）、望虞河（始修于 807 年，初名元和塘）等。

古代文人笔下的苏南，以诗代画的有张籍诗："杨柳阊门外，悠悠水岸斜。乘船向山寺，著屐到人家。夜月红柑树，秋风白藕花。江天诗境好，回日莫全赊。"又，苏舜钦诗云："绿杨白鹭俱自得，近水远山皆有情。"诗评家汪辟疆认为"言吴中山水风物者，此二诗足以尽之。"[1](p.309)

另外，吴人范成大的《四时田园杂兴》诗云："新筑场泥镜面平，家家打稻趁霜晴。笑歌声里轻雷动，一夜连枷响到明"；[2](p.97)祝允明的《首夏山中行吟》云："梅子青，梅子黄，菜肥麦熟养蚕忙。山僧过岭看茶花，村女当垆煮酒香"；以及祝允明的《暮春山行》云："山艇出横塘，西山晓气苍。水车辛苦妇,山轿冶游郎。麦响家家碓,茶提处处筐。吴中好风景,最好是农桑"。[3](p.43)令人觉得乡情味道更浓。

二、经济文化长足发展

一方水土养一方人,到了明朝时期,苏南社会经济发展好比上了快车道,发展速度显然快了起来。

首先表现在手工业方面。这里有当时国内领先的丝织业(以吴江盛泽为代表)、棉布业(以常熟为代表)、夏布业(又称纻布,以太仓为代表)。徐光启《农政全书》称:"三百年而尚存视息者,全赖此一机一杼而已。"又称:"皆恃此女红末业,以上供赋税,下给俯仰。若求诸田亩之收,则必不可办。"[4](p.257)

其次表现在经济作物方面。这里有茶、桑、桔、棉、苎麻等经济作物的大面积种植,相对提高了土地单位面积的产出,增加社会财富。

再次表现为渔业的发展。

由前三者所带动了本地商品经济的发展,商贸活跃,市场相对繁荣,有称:"吾苏蕞尔,地不过方二百里,而财赋当天下少半,郡城繁华,四方商旅辐辏,过者啧啧羡富饶。"[4](p.627)又有称:"吴中百货所聚,其工商贾人之利又居农之什七。"[5](p.32)吴人自夸:"自来江南郡,佳丽称吾乡";[3](p.20)以及唐寅的诗云:"世间乐土是吴中,中有阊门更擅雄。翠袖三千楼上下,黄金百万水西东。五更市卖何曾绝,四远方言总不同。若使画师描作画,画师应道画难工。"[3](p.1)

再由以上数则,形成当地重教尚文的风气,成为科举鼎盛之乡。经科举之路走上仕途的苏南人士,作为特殊的群体,久居全国各地之首。经济文化的相对发达,提升了社会发展综合水平的档次,使得各项社会活动活跃;并因其文化领先,被舆论称之为时尚发生之地:"(吴地)善操海内上下进退之权。……苏人以为雅者,则四方随而雅之;俗者,则随而俗之。"[5](p.33)

苏南文化,所涉及的领域很广,凡诗、书、画、曲、琴、棋、家具、器皿、建筑、饮食……都有苏南文化的"精灵"在其中,令后人叹为观止。以家乡为自豪的苏南人，甚至对号称天堂之地的苏、杭两地也作过比较："江南名郡，苏杭并称。然苏城及各县富家，多有亭馆花木之胜；今杭城无之。"[6](p.5)

　　苏南的地貌风物，结合明朝经济的发展，加之以水陆交通运输方便、文人交游便利的优势，也吸引了众多外地文士、商家、以及兵、工、农到苏南定居，使得古代苏南人文荟萃，在明清时期达到极致的程度。

三、人才荟萃

　　专家考证在"廿四史"中，有传者达 2 万余人，其中，江苏籍人士占 1/3 弱，有 6000 余人。在江苏籍人士中，苏南人士所占比例，在明清之前不大，但到明清时期十分显著。《当代中国的江苏》总序称："江苏以人文荟萃著称，明清两代更是历史上群星灿烂的时期。"然后列出 37 位江苏籍著名人士，其中 27 位是苏南籍人士。[7](p.13)

　　《清代状元奇谈》说："清代状元总数为 114 名，江苏占 49 名（42.98%）。""若以乾隆六十年为界，前期有状元 63 名，江浙两省占 51 名（80.95%）。"[8]

　　在江苏的 49 名状元中，苏南人士占 36 名（如上海的 4 名计在内，为 40 名）。

　　《明清江苏文人年表》[9] 集录文献 1500 种，从 1368 年到 1840 年，录有 4379 名人士；其中苏南籍人士著录入书的有 2151 人（如加上上海人士则为 2683 人）。分布各县为：

吴县	常熟	吴江	昆山	太仓	武进	无锡	宜兴	江阴	丹阳	溧阳	金坛
533	246	267	124	151	226	312	68	103	33	33	55

　　（说明：吴县含元和、长洲；常熟含昭文；吴江含震泽；昆山含新阳；武进含阳湖；无锡含金匮；宜兴含荆溪。）

　　《辞海》部分分册，录明清时期苏南知名文人情况如下：

　　《文学分册》有 66 人，（顾瑛、高启、祝允明、唐寅、徐祯卿、皇甫冲、归有光、唐顺之、王世贞、王穉登、王世懋、高攀龙、王次回、叶绍袁、沈宜修、毛晋、张溥、钱谦益、冯班、陈贞慧、毛宗岗、金圣叹、吴伟业、归庄、顾炎武、柳如是、尤侗、万树、严绳孙、汪琬、陈维崧、叶燮、吴兆骞、储欣、徐轨、邵长蘅、顾贞观、钮秀、潘来、沈德潜、史震林、徐大椿、夏敬渠、邵齐焘、赵翼、毕沅、程伟元、屠绅、洪亮吉,等等)。

《艺术分册》有69人,(戏曲家陆采、李日华、王世贞、魏良辅、梁辰鱼、张凤翼、沈璟、许自昌、徐复祚、冯梦龙、吴炳、沈自晋、袁于令、沈宠绥、李玉、朱佐朝、朱素臣、张大复、丘园、叶稚斐、尤桐、万树、杨潮观、沈起凤、叶堂、吴梅;画家徐贲、王绂、周臣、夏昶、杜琼、刘珏、沈周、吴伟、唐寅、文徵明、仇英、陈道复、陆治、周之冕、文嘉、文伯仁、钱谷、张宏、邵弥、文俶、王时敏、王鉴、龚贤、王翚、吴历、恽寿平、王原祁、汤贻汾、吴友如;音乐家严澂、徐上瀛、华秋萍、郑觐文、华彦钧、刘天华、昆曲表演家陈明智、金德辉、朱莲芬;曲艺家马如飞;书法家宋克、祝允明、王宠;篆刻家文彭,等等)。

《中国古代史分册》有26人,(姚广孝、费信、朱纨、王忬、顾宪成、高攀龙、周顺昌、孙慎行、顾鼎臣、周廷儒、卢象升、堵胤锡、瞿式耜、吴易、吴炎、潘章、倪用宾、金之俊、徐乾学、徐元文、杨名时、邹一桂、嵇璜、刘纶、于敏中,等等)。

第二节 "吴中四杰"

元末,反元起义遍布江淮之间。诸豪强纷纷占地为王。有张士诚在元末(1353 年)起兵于江南省的江北沿海地带,后延伸到江南的太湖以东地区、太湖以南地区。他先称周王、后称吴王,其间与元王朝若即若离,与后起的朱元璋势力如同水火。朱元璋在平定长江中游的陈友谅势力之后,先后收复张士诚的江北与太湖以南之地,最后(1367 年),一举攻下张士诚的"吴王"都城——平江(今苏州)。

张士诚虽出身盐贩,但成事后颇能延揽文士。史载,当时吴下汇集天下各路才子,尤以诗人闻名。《明史·文苑传》记载,有高启者,家平江城北郭,与授徒于齐门的王行比邻。王行,是一位苦出身、自学成材的青年。史载：王行"幼随父依卖药徐翁家。徐媪好听稗官小说，行日记数本，为媪诵之。媪喜，言于翁，授以《论语》，明日悉成诵。翁大异之。俾尽读家所有书，遂淹贯经史百家言。未弱冠，谢去，授徒齐门，名士咸与交。"[10]俩人及杨基、徐贲、张羽、余尧臣、王彝、宋克、吕敏、陈则等十人，皆卜居相近，号"北郭十友"，又称"十才子"。其中，高启、杨基、张羽、徐贲皆有诗文集行世，且有后人编为"吴中四大家集"（张习于1491年编成），故号"吴中四杰"，以配初唐"王、杨、卢、骆"；或称明初"吴中四子"，与明中期的"吴中四子"有先后次序。

一、高启

高启（1336～1374），字季迪，长洲人，博学工诗，青年时与割据地方的张士诚势力有关联；入明后，虽已被朱元璋所纳用，召修《元史》，授翰林院编修，陪侍诸王，擢户部侍郎。但是，高启对新政权心有余悸，并且不满于明政权的高压政策，坚请辞职，获准后家居授书自给。朱元璋向有"寰中士大夫不为所用律"，使高启不能幸免；因些微小事触怒朱元璋，将高启处死。

高启死时年仅39岁，（按：古人以虚岁称，本书从之。以下同例，不再说明。）有《青丘集》十八卷与《凫藻集》五卷行世（前书又名《高太史大全集》）。[11]

高启的文学成就主要在诗创作方面，被称为元明之际承前启后者。他留下了两千多首诗，其诗采众家之长，有慷慨激昂之气质、重世情而轻私情、才调卓尔有余，惜乎去世太早，未能熔铸变化，自为一家。明清两朝论诗者共识高启为明初一流高手，更有《四库全书总目提要》称："高启天才高逸，实据明一代诗人之上。"[12]

综观高启一生，他应是一种贪于闲适的文人，自始至终，对出仕抱着避之犹恐不及的态度。青年时，张士诚地方政权（史称"伪周"或"伪吴"）积极延揽文士。与高启结识的多位好友纷纷谋职高位，而高启独能避之隐居海隅，仅与当政者以及进入官场的旧友相处尚好。据王世贞说："胜国时（此指元末），法网宽大，人不必仕宦。""饶介之分守吴中，自号醉樵，延请文士

作歌。张仲简诗擅场，居首坐，赠黄金一饼，高季迪白金三斤，杨孟载一缣。"[13](p.166)

元季隐居的高启，恰是其诗创作的黄金期。此时，他对诗创作的深嗜笃好，达到了被人称作"诗淫"的地步。从内容来看，入明之前，他的诗创作表达了自己信奉的一种洒脱的人生观，他表示与世无争，不屑建不世之功，"世间无物为我娱"，我自作诗，"但好觅诗句，自吟自酬赓。""不惭被宽褐，不羡垂华缨。"[11]像《卓笔峰》："云来初似墨，雁过还成字。千载只书空，山灵恨何事？"[11]其中意境难能一语道破，如理解为对世态炎凉的看破，或许与其人生观可以吻合。还有早期的代表作《悲歌》："征途嶮巇，人乏马饥。富老不如贫少，美游不如恶归。浮云随风，零落四野。仰天悲歌，泣数行下。"[14](p.14)（《悲歌》与下文《吊岳王墓》被各家诗选引用最多。）这首诗是对前程的预卜，从语意来看，消极失望的悲情很浓。

入明之后，高启到南京供职，随之而来的诗创作，内容方面变化很多，不少创作涉及史论，如《吊岳王墓》：

"大树无枝向北风，十年遗恨泣英雄。

班师诏已来三殿，射房书犹说两宫。

每忆上方谁请剑，空嗟高庙自藏弓。

栖霞岭上今回首，不见诸陵白露中。"

清诗家沈德潜评曰："通体责备高宗，居然史笔。"[14](p.22)应是对宋高宗的诛心之篇，可见高启在这个问题上的史识。

另有表述对元王朝的痛苦记忆，带有一点批判精神的诗作。如《穆陵行》，诗云："髡胡暗识宝气尽，六陵松柏悲风来。玉颜深注驼酥酒，误比戎王月支首。"这是深斥元朝色目僧师杨发之流胡作非为之事。至元初年（1279年），杨发为了取悦当政的蒙古贵族，不惜残害汉民族及其他少数民族的感情，竟然发掘宋朝诸帝陵，取宋理宗顶骨为饮器，并在色目僧中先后使用近百年。高启对此无比气愤，直呼："百年帝魂泣穹庐，醉骨饮冤愁不朽。"[13](p.168)可见高启的诗，能与"驱除胡虏，恢复中华"的明朝北伐军同仇敌忾。

还有对明朝满怀希望的诗作，如《登金陵雨花台望大江》，他吟道："大江来从万山中，山势尽与江流东。钟山如龙独西上，欲破巨浪乘长风。江山

15

相雄不相让，形胜争夸天下壮。"接着有："英雄乘时务割据，几度战血流寒潮。我生幸逢圣人起南国，祸乱初平事休息。从今四海永为家，不用长江限南北。"[14](p.18)此种引吭高歌的气度，自有明朝开国时期的气象，为有明晚辈诗人之所难。高启为人欣赏，由此可见。

但是，高启的后期创作，带有阿谀色彩的应酬之作明显多了起来，难免俗调。一首《吊七姬塚》，就有问题。诗云："叠玉连珠弃草根，仙游应逐马嵬魂。孤坟掩夜香初冷，几帐留春被尚温。佳丽总伤身薄命，艰危未负主多恩。争妍无复呈歌舞，寂寂苍苔锁院门。"相信"七姬"之死，只为念"主多恩"；惋惜"七姬"薄命之时，竟然赞美潘氏夫姬之情。再看嘉靖时，文征仲的《七姬权厝志跋》云："伪周据吴日，开宾贤馆以致天下豪杰，故海内文章技能之士悉萃于吴。其陪臣潘元绍以国戚元勋，位重宰相，虽酗酒嗜杀，而特能礼下文士。"[13](p.168)可知高启与张羽（写《七姬权厝志》文）皆由潘氏"礼下文士"而去纪念此人。

殊不知，潘氏乃是嗜杀之恶魔。同样见杨维桢的《金盘美人歌》，其序云："刺伪驸马潘某也。潘娶美娟凡数十，内一为苏氏，才色兼美，醉后寻其罪，杀之，以金盘荐其首于客宴，绝类北齐主事。国亡伏诛台城，投其首于溷。"其歌云："昨夜金床喜，喜荐美人体。今日金盘愁，愁荐美人头。明朝使君在何处？溷中人溺血骷髅。君不见东上琵琶骨，夜夜鬼语啼箜篌。"[13](p.168)在这个问题上，高、杨俩人见识孰高孰低，十分清楚了。高启囿于潘氏的"礼下文士"，竟对"七姬"之死失去了常理的判断，是不理智的。

高启不独诗创作的实践，并具诗识。他论诗："诗之要，有曰格，曰意，曰趣而已。格以辩其体，意以达其情，趣以臻其妙也。体不辩，则入于邪陋，而师古之义乖；情不达，则堕于浮虚。而感人之实浅；妙不臻，则流于凡近，而超俗之风微。三者既得而后典雅冲淡，豪俊穠缛，幽婉奇险之辞，变化不一，随所宜而赋焉。如万物之生，洪纤各具乎天；四序之行，荣惨各适其职。又能声不违节，言必止义，如是而诗之道备矣。"[15](p.15)这里提到的"格"、"意"、"趣"，都是前人用过的概念，但是，他把三者连贯起来，并形成顺势、随世、宜时的"诗之道"概念，具自我心得，对后人有启迪。

高启还说："故必兼师众长，随事摹拟，待其时至心融，浑然自成，始可以名大方，而免夫偏执之弊矣。"[15](p. 15)《四库全书总目提要》肯定这一见解，并捧高启："特其摹仿古调之中，自有精神意象存乎其间。"[12]

实际上，高启的这一见解并非独创，向有学人提倡，只是做起来不是很容易。如杨维桢在当时也是这样提倡的："学诗于晚唐、季宋之后，而欲上下陶、杜、二李，以薄乎骚、雅，亦落落乎其难哉！"[15](p. 475)宋濂也应之以："诗之格力崇卑，固若随世而变迁，然谓其皆不相师可乎？"[15](p. 24)

高启、杨维桢与宋濂共为元明换代之际诗创作的顶尖高手，有此共同主张，实为幸事。但是，明初的诗风很快被庸俗化了，"随世而变迁"，为讴歌"太平盛世"而作诗，形成诗格卑下的"台阁体"。这与明初的严峻政治不无关系。

高启就是因一个"魏观案"而遭灭顶之灾的。魏观时任苏州知府，因修官邸于原张士诚"伪王宫"，以及浚护城河，被人诬告迹近"基兴灭国"而捕捉归案，后判以死刑。高启与魏观向有文字来往，且为新修府邸写《上梁文》，被判定为魏观同党而处以腰斩之极刑。

时传，高启惹祸在南京任职期间。高启写出一些不愿示人而自我欣赏的诗作，未料祸害肇端于此。如《宫女图》："女奴扶醉踏苍苔，明月西园侍宴回。小犬隔花空吠影，夜深宫禁有谁来？"[13](p. 169)诗意涉嫌讽喻宫闱之事，使朱元璋不满，因此嫉恨于怀，向来被人认为高启因此贾祸。实际上是，尽管朱元璋赏识高启，命其侍读诸王，并封其高官；但高启不为所动、不乐所用的态度使朱元璋难堪。"欲加之罪，何患无辞"，高启被纳入"魏观案"，在劫难逃。只是处以腰斩，确实太残忍。

高启之死，旧友素交，同声哀悼。杨基作《哭高季迪旧知》诗："每怜四海无知己，顿觉中年少故人。"[13](p. 163)哀痛之时，亦不免为同路人心悸。

二、其他三子

杨基（1325～？），字孟载，卒年不详，其先蜀人，祖宦吴中，生杨基，遂居于吴。杨基在元末的张士诚地方政权任职，明师下吴中，杨基按例受谪迁的处分，先后谪往临濠、开封等地。三年后即放归，复走上仕途，虽有坎坷，亦屡迁，官至山西按察使，终因被谗而获罪，被夺职供役，竟卒于工所。有《眉庵集》十三卷行世。[16]

杨基少时即擅诗名。在名流杨维桢做东的燕席上，即兴赋《铁笛诗》送之，大受杨维桢的赏识，从此诗鸣三吴。其绝句多有佳构，尤擅五古。朱彝尊在《静志居诗话》中推重再三，称"足与季迪方驾。"翻杨基诗集中的佳句，如："六朝旧恨斜阳里，南浦新愁细雨中；""江空月寒露华白，何人船头夜吹笛。参差楚调转吴音，定是江南远行客。"[14](p.23)带有较浓的元诗习气，过于纤巧，格调低沉；还有一些艳诗，有乖大雅。但是，知之者仍许之为一时高手，才气见于笔端。都穆《南濠诗话》更是赞其为诗人之豪者，爱其闲旷、叹其困穷、惊其新巧、见其情致之绮丽、气象之突兀、优柔痛快而无牵合排比。[13](p.170)自是乡人有所偏爱之故。

张羽（1333～1385）字来仪，本浔阳人，因兵乱移居吴兴，后又迁居吴县。元末领乡荐，为安定书院山长；入明后，不久即任太常司丞，然受人牵连坐法被判流放岭南；流放途中又被召回，自忖难免加刑，遂即投江而卒。有《静居集》六卷行世。[17]

张羽有文才，他的《七姬权厝志》一文为后世文豪文徵明称之为"极天下之选。"[13](p.168)张羽的诗才颇特，体裁精密，情喻幽深，尤擅七古，奔逸绝尘，有超出杨基之处；惟五古不及前者。他不独擅诗，亦能书画。李日华《六砚斋笔记》云："张来仪不独能诗，兼亦善画。曾临高房山小幅，感而作歌，有云：'我纵有心嗟欲老。'又云：'乾坤浩荡江湖阔，纵我执笔嗟何从？'盖深心于是者。"[13](p.174)是其怀有故国之思，时常流露于文字，故不免获咎。

徐贲（？～1379），字幼文，其先蜀人，徙常州，再徙吴。在张士诚手下作事，仅很短一段时间便辞去。明初仍按例谪迁异地。后放归，被荐用，官至河南左布政使。竟因办公差不力而获罪。下狱死。有《北郭集》十一卷行世。[17]

徐贲作诗才气恐不及前三人，惟法度谨严，字句妥贴，诗格异乎前三人。徐贲书画当时很著名，王穉登《吴郡丹青志》云："徐幼文画山水林石，濯濯可爱。"[13](p.152)

另有一说，王士禛《香祖笔记》是以王彝代张羽为"吴中四杰"之一，[13](p.180)。王彝（？～1374）自是"北郭十子"之一，字常宗。其先蜀人，徙居嘉定，一度寓居平江。明初以布衣召修《元史》，寻选入翰林。王彝以母老乞归养，获准许。不料，竟同样被卷入"魏观案"，与高启同时被杀。王彝著有《王常宗集》六卷行世。[12] 王彝的诗文不为世人所看重。如，他撰文把元季明初享尽文誉的杨维桢，批之为"文妖"，文虽标新立异，但未能耸动舆论。不过，其中的妙说不应因人微而废：

"文者，道之所在，抑曷为而妖哉？浙之西，有言文者，必曰杨先生。余观杨之文，以淫词怪语裂仁义，反名实，浊乱先圣之道，顾乃柔曼倾衍，黛绿朱白，而狡狯幻化，奄焉以自媚，是狐而女妇，则宜乎世之男子者直惑之也"。[18](p.478)

其意见不无道理！以其所见，本可以除元季柔靡之诗，铲一代之陋。可惜，身遭极刑，遂无知音，其说冷落人间。

"吴中四子"皆不得善终，（高启被腰斩弃市；杨基获罪夺职供役，卒于工所；张羽知罪自杀；徐贲仕至河南布政使，寻获罪下狱死。）反映了明初政治严峻。明高祖多疑，尤其表现在恶待三种人方面。一种人是开国元勋，嫉恨其功高禄厚，且还有职有权，或有社会号召力；借机铲除，以免节外生枝。一种人是有"野心"的皇亲国戚，嫉恨其盘根错节，祸起阋墙；虽然击鼠忌器，处理起来也不开心，还是要果断下手。另一种人就是诸豪杰旧属，嫉恨其曾经与自己争天下，即使已经剪平，难保死灰复燃；所以，不惜毁誉，也要甄别出"异心者"，斩尽杀绝。如对待高启等人。"吴中四子"的结局都很悲惨，在政治上对吴中士大夫的震动一定是不小的。

凡事走向极端，必定会以另一种极端来回报。明初政治的严峻，镇得住一时，却管不了长久。当明朝法网与吏治一旦松弛下来之后，很快出现纲纪失序、政令无信的状态。有人说："洪武间，秀才做官吃多少辛苦，受多少惊怕，与朝廷出多少心力？到头来，小有过犯，轻则充军，重则刑戮。善终者十二三耳！其时士大夫无负国家，国家负天下士大夫矣。"但到了明万历之后，风气又一变，所谓"近来圣恩宽大，法网疏阔，秀才做官，饮食衣服，舆马宫室，子女妻妾，多少好受用，干得几许好事来？到头全无一些罪过。

19

今日国家无负士大夫，天下士大夫负国家多矣！"[19](p.16)

明朝中后期先是出现纲纪失序、政令无信的政治局面，后又出现一系列新的社会政治问题，直接影响了国家的安定。

本章参考资料：

[1] 汪辟疆. 汪辟疆文集 [M]. 上海：上海古籍出版社，1988.

[2] 上海古籍出版社. 宋诗一百首 [M]. 上海：上海古籍出版社，1989.

[3] 骆玉明. 纵放悲歌 [M]. 南京：江苏古籍出版社，1991.

[4] 洪焕椿. 明清苏州农村经济资料. [M]. 南京：江苏古籍出版社，1988.

[5] 王士性. 广志绎 [M]. 北京：中华书局，1981.

[6] 谢国桢. 明清笔记谈丛 [M]. 上海：上海古籍出版社，1981.

[7] 江苏省人民政府. 当代中国的江苏 [M]. 南京：江苏人民出版社，1989.

[8] 周腊生. 清代状元奇谈 [M]. 北京：紫禁城出版社，1994.

[9] 张慧剑. 明清江苏文人年表 [M]. 上海：上海古籍出版社，1986.

[10] 张廷玉. 明史 [M]. 北京：中华书局，1974.

[11] 上海古籍出版社. 四部精要集部六第 21 册 [M]. 上海：上海古籍出版社，1993.

[12] 上海古籍出版社. 四部精要史部六第 10 册 [M]. 上海：上海古籍出版社，1993.

[13] 陈田. 明诗纪事 [M]. 上海：上海古籍出版社，1993.

[14] 沈德潜. 明诗别裁集 [M]. 上海：上海古籍出版社，1979.

[15] 郭绍虞. 中国历代文论选第三册 [M]. 上海：上海古籍出版社，1980.

[16] 上海书店. 四部丛刊三编第 71 册 [M]. 上海：上海书店，1935.

[17] 上海书店. 四部丛刊三编第 72 册 [M]. 上海：上海书店，1935.

[18] 郭绍虞. 中国历代文论选第二册 [M]. 上海：上海古籍出版社，1979.

[19] 陆容. 菽园杂记 [M]. 北京：中华书局，1985.

丹青价重高璠玙——"吴中四子"论

　　明朝建国百年之后，又有明中期"吴中四子"的出现，可谓苏南古代文化盛事。

　　新"吴中四子"是指祝允明、唐寅、文徵明与徐祯卿。本章的"吴中四子"只是代称吴门才子，除了这四人外，还有与其关联密切的沈周、仇英等人。他们一起，体现出苏南文人的多才多艺，而且充分表现了当时苏南文人兴时尚之风的才能。

　　一个时代有一个时代的时尚。到明朝中期，文人画成为最为重要的新时尚。绘画向为古代社会所重视，被看作出入殿堂的高雅艺术。文人画的兴起，更使绘画成为文人诗文之外的最为重要的思维创作活动，热衷绘事成为文人的普遍现象。在文人画方面，沈周、文徵明、唐寅、仇英是杰出代表，又称"明四家"，形成了声势显赫的"吴门画派"。

第一节　绘画艺术的贡献

　　苏南多画手，早在明初，已经有多位高手展露头角。有倪瓒（1301～1374），无锡人，家雄于赀，不从政，四方名士日至其门，自号云林居士；以善山水、画迹简洁、意趣平淡而著称，与元代黄公望、吴镇、王蒙合称"元四家。"还有王绂（1362～1416），无锡人，博学工诗，写山木竹石，妙绝一时，山石画清劲秀逸；墨竹画挺秀潇洒，具文人画意韵。画不苟作，为人高介绝俗。夏昶（1388～1470），昆山人，擅长墨竹，师法王绂，画中竹呈烟姿雨色，动合矩度。为一时行家。杜琼（1396～1474），吴县人，工书画，山水师董源、巨然、王蒙，作水墨淡绛法，风格繁细清雅。刘珏（1410～1472）长洲人，构画紧密，笔法繁细，墨色浓郁，承董、巨、王、吴（镇）衣钵。到明朝中期兴起了文人画新潮。龚贤云："今日画家以江南为盛，江南十四郡以首都（指南京）为盛。郡中著名者且数十辈，但能吮笔者，奚啻千人。"[1](p.388)（按：龚贤，字半千，昆山人，流寓金陵，清初金陵八家之首，一生布衣。）而屠隆则说："国朝兴丹青，可宋可元，与之并驾驰者，何啻数百家，而吴中独居其大半，即尽诸方之烨然者，不及也。"[1](p.347)"明四家"是其中的杰出代表。

一、沈周的贡献

"明四家"所标志的"吴门画派"的出现，在地方史上还是空前的。

沈周（1427～1509），字启南，号石田，长洲人，出身城市平民，伯父与父亲皆以绘画谋生。因出身社会下层，难免官府差遣，曾身被工役，充作画工，辛苦于官府衙门。有人说他"决意隐逸，"是不明了他不能走仕途的苦衷。他多才多艺，诗文书画，无所不能，"尤工于画，评者谓明世第一。"[2](p.1287)

他早年承受家学，兼师杜琼，后泛学宋元诸家，而自成一格，弘扬文人画的传统，成为"吴门画派"的领军人物。其山水画最负盛名，花鸟画的造诣颇深，亦长于人物。沈周题咏画面，成就亦大。清袁枚在《随园诗话》给予高评："文、沈、唐、仇，以画名前朝。仇画从无题咏，唐能诗，恰五佳句。诗画兼工者，惟文、沈二公。而笔情超脱，则沈为独特。"

沈周的生活作风很不检点，画品颇受后人指责，因他本人放手搞赝品，并对别人"作赝品求题以售，亦乐然应之"。时人华翼纶说："画本士大夫陶情适性之具，苟不画，则已矣，何必作如此种种恶态。"沈德符有所谅解："骨董自来多赝，而吴中尤甚，文士皆借以糊口。"[3](p.130)尽管如此，沈周的作品还是受到追捧，"近自京师，远自闽、浙、川、广，无不购求其迹以为珍玩"。但是，真伪混杂，人称沈周之作"片楮朝出，午已见副本，有不日到处有之，凡十余本者"。[3](p.131)

还有仇英也是绘事高手。仇英（？～1552），太仓人，出身工匠家，或言为某画帅家人；后从沈周学画，以卖画为生。其画迹既工设色，又善水墨白描，又长于摹古，复制古画，可以乱真，许多"苏州片"出自其手。自创画作有明显的世俗气、市民气。传世作品不少是仕女画,反映了当时画坛的时尚。

二、唐寅的贡献

唐寅(1470～1523),字子畏,一字伯虎,号六如居士,吴县人,出身商贾家庭,传说少年时性颖利,纵酒,乐于游荡,整日不事诸生业;而学犹如神助,读书不忘,下笔有力,乡试竟得"解元"。传说可能失真,因有记载:"王鏊与沈周、吴宽、杨循吉结文酒社,而文徵明、祝允明、王守、王庞、唐寅、陆灿,后先称弟子。"[4](p.168)说明唐寅"游荡"之中有学问。

但是,唐寅的行为不伦,言论出常人所料,漫负狂名。为此,竟媒祸胎,使他不得不付出代价。"唐解元"会试时(时年30岁),与乡人徐经一起牵连考场舞弊,银铛下狱。据说,事由本籍公车同人(都穆)所潜成。[2](p.1305)(按:都穆,字玄敬,吴县人,商贾子弟与唐寅同年参加会试,中进士,官至太仆少卿,著有《南濠诗话》、《寓意编》。徐、唐"科场案"后,吴中很多士人竟薄都穆,不与交。)

明朝办案是有举必纠,经简单初审,如不能排除案由,即抓当事人,然后,查明是否,甄别原委。大多数入狱人难免惩罚。唐寅还好,仅做疑犯轻判,不久放归,按例谪为吏,可以就职。唐寅自认为无辜受冤,不愿就范,拒任吏职。以后,唐寅应宁王朱宸濠之聘,为其僚(居南昌);唐寅到达之后,觉察宁王有野心谋反,便施技佯狂纵酒,终于脱逃,免于"宁王之乱"。事后终生不能走近政坛,故一生无仕途可言。

唐寅历经两次变故后,索性故态复萌,更加颓然自放。他所言浮夸,诞而不经,殉情体物;其诗才浪漫,所谓托兴歌谣,务谐里耳,罔辟俳文;其行为不轨,自称"江南第一风流才子"。然而,有时又发清醒,哀怨凄情,极不愿自毁名声。作为身处社会下层的"浪子",熟悉社会百态,其诗文能够反映世务。《姑苏杂咏》云:

"长洲茂苑占(按:又作古)通津,风土清嘉百姓驯。小巷十家三酒店,豪门五日一尝新。市河到处堪摇橹,街巷通宵不绝人。四

百万粮充岁办，供输何处似吴民？"[5](p. 54)

诗由景转情，道出所谓首善之区的贫富差距，以及难能承受的朝廷赋税。在一通颂扬之后，不经意地轻轻哀叹一下，这就是唐寅的诗格，也是他的读者面很宽泛的缘故。

同一题材，他还有《姑苏八咏》之七：

"长洲苑内饶春色，泼黛峦光翠如湿。银鞍玉勒斗香尘，多少游人此中集。薄暮山池风日和，燕儿学舞莺调歌。当年胜事空陈迹，至今遗恨流沧波（自注：右长洲苑）。"[5](p. 22)

此诗以撩人景色，缠绵入诗。

再如《题画二首》：

"百尺松杉贴地青，布衣衲衲发星星。空山寂寞人声绝，狼虎中间读道经。"

"秋水接天三万顷，晚山连树一千重。呼他小艇过湖去，卧看斜阳江上峰。"[5](p. 139)

似乎应景之作，遣词用句无出奇处；实际上有嘲讽世风之意，隐而微露，由浅入深。

其七绝诗，更是随口诵出，朗朗可读。如：《五十言怀》："笑舞狂歌五十年，花中行乐月中眠。漫劳海内传名字，谁论腰间缺酒钱。诗赋自惭称作者，众人多道我神仙。些须做得功夫处，莫损心头一寸天。"[5](p. 80)或《题画》："书画诗文总不工，偶然生计寓其中。肯嫌斗粟囊钱少，也济先生一日穷。"[5](p. 109)从内容来看，此类诗，语意俳谐，自降格调，不足推崇。

唐寅自称"六如居士"，实际上并没有因幽愤而隐居，反而是"烟花队里醉千场"。他画美人出了名，还热衷于美人画的题诗，留下大量艳情诗，如题半身美人，题花阵、咏纤足、咏美人浴，等等。唐寅对社会的非议并非不知，执意坚行，陷之而不拔。后世论其人不免痛惜才子自堕。当然也有谅解者，认为由于唐寅仕途失落、无名分可自珍的客观缘故所致，佯狂而已。如唐寅自我解嘲："头插花枝手把杯，听罢歌舞看舞女。食色性也古人言，今人乃以之为耻。及全心中与口中，多少欺人没天理。阴为不善阳掩之，则何益矣徒劳耳。"[5](p. 27)对此，我们的分析是，他把纵欲与有欲混为一谈，除自虐外，还有狡辩的态度。至于有人认为，在封建社会后期，唐寅的纵欲是反封建礼教的行为，具有反封建主义的觉悟；更是论者的片面的想法，得不到现代主流道德意识的认同。

唐寅确实是一位有历史影响力的人物。他文字轻浮，行为放肆，艳诗加纵情，传说者增益而附丽之，更加倾动江南流辈。他对明朝后期士风的诱导，主要作用不是积极的。这一缺点毋因乡贤而讳言。

唐寅赖以传世的，不是行为修养，而是以画家闻名。他工山水花鸟，长人物，尤精仕女图，王世懋称："唐伯虎解元于画无所不佳，而尤工于美人，在钱舜举、杜柽居之上。盖其生平风韵多也。"[2](p.1306)

唐寅的大半生以售画为业，其作品在当时即受士大夫、市民的追捧，流传全国各地，乃至海外。如果，以为唐寅镇日"花酒"、"狂痴"、"昏迷"、作艳画，一定是误解他了。唐寅实实在在地花了大量的时间研究绘画理论，揣摩古人画技，然后是大量的艺术实践，才成就了这位即有绘画理论、又有绘画实践的大画家。他在画苑的表现绝不似诗文中所表现得那样轻浮，而是有深思熟虑、厚实功底的。

唐寅画论可以汲取的有：

1. 专能结合。他早年从师于院派画家周臣，后又从师于文人画家沈周。文人画自有与古代院派画师一脉相承之处，最为重要的就是多能、厚实功底，舍此，无从谈新法。唐寅能画各种选材的画本。他本以画美人出名，但他的山水画，同样是秀润淡雅，别具一格，品位颇高。唐寅还擅长诗文、书法，对他的绘画也起到了有力的支撑作用。

2. 学古不泥。不囿于古法自创其格，所谓我用我法。强调自心、自性，尽兴抒发，"因心造境"，突出创设，张扬个性，形成自己的路子。

3. 效法多师。王世贞云："（唐）伯虎才高，自宋李营丘、范宽，李唐马夏，至胜国（元朝）吴兴（赵孟頫）、王（蒙）、黄（公望）数大家，靡不研解。行笔极秀润，缜密而有韵度。"[2](p.1306)赞他潜心研究古代画家的画技，研究对象极为宽泛。唐寅对友朋的经验也抱着谦虚好学的态度。文徵明《题云山》序云："戊辰（1508年）三月十日，偶与尧民、伯虎、嗣业同集竹堂。伯虎与古石师参问不已，余愧无所知，漫记此以识余愧。"[6](p.12)当然，我们从这里读到的是，俩位同龄人共有的谦虚精神。

4. 首重气韵。南朝齐谢赫在《古画品录》提出的"六法"，成为历代画家遵循的绘画与品画标准，其一云："气韵生动"。唐寅十分重视作品的气韵，效法古人，而不能失去自我，必须把个人的学养素质、精神状态融合到画境之中。评家认为唐寅是从学南宋院体入手的。他拜南宋院体画法传人周臣为师，得"南宗之神髓"；他又加以自己的改造，笔墨由焦浓而至淡墨、由短劲至细秀；画境由恣肆至潇洒、飘逸、湿润、朦胧；从而由迹而入质，自成一家。

5. 眼中有物。在唐寅之前，有一些人作画与品画，不以形似为然，反而说："看画以形似，见与儿童邻。"（苏轼语）或说："画作物外形，要于形不改。"（晁补之语）他们比较强调神似、而忽略物形的意义。唐寅不以为然。他在重神并重情的同时，也非常重视物形的意义。他擅长人物画，是有他日积月累观察、揣摩、摹仿各类人物的基本功；他的山水画有功底，是他在壮年时亲自实践，做一次千里壮游，走遍了长江中游与东南沿海的若干省份，历时 10 个月，饱览南国的名山大川，从而滋润了其山水画的笔墨。

唐寅的美人画量多，且总有世俗化、市民化的感觉。这是因为"吴门画派"与当时的艺术品市场距离很近，市场的需求不能不考虑。当时，江南社会经济的长足发展、市镇的星罗密布、市民生活的形式多样、举子攻读八股文的顺取逆弃、乡宦追求文野兼备的生活情趣，等等，都是"吴门画派"作品的社会历史基础。顾炎武云："盖自弘治、正德之际，天下之士，厌常喜新，风会之变，已有其从来。"[7](p.1421) 所谓"模山范水，其道不行。"人已不甚乐之，画者亦不甚乐此。迫于生存的需要，也是个人创新的愿望，使得"吴门画派"的世俗化趋势日益明显。

唐寅的一些"异端"现象，如姿态各异的有别于宫廷官家的民间美人画，可以从中解读出百般风流、种种艳情，足令古板的道学家瞠目结舌；然而也使市民社会感受到标新立异、五花八门。这与明朝中后期的市民文学所反映的清新、欢快、戏谑、幽默的情绪，是多么的吻合。然而，正是这样，长期以来，正统的评论家，把风格之卑微作为唐寅画品的弊端，加以指责。而另一方面，民间的文艺作品又把唐寅的这一面加以夸大，把唐寅的人品描绘成粗俗不堪登徒子。因此,后人对唐寅画作的误读是常有的事。唐寅的一幅佳品《秋风纨扇图》,是其中年水墨写意人物画(美人画)的杰作。本图是以一位美人伫立旷野之中;配诗是:"秋来纨扇合收藏,何事佳人重感伤。请把世情详细看,大都谁不逐炎凉。"[8](p.222)寓情于一把手中摆弄的小扇之中,设计不可谓不巧;言志却难能一定之说。画境可谓悲:佳人之惨境似夏挥秋藏的纨扇;亦可谓怜:美人竟不能看破红尘,还为世俗感伤。

然而,为专家们所看好的,不是唐寅浮艳之作,而是反映其真实水准的拟古作品。《丹青志》云:"唐寅画法沈郁,风骨奇峭,刊落庸琐,矜求浓厚,连江叠巘,洒洒不穷。信士流之雅作,绘事之妙诣。评者谓其远攻李唐,足任偏师;近交沈周,可当半席。"[2](p.1306)

唐寅的画也有不少关于社会事务的内容,开文人画关心世务的先河。他的《江南农事图》,画中人仍是女子,不过那是在春日江南忙于春耕、车水灌田的劳动妇女。唐寅的风格在于,他不是突出描写劳动者的汗流满面、体肢疲惫的样子;而是体现劳动着的女子体态优美、神情自然放松、一种画者自我的审美感。这是一幅有创意的佳品。

由于唐寅的作品既具深厚功力,又富文人画意韵,画法兼得院体与文人画之长,使得后世"苏州片"制造者很难临仿,故,比起"吴门画派"的其他人,唐寅作品的赝品少之又少。存世的精品有其早、中、晚三个创作期的代表作,分别被国内外一流的博物馆珍藏。

尽管,唐寅生前生后皆负有盛名,但他大半辈子的卖画生涯,并没有带来称心如意的生活。他清醒地盘点,有《绝句八首》:

"青衫白发老痴顽,笔砚生涯苦食艰。

湖上水田人不要,谁来买我画中山?"

"十朝风雨苦昏迷,八口妻孥并告饥。

信是老天真戏我,无人来买扇头诗。"[5](p.109)

以及《警世》:

"去岁残花今又开,追思年少忽成呆。数茎白发催将去,万两黄金买不回。有药驻颜真是妄,无绳系日转堪哀。此情莫与儿郎说,直待儿郎老自来。"[5](p.96)

27

三、文徵明的贡献

文徵明（1470~1559）长洲人，世家子，年轻时学文于同乡前辈吴宽，学书于李应祯，学画于沈周。故能诗、精书法、钻研画技，其文重清谈，具独特风格。他的青、中年时期，家居读书、作画、弄文、教授生徒。本人举止严谨，却与一批放达之士交游，言不愁时政所忌，行不惧群小所猜。然而年至 54 岁，他还是涉足仕途，以贡生身份晋京，试于吏部，任翰林院待诏，在明朝这是翰林院属官、秩从九品的低级吏员，不过是以其书画特长，助皇上与台阁长官雅兴而已，3 年后辞归。

归后，徵明对自己短暂的仕途生涯，总是怀有矛盾复杂的心态，即有仕途不顺的遗憾与某种怨情，又有改变平民身份、曾侧身翰林院的得意。

前者，可以从青年进士陆师道拜 59 岁的"待诏"徵明为师之事得知。师道的行为竟会引起别人的非议："先生业已贵，胡折节乃尔？且不闻世以艺目文先生耶！"师道辩道："夫文先生以艺藏道者也！自吾见文先生，无适尔非师也者。"[1](p.342) 他以儒道来突出徵明身份，表示一份无奈。再从徵明所画《板石图》可知，该图突出苍松的孤高枝长，并题诗："雪属霜凌岁月更，枝虬盖偃势峥嵘"以此抒发其愤世疾俗的抗争情绪，并喻清高傲世的心态。

后者，由于徵明归后的 30 多年中，大多数情况下，书画落款竟是"前翰林院待诏"，甚至还加上"将仕佐郎兼修国史"，[6](p.49) 可见老人对身份改变的矜贵态度。

徵明仕途不达，本不是其所好，书画诗文才是其心思所在。徵明是"吴门画派"的后期领袖。其一生创作书画甚多，传世亦很多。周道振编著《文徵明书画简表》一书，内记载了传世的徵明从 24 岁到 90 岁、几乎无间断的各类书画作品，数以千计。[6]

徵明的画格受人赞誉，在于他把画作为表达自己情感的载体。有的作品寓意复杂或深刻，可以作各种解读。如《溪亭客话》、《清秋访友图轴》等，图内人物必突出在画境之中央，有友人、有渔父。对人物的理解可以说是画者自我的表现，如其诗《金陵客楼与陈淳夜话》："最是世心忘不得，满头尘土说功名"[9](卷八)，看得出画者对世道的迷茫与忧虑。（徵明在科场上屡屡失利，竟未中举。）但也可以理解成画者的寄托，他把尘世之浮躁与世外之幽静作比较，如其诗《石湖》句："凉风嫋嫋青蘋末，往事悠悠白日西"[2](p.1301)，看得出画者顺生行止、随遇而安的豁达人生观。

有的画浅白直露，无须费力琢磨，如藏北京故宫博物馆的《洛原草堂图卷》，用水墨淡色，山林掩映，草堂在其中，俩长者又在草堂的中间；体现了天人相合、人顺天道的意境。

有的画运用比兴手法、抒情浓郁，令人感叹不已，如藏辽宁博物馆的《漪兰竹石图卷》，以典型的南宗山水画笔法，把几株墨兰表现得潇洒劲逸，相衬的是高竹矮石，表现了阅世丰富的画者对人生的看法。

徵明的书法作品亦堪称一流，可与画作并驾齐驱。其高寿之年犹能勤于书画，背未驼，发未黄，灯下犹能为蝇头细书，不觉为老。其晚年名声高耸入云，向他求字画的人络绎不绝。苏南士人与之交游六七十余年，交往者几乎无不受惠于此。其中有的人为了牟利，再三向他求字画，他往往能够谅解，并大度地出手。他为人诚恳，字画从不苟作。所以，经常感动来求者。但是，他以为："吾老归林下，聊自适耳。岂能供人耳目玩哉？"所以有"三远"，即远离藩王、宦官、外国人，不能把书画落在他们手中。

徵明的人品颇为士林所重。他为人和而介，文人乐于与其交游。他对都穆称赞有加，为其著述作序，题诗《怀玄敬》："都君诗律细还真"句，[9](卷七)称道都穆的诗论。史称徵明主吴中风雅数十年，与之游者，亦皆以词翰闻名于世。徵明身后，风雅一时无定居，由尝入文徵明门的王穉登（1535～1612）遥接其风，主词翰之席三十余年。

除了"明四家"之外，比较著名的画家还有周臣（吴县人，唐寅之师）、钱穀（长洲人，文徵明弟子）、文嘉（1501～1583，文徵明之子）等。

第二节　书法创作的贡献

书法关系到士人的正途，有好的书法，在科举、吏事、交游诸方面皆占先机。明初苏南书苑杰才层出不穷，如徐有贞、吴宽、李应祯等人。中期则以祝允明、文徵明为杰出代表（文徵明书法，前面已涉及，不再赘叙）。

祝允明（1460～1526），字希哲，生而有枝指，自号枝山，长洲人，出身仕宦人家，因父亲为官于晋，出生于彼。少儿时在内地长大，成年之后才回故乡。

允明的家庭社会背景，在当时无疑是令人十分羡慕的。其祖乃父皆朝廷命官，外祖父徐有贞是一度声势显赫的朝廷重臣，岳父李应祯也是朝廷大员。但他本人却受困于科场。他33岁中举（1492年），然而以后七次参加会试皆不中。第六次，与儿子一起上公车，结果儿子一举中的（后官至广西布政使）；第七次（时年55岁）不售后，决定放弃；按例由朝廷委派为吏，任广东兴宁知县。然而，身为小官，地僻亲远，使他一直闷闷不乐，有"独怜穷海客卧者，魂绕江南烟水航"之叹；后改授应天府通判，他以病辞归。

归乡后，他生活态度放浪不羁，好酒色六博，善俗音新声，恶礼法士，亦不问生产，多处欠债，晚年益困，"每出，追呼索逋者相随於后"。他的人生态度不为社会舆论所容，他却恬不为怪，居然自有独家说法。如《春日醉卧戏效太白》诗，云：

"春日入芳壶，吹出椒兰香。累酌无劝酬，颓然倚东床。

仙人满瑶京，处处相迎将。携手观大鸿，高揖辞虞唐。

人生若无梦，终世无鸿荒。"[10](p.24)

他是以虚拟的仙界来麻醉现实的感受。还有他的《口号》诗，似乎随口吟出，实则流露本心："枝山老子鬓苍浪，万事遗来剩得狂。从此日和先友对，十年汉晋十年唐。"[10](p.46)

允明的文笔绚丽多彩不似狂者，能够描写出优雅愉悦的吴乡小景，如前引《首夏山中行吟》、《暮春山行》等；还能描写出雄奇峻特的晋中风光，如《太行歌》：

"上客坐高堂，听仆歌太行。六岁从先公，骑马出晋阳。遥循厚土足，忽上天中央。但闻风雷声，不见日月光。狐兔绕马蹄，虎豹嗥树旁。衡跨十数州，四面殊封疆。童心多惊壮，懔气已飞扬。自来江南郡，佳丽称吾乡。邈哉雄豪观，寤寐不可忘。人生非太行，

耳目空茫茫!"[10](p.20)

允明更以书法家闻名，其书法成就，远超出有书法家美誉的外祖徐有贞与妇翁李应祯；甚至被人评为有明一朝"书法二杰"之一（另一个是董其昌）。如王澍《虚舟题跋》："平生见祝京兆书凡数十百卷，莫有同者，盖书到熟来，无心于变，自然触手尽变者也。吾尝论有明一代书法，祝京兆变化不拘，董宗伯天才超逸，二公于三百年来足可笼罩。"[2](p.1320)

允明在书法方面远师古人，小楷学钟繇、王羲之，狂草学怀素、黄庭坚；近承家学，自述："早岁楷笔精谨，实师妇翁。而草法奔放，出于外大父"[2](p.1319)；加以自己的融会贯通，使得笔势劲健，又能出入变化，不拘一格，自成一家。

允明与沈周、唐寅都属于纵诞放任的狂狷士。他们言行不轨于名教，煽动世风，影响时尚，为正人君子所不容。惟有从他们对子女的教育与期望方面，可以看出他们的本志。祝允明教子甚严。唐、沈、祝的后人绝不似父辈放浪，可惜，三人的后世终不如文徵明的家族兴旺发达。

陆灿作《祝先生墓志铭》，云："在众若无能者。然默而好深湛之思。时独居著书，解衣槃礴，游心玄间，宾客来者，叩户呼之，若弗闻也。"[10](p.46)则是表现其性格中隐藏着的沉潜的一面。狂狷之士的本志还是与当时的士大夫的主流意识合拍的；只是在个人的基本情况脱离主轨道之后，其本志才变异成为一种以自毁而鸣高、不群而立异的思想状况；并在行为上，不同寻常地专门背离通途而寻找歧路。我们可哀其本志不成、可惜其意气偏执、可敬其才华美且高。

第三节 诗创作的新风

在诗创作方面，前文已说沈周、唐寅、祝允明等人，相当不错。但以徐祯卿最为突出，堪称这一时期继高启之后的"吴中诗人之冠"。[11]

徐祯卿（1479～1511），字昌谷，又字昌国，吴县人（今苏州市），在"吴中四子"中，或许是最为幸运的，仅有他高中进士（时年27，弘治十八

31

年，即1505年），在仕途中有一个冠冕堂皇的称号，是十分重要的。唐寅因科举中受挫，一蹶不振；文徵明与祝允明因不能入"进士龙门"，同僚以画匠视之，耻于同列。祝允明看似人生态度荒诞不经，但是对晚辈的再三关照，还是劝戒以学养为先，以科举为正途。这不仅仅是人生经验之谈，更重要的是必须面视社会现实。但是，仅有进士出身而没有其他各方面条件，欲于仕途展宏图，是不可能的。

祯卿在仕途上的蹇运不比前三人少，他中进士后，先任大理寺左寺副，后两度因事降职，改为"五经博士"。对一个苏南才子来说，在京薄宦生涯，简直是受罪。他自己写道：

> "昔居长安西，今居长安北。蓬门卧病秋潦繁，十日不出生荆棘。牵泥匍匐入学宫，马瘦翻愁足无力。慵疏颇被诸生讥，虚名何用时人识。京师卖文减于土，饥肠不救斋盐食。" [12]（p.223）

一位同乡前辈顾璘对徐祯卿的遭遇颇为同情，寄诗慰之：

> "前年共饮燕京酒，高楼雪花三尺厚。酣歌彻夜惊四邻，世事浮沉果何有？一为法吏少书来，心结愁云惨不开。昨传学省移新籍，坐啸空斋日几回。" [12]（p.226）

孰不料，徐祯卿在仕途的蹇运，倒成全了其传世的成就。他在短暂的时间内，创作了许多诗文，后人编为《迪功集》六卷行世。在京期间，他心思不在钻营宦道，而与李梦阳等文人交游，成为"前七子"之一。

以李梦阳、何景明为代表的"前七子"，是明弘治年间的文学英才。他们提出自己的诗文创作理论，所谓"文必秦汉，诗必盛唐，"表示诗文创作要有典范，把秦汉的古文、盛唐的近体诗，当作诗文创作所必须学习、效法的最高典范。"前七子"的意义是，从此掀开了明朝文坛百余年之久的"复古"潮流。就"前七子"本身而言，他们首倡"复古"，是要勇气的。要知，在他们之前，统治明朝文坛的是"台阁体"的风气。"台阁体"由明初"三杨"（重臣兼诗文创作家）长期倡导而成。他们的文章与诗歌（主要是文章）因其所处的具体历史环境，对摒除元季柔靡的文风是有进步作用的，有一定的历史贡献；但是，久而久之，因"台阁体"的自身不足，应该被淘汰了。但是，"台阁体"前有中央枢府的大人物所倡导，后继者亦不乏其人，如苏南籍显宦吴宽、王鏊也是以"台阁体"创作诗文的重要人物。反对这些大人物，的确是要有勇气的。

虽然，李梦阳等人身任部吏；但各自的身份地位尚不能与前辈阁老相比。可是，李梦阳等人所创政绩历历可数，多是敢于斗狠犯禁的诤言耿骨之士。在诗文创作方面，因"台阁体"拘泥于四平八稳，有板有眼的形式，作者在情绪上不能起伏奔放，因而比较适合于常年侍君、随时应对的辅臣发表言论，但是不能反映士大夫中下层人士的各种情绪。所以，"前七子"要以"复古"的名义，摆脱"台阁体"的框架束缚，以古人为标，放开手脚，肆意表达各自真实的心情，喜怒哀怨，不必默然不语。所以，这个"复古"潮流，实质上是一种小小的进步，其"复古"的外貌掩不住其创新的内涵。

当然，"前七子"作为"复古运动"的首倡，不会没有缺陷。其理论的草创特性、其成员在创作实践中表露出来的元季明初文风的惯性特征、追求形式模拟的趋势等等，都为后人所不取。

在"前七子"中，徐祯卿自有自己的位置。他早年即有诗名，其诗作，传递于远近亲友，颇受赞赏；不过对其早期的诗创作，后人不很肯定，认为这些诗声律逸丽，格调不高。然而，祯卿到京城任职后，与李梦阳等人切磋作诗格调，追求古意，汲取唐诗精华，也由于个人的仕途挫折，使之因愁生悲且多愤，后期的诗格变得高峻不俗，熔炼精警，与前期迥然不同。后人十分欣赏祯卿后期诗的诗格。陈子龙云："昌穀矜贵。"沈德潜云："迪功诗，大不及李（梦阳），高不及何（景明），而丰骨超然，故应鼎足。"[13](p.131)

徐祯卿诗的代表作有《杂谣》：

"夫为掳，妻为囚，少妇出门走，道逢爷娘不敢收。东市街，西市街，黄符下，使者来。狗㹠㹠，鸡鸣飞上屋。风吹门前草肃肃。"[2](p.1153)

此诗为京师故事实录，记正德五年八月间京城政治动荡的局面，被学人所重。

他还有名篇《在武昌作》："洞庭叶未下，潇湘秋欲生。高斋今夜雨，独卧武昌城。重以桑梓念，凄其江汉城。不知天外雁，何事乐长征。"[2](p.1154)这是一首思乡的诗。此诗为后世诗评家所重视。不过，说法不一。赞之者，如李雯云："八句竟不可断。"[2](p.1154)王士祯云："非太白不能作，千古绝调也。"[14](p.443)《明诗别裁集》云："孟襄阳（浩然）遗志，纯以气格胜人。"[13](p.134)贬之者也有，如李慈铭云："祯卿此诗，格固高而乏真诣。既云洞庭，又云潇湘，又云江汉，地名错出，尤为诗病。"钱锺书先生则以为有明显的模拟痕迹，"祯卿此篇亦假借韦苏州《新秋夜寄语诸弟》：'高梧一叶下，空斋秋思多。'及《闻雁》：'故园渺何处，归思方悠哉。淮南秋雨夜，高斋闻雁来。'"[12](p.228)李说不能成立，因为明朝湖广为一省，诗人可以非作异地看。洞庭、潇湘与江汉，三地名由远及近，与心境由景入情同为一辙。至于钱说，可以理解为诗人胸中有卷，下笔若有神。凡同一题材的诗创作，前后相似者颇多。不仅徐祯卿，其他诗人中，也很多。

如徐祯卿《王昭君》，也可看作模拟之篇吗？他吟道："辛苦风沙万里鞍，春红微淡黛痕残。单于犹解怜娇色，亲拂胡尘带笑看。"[12](p.229)再拿同一题材的他人作品，略加比较。杜甫的《咏怀古迹》："画图省识春风面。"王安石的《明妃曲》："汉恩自浅胡自深，人生乐在相知心。"看问题的角度相似，故语意相近，然而说成后人模拟前人，显然苛刻。

另外，由于祯卿先后任"国子博士"与"五经博士"，因其职务需要，他努力创作《谈艺录》，成为明诗话中颇具影响力的一部。尽管当时有些太学生还在嘲笑其师仕途不顺，但是，看到《谈艺录》，这些人还是心服口服。

总体来看，徐祯卿对当时苏南文人的诗创作，起了积极的示范作用。《续吴先贤赞》记载：

> "徐昌毂初与唐寅、文璧游，其诗逸丽。迨见李、何制作，遂变而益邃，研极诗之变。溯其初，由《卿云》以来，至西京之盛，沿魏、晋而下，其所攻论甚严。《谈艺》之作，出钟嵘矣。吴之文自昌毂始变而为六代"；[2](p.1152)

是誉祯卿在苏南的"复古运动"中起了先导作用。王士祯认为："徐昌毂《谈艺录》：'未睹钧天之美，则《北里》为工；不咏《关雎》之乱，则《桑中》为隽。'当是既见空同（李梦阳）之后，深悔其吴歈耳"；[2](p.1152)是誉徐祯卿对苏南诗格不高的纠偏。《国雅》云："徐昌毂豪纵英裁，格高调雅，驰骋于汉、唐之间，婉而有味，浑而无迹，诸体高妙，都无累句可删"；[2](p.1152)

此评价似乎过高一些。陈田的评价褒中有微讽，比较妥帖："昌毂才力不及李、何富键，而清词逸格，娇娇出群；不授后人指摘，良由存诗不多耳。《谈艺》一录，清言微旨，可俪严沧浪（羽）。"[2](p.1153)

本章参考文献：

[1] 林木. 明清文人画新潮［M］. 上海：上海人民美术出版社，1991.

[2] 陈田. 明诗纪事［M］. 上海：上海古籍出版社，1993.

[3] 李泽奉. 古画鉴赏与收藏［M］. 长春：吉林科学技术出版社，1994.

[4] 徐崧. 百城烟水［M］. 南京：江苏古籍出版社，1999.

[5] 周道振辑. 唐伯虎全集［M］. 北京：中国美术学院出版社，2002.

[6] 周道振. 文徵明书画简表［M］. 北京：人民美术出版社，1985.

[7] 黄汝成. 日知录集释［M］. 上海：上海古籍出版社，1985.

[8] 周昃. 中国书画史话［M］. 北京：国际文化出版公司，2000.

[9] 周道振辑. 文徵明集［M］. 上海：上海古籍出版社，1987.

[10] 骆玉明. 纵放悲歌［M］. 南京：江苏古籍出版社，1991.

[11] 张廷玉. 明史［M］. 北京：中华书局，1974.

[12] 金性尧辑. 明诗三百首［M］. 上海：上海古籍出版社，1995.

[13] 沈德潜. 明诗别裁集［M］. 上海：上海古籍出版社，1979.

[14] 王士祯. 池北偶谈［M］. 北京：中华书局，1982.

◈ 声华意气笼海内——明朝中期文学领袖简论

《明史·文苑传》云:

"明初,文学之士……宋濂、王祎、方孝孺以文雄,高、杨、张、徐、刘基、袁凯以诗著。……弘、正之间,李东阳出入宋、元,溯流唐代,擅声馆阁。而李梦阳、何景明倡言复古,文自西京、诗自中唐而下,一切吐弃,操觚谈艺之士翕然宗之。明之诗文,于斯一变。迨嘉靖时,王慎中、唐顺之辈,文宗欧、曾,诗仿初唐。李攀龙、王世贞辈,文主秦、汉,诗规盛唐。王、李之持论,大率与梦阳、景明相倡和也。归有光颇后出,以司马、欧阳自命,力排李、何、王、李,而徐渭、汤显祖、袁宏道、钟惺之属,亦各争鸣一时,于是宗李、何、王、李者稍衰。至启、祯时,钱谦益、艾南英准北宋之矩矱,张溥、陈子龙撷东汉之芳华,又一变矣。有明一代,文士卓卓表见者,其源流大抵如此。"[1]

这里讲到的"有明一代,文士卓卓表见者",属于苏南文人的前有"高、杨、张、徐",即"吴中四子";后有钱谦益、张溥;中间的是王世贞、唐顺之、归有光。王世贞、唐顺之、归有光是明朝中期文学领袖人物。

第一节 王世贞

王世贞(1526~1590),字元美,号凤洲,又号弇州山人。太仓人,进士出身,官至刑部尚书。历任嘉靖、隆庆、万历 3 朝,为官近 40 年。

一、文坛背景

"文以载道"，是一句老话。分析明朝中期的几种文学思潮，"前七子"、"后七子"、以及"唐宋派"，可以印证这句老话的不易之理。

出杨士奇、杨荣、杨溥形成的"台阁体"，笼罩了明朝早中期文坛。"台阁体"自有其合理的地方。辅臣本是写作高手。时务策、应酬诗文、还是写景抒情短文长诗，都能平易纡余，雍容典雅，在静思中得其余味。他们作品的缺点就是平和柔弱、格调乏味，甚或一味歌功颂德、粉饰太平；社会各阶层的人士都效而仿之，使得整个一代人的文艺创作颇显衰飒不振。

进入弘治年间，随着社会矛盾的逐渐激化、统治阶级内部的政治斗争加剧，一批对现实政治有不满情绪的士人，也对"台阁体"笼罩文坛产生不满情绪。其中登高一呼的是李东阳。

李东阳也是辅臣，但他顺应时代要求，带头改变文风。他不主张诗文辞句追求典丽，反对摹拟剽窃之恶习。他主张诗文应重个人性情，还主张"诗与文各有体，""夫文者，言之长章，而诗又其成声者也。章之为用，贵乎纪述铺叙，发挥而藻饰；操纵开阖，惟所欲为，而必有一定之準。"[2](p.34) "诗之体与文异，故有长于记述，短于吟讽，终其身而不能变者。其难如此。"[2](p.33) 作诗固然要学李白、杜甫，袭其法度音调；但要不拘一格，多所涉及。李东阳以师古的名义，告别"台阁体"，另辟蹊径，成为"茶陵诗派"的开创者，对转变萎靡一时的文坛风气起了积极作用。

受李东阳的启迪，继有以李梦阳、何景明为领袖的"前七子"与以李攀龙、王世贞为领袖的"后七子"的出现，又称"李、何、李、王"四大家。

二、政治表现

"前后七子"结交之时，多为新科进士，年青且正直，初任官员，怀志抱道，敢于表达对时政的意见，敢于对擅权的宦官集团与外戚集团提出批评，如李梦阳因此5次入狱，可见其斗志顽强。他那敢作敢当、疾恶如仇的政治风格，运用于诗文之道，以气骨见长，不少作品真抒性情，敢于讽喻时事和揭露现实的不合理。再如李攀龙、王世贞、吴国伦、宗臣等人挺直腰杆与权臣严嵩斗争。在"杨继盛事件"上，很明显地表达了他们的政见。1553 年，兵部员外郎杨继盛劾权臣严嵩"十大罪"、"五奸"，被杖下狱致死。"后七子"之一的吴国伦，在兵科给事中任上，为杨继盛说情，触犯严嵩，因而被贬出京，谪为江西南康推官。李攀龙时任顺德知府，也不顾严嵩父子的淫威，迎送吴国伦，赠诗相别。

"前后七子"，官职不大，锐气十足，令权势者不敢小觑。王世贞侧身其间，他敢于批评嘉靖帝崇信道教、不理朝政、委国事于严嵩的做法。如散文《海游记》，就是借古讽今，批评嘉靖帝一意孤行搞荒诞不经的事情；长句《西城宫词》说"袋里相公疏书在，莫教香汗湿泥封"；是批评嘉靖帝只顾谯斋，不顾朝政，常年不见辅臣；做谯斋时带着数侍女，辅臣上报奏章竟由侍女照管。"自缘身作延年药，憔悴春风雨露中"[3](p.375)是揭露嘉靖帝荒诞到听信炼丹师言，用美人作药。封建专制君主不允许臣下公开的批评；尤其是嘉靖帝是古代暴君的典型，更是一意孤行，无法听得进忠言。严嵩父子垮台后，嘉靖帝年事已高，佞臣有所收敛；但嘉靖帝本人变本加厉，朝臣都不敢直谏；嘉靖四十五年，海瑞大胆上书，引起嘉靖帝大怒，要处以极刑；当事者还算清醒，借故暂缓执行（后因嘉靖帝病死，海瑞获释）。王世贞此时解职在家，无法直接参与朝政，仅能作诗抒发心思而已。

他作诗《寒食志感示儿辈》，云："六度逢寒食，肝肠寸寸哀。岂无悬日月，难拟到泉台。岁每惭新鬼，春从冷旧醅。儿曹须老大，莫忘介山哀。"[3](p.368)这里两个"哀"，前一个哀，是王氏兄弟丧父之心哀，后一个哀，是恨其父忤冤死之哀。诗作于嘉靖四十五年，诗人无法预计当年冬嘉靖帝病故，还在担心生前未必能够目睹昭雪冤案，叮咛晚辈毋忘祖冤家仇。诗人当年不过 41 岁，就有此担心，既说明诗人内心的顾虑甚或恐惧，又说明诗人对黑暗朝政的不信任。

嘉靖帝死后，王氏兄弟为父亲昭雪冤情获得成功；世贞因此复出。他在政治上的正直态度犹存。他曾经对隆庆帝上疏："皇上节宫中一事之费，则可以存东南数十家之产；去左右一时之蠹，则可以开国家百千年之利；发一念爱人之诚，则可以或千万人之命；下一言爱人之诏，则可以收千万人之心。"[3](p.363)耿耿忠言，可入千古名臣奏议之林。

当然，封建时代的文人十分顾忌对君主的言辞不逊，世贞也不例外。他只能以极其隐晦的笔法或诚恳劝谏的口气，表达内心的愤懑、焦虑与逆反情绪。

相比之下，王世贞对权臣严嵩父子之流的斗争，就能放得开手脚。杨继盛入狱后，世贞仗义探视，并代其妻撰疏申冤；杨氏被杀后，又为之备棺殓尸。世贞明知这些都是得罪严嵩父子的事，但毫不缩手。他在严嵩专制时期写有不少诗文，就是针对严氏父子的，如《过长平作长平行》诗，云"郭开卖赵赵高出，秦玺忽送东诸侯"[3](p.365)是把严氏比作历史上的奸相佞臣。

严氏父子垮台之后，王世贞更以其少有的五言161韵长句《袁江流钤山冈当庐江小吏行》，来清算严氏父子的罪行。他怒斥严嵩揽权专政，"义儿数百人，监司迨卿寺。以至大节镇，侯家并戚里。"揭露严氏父子贪赃枉法，"凡我民脂膏，无非相公有"家里财富可敌帝王，"古法书名画，何止千百轴。玉躞标金题，煌煌照箱簏。妖姬回鹘队，队队皆殊色。银床金丝帐，玉枕象牙席。"对其父子的可耻下场，用词仍然极其气愤："甲第连青云，冠盖罗道途。以此称无负，不如一娄猪。"[4](p.1883)（按：王父入狱时，王氏兄弟曾经哀求严嵩宽贷，事出有因，不能视作妥协；还有赠画送书之说，尚不能以史实论，只能忽略不计。）

嘉靖帝后，张居正执政十年，这是一位功过相当的封建官僚。他敢于有为，但也贪位揽权与营私舞弊。以王世贞的性格也不能与彼善处。后来的事实证明，王世贞的某些意见应当是正确的。

"前后七子"，作为年青人的同人团体，松于政治结盟，密于文学交往。所以，他们的政治举止显得力量单薄、无法承受参政之重。几乎人人都有罢职、辞职、甚或废用不起的经历。一方面是敢于有所作为，另一方面是无所成就，就是这些青年官员参政的基本面。

三、文学主张

"前后七子"在政治上有所作为的同时，接过"茶陵诗派"的旗帜，提出更为具体、更为激烈的文学复古主张，希望以新颖的文风取代"台阁体"风气，表达士子的识见，抒发各人的情怀，文章昌明，诗歌博雅，能够与当时之世态相匹配。

前后七子的"李、何、李、王"四人，均为青年中进士，才高气锐，意气奋发。他们追求的文学目标高远，所谓"法乎上"者。"前七子"对"台阁体"的作秀是不满的，李梦阳批评为"出于情寡而工于词多也"[2](p.55)；他们同样鄙视近代文章（隋、唐以后的）与宋、元诗，在他们看来，"宋人不言理外之事，故其失拘而泥"（李梦阳语），即不满宋人的僵固迁执；宋元的诗作也不完美，"宋人似苍老而实疏卤，元人似秀峻而实浅俗"（何景明语）；惟有追随司马迁、杜甫等古代高人，才能与志向匹配。在他们的带动下，形成风气，学诗的范围仅仅定格为："古体乐府非东京而下至三谢，近体非显庆（唐高宗在位时一个年号，为 656~660 年）而下至大历（唐代宗在位时一个年号，为 766~779 年），俱亡论也"。[2](p.110)

"后七子"首领李攀龙以其高华杰起，续一代宗风，七言近体，格韵风调出众；但是持论更苛，贵远贱近，谓："文自西京，诗自天宝而下，俱无足观"。"非是，则诋为宋学"。[4](p.1870)因而缺点也十分显著，他与其追随者都有泥古不化与简单从事的倾向，并有从摹拟转变为剽窃的倾向。史称："其为诗，务以声调胜，所拟乐府，或更古数字为己作；文则聱牙戟口，读者至不能终篇"。[4](p.1870)

王世贞承认自己是追随二三君子抑宋者，但是他与彼鄙视韩、欧散文和宋诗的态度有所不同。比如他同意"宋人似苍老而实疏卤"[2](p.37)的评价，"然而代不能废人，人不能废篇，篇不能废句"，" 余所以抑宋者为惜格也。"又说善用者"以彼为我则可，以我为彼则不可。"[2](p.110)可见他承认宋人有可为我所学、所用之处。他主张即贵远也贵近；不过，他认为宋格还是弱，故我之"体"、"格"不能像宋人那样。

他反对单纯摹拟乃至剽窃的行为，他说："剽窃摹拟，诗之大病。"[3](p.364)他主张真抒直书，联系现实，与世相接；希望复古而不守旧，力求变化，所谓"佛有筏喻，言舍筏则登岸矣，登岸则舍筏矣（何景明语）"[?](p.38)意即从学古入手，达到创新目的，而不能"刻意古范，铸形宿模。"[2](p.37)

这些有意义的主张，在理论上是正确的，在实践上有难度，就是创说者也不能够很好地贯彻，追随者更不能准确把握，贯彻得好。陈子龙的评价是：

"夫诗衰于宋，而明兴尚沿余习，北地、信阳，力返风雅；历下、琅琊，复长坛坫，其功不可掩，其宗尚不可非也。特数君子者，摹拟之功多，而天然之资少，意主博大，差减风逸；气极沈雄，未能深永。"[2](p.240)

"前后七子"在文学上的主张比较绝对（他们自己是学宋文、宋诗的，却要排斥宋文、宋诗），不讲回旋余地，拿来指导一世文人的文学创作实践，确属失败的理论，导向空疏无据，也是必然的。

不过，后人简单地形式主义地贬抑其文学理论的创见与实践的尝试，因而否认他们在明朝中期诗文创作方面的重要地位与贡献，也大可不必。须知"前后七子"提倡的"复古"主张，寓有创新的含义，有合理的成分。论"古为今用"的见解，在我国上古时代已经司空见惯。只是完美的东西是不容易做到的；而人类又总是在追求完美的过程中，来接近完美。一个文坛领袖必须引领文学思潮求创新，改变习惯的固有的现有的风气，标新立异；因而每一个文学思潮（包括"前后七子"）几乎都伴随着若干缺陷。前人的缺点，后人容易找到，并且可以尽量批评；只是不要苛刻与嘲讽；苛刻与嘲讽的批评者未必能超越前人，反而贻笑于世。

果然，在"前后七子"之后，有一些文学批评家走了火，被陈子龙嘲笑：

"后人自矜其能，欲矫斯弊者，惟宜盛其才情，不必废此简格。发其聊渺，岂得荡然律吕。不意一时师心诡貌，惟求自别于前人，不顾见笑于来祀。此万历以还，数十年间，文苑有闰两之状，诗人多侏离之音也。"[2](p.240)

四、文学创作

"前后七子"理论的空疏无据，不影响他们自身的创作实践，也不妨碍他们出精品；如，李梦阳有很多的诗，音节之美，语句之新，风人之旨，为明朝中期诗创作的典范；何景明的诗创作也很出色。两人的诗向为后人的明诗选本所重，沈德潜的《明诗别裁集》竟选俩人的诗各近 50 首。何景明有一些优秀的散文，情感深沉，气势颇大，胆识与辞采兼备。王世贞更是以其博学寿长，追远慎近，文集之富，独步百年。《四库全书总目提要》云："考自古文集之富，未有过于世贞者。"[5]该书目所收王世贞的书有 16 种，尚不是全部。

他年未四十，已编有诗文集《海岱集》十二卷、《少阳丛谈》二十卷、文论《艺苑卮言》；以后还有《弇州山人四部稿》一百七十四卷（《艺苑卮言》载入《四部稿》中）、《弇山堂别集》一百卷、《弇州山人四部续稿》二百零七卷、《嘉靖以来首辅传》八卷、《觚不觚录》一卷、《爽鸠氏言》二卷、《读书后》八卷、《阳羡诸游稿》一卷，传还有《鸣凤记》传奇，所纂辑有《书苑》十卷、《画苑》十卷、《尺牍清裁》六十卷、《苏长公外记》、《艳异编》五十八卷。朱彝尊认为"后七子"：　"当日名虽七子，实则一雄。"[4](p.1879)在"前后七子"中，论学问淹博，王世贞当为第一人。至于后人称："世皆知《四部稿》为弇州先生平生著作，而不知《金瓶梅》书，亦先生中年笔也。"（宋起凤《稗说》，成书于 1673 年。）则尚待确凿的证据，才可定论。

五、史学著述

王世贞的史学成就相当可观，可以称为有明一代私家修史的杰出代表。他对史书的重要性提出自己的见解："天地间无非史而已。""六经，史之言理者也。"[2](p.101)此为落地有声之语。后人延伸为："六经皆史"、"史外无学"，分别引起后世史家的一阵阵感慨。

王世贞在史书写作实践中，特别重视材料的收集。他从历朝实录、档案文书、私人撰述中，搜集材料，经整理、考订之后，分别汇编成各类史料集；他还把史籍体例分作"史之正文"与"史之变文"等两种。前者是编年、本纪、列传；后者是叙、记、碑、碣、铭、述。他还把史料分作"史之用"、"史之实"与"史之华"等三大类。前者指训、诰、命、册、诏、令、教、劄、上书、封事、疏、表、启、笺、弹事、奏记、檄、露布、移、驳、喻、尺牍等；中者指论、辨、说、解、难、议等；后者指赞、颂、箴、衰、诔、悲，等等。[2](p.101)这些都是有意义的工作，其中大部分想法为后世学人所继承。

积多年努力，王世贞的史学创作成果斐然。传世的有：《国朝纪要》十卷、《天言汇录》十卷、《弇山堂别集》一百卷、《皇朝盛事述》五卷、《皇朝异典述》十卷、《史乘考误》十一卷、《识小录》二十卷、《少阳丛谈》二十卷、《明野史汇》一百卷、《弇州史料》凡一百卷、《公卿表》二十四卷、《嘉靖以来首辅传》八卷、《名卿纪迹》六卷、《札记》二卷、《宛委余编》十九卷。（按：此据《明史艺文志》记载；其中有的是同书异名。）王世贞的这些史籍，为后人写当代史（明史）提供了极大的方便。清初国史馆很好地利用了这些资料，特别是明朝早中期的人物传与典章制度，得利不少。《四库全书总目提要》评王世贞的《嘉靖以来首辅传》："皆以首辅为主，而间以他人事迹附之，于当时国事是非，及贤奸进退之故。序次详悉，颇得史法。"[5](p.301)

六、其他

王世贞的晚年对自己的文学主张有所自责，不满意一时间文人诗作由复古变成了拟古；对自己的多年诗作，他自我批评为："出之情寡而工之词多者。"同时，他对民间文学产生了浓郁的兴趣，甚至说："孔子曰：'礼失而求之野。'今真诗乃在民间。而文人学子，顾往往为韵言，谓之诗。"[2](p.55)王世贞也是这样。他情趣广泛，举凡散文、诗赋、词曲、传奇、小说、琴韵、手谈，等等雅事，皆乐于参与，花费不少精力与热情。这些看似不经、移人心志的闲事，他经常是乐此忘疲。他富于收藏，凡书、画、字、帖、彝、罐等等品种，倾力搜集，尤以藏书鸣世。

他的缺点有：一是偏激。《明史·文苑传》云："所谓大历以后书勿读，而藻饰太甚。"[1]晚年有所纠正，手奉宋人文集，讽玩不置。

二是贪大。陈子龙如是说，因贪大，"时见卑词。"[2](p.240)此意见大致不错。

三是气度不宏。他是有气度的人，比如对待归有光方面（详见后文）。但是，他在某些方面还是失风度的。比如，王世贞对唐顺之颇记恨。顺之曾经奉命巡视蓟北，然后汇报边塞失禁、兵戎不练、实额空缺等事；使得蓟辽总督王忬以下俱贬秩，又间接促成了王忬的入狱。王世贞有《钦驱行》诗，云："众鸟惊相顾，不知凤凰是钦驱。"[3](p.367)不是在谴责严氏父子，而是在影射说三道四的谗臣，极有可能是指唐顺之。

四是好恶高下。《明史·文苑传》称："世贞始与李攀龙狎主文盟，攀龙殁，独操柄二十年。才最高，地望最显，声华意气笼盖海内。一时士大夫及山人、词客、衲子、羽流，莫不奔走门下。片言褒赏，声价骤起。"但是，他"其所去取，颇以好恶为高下。"[1]与其游者，各标目为"前五子"、"后五子"、"广五子"、"续五子"以及"末五子"。这些人未必不当名称；但是确有相互提携的俗气。如"末五子"有胡应麟，是诗论高手。可是，胡应麟云："诗家之有世贞，集大成之尼父也。"不是谀言吗？

第二节　唐顺之与归有光

一、唐顺之

唐顺之（1507～1560），字应德，一子义修，号荆川，武进人，祖与父皆为官僚。顺之生有异禀，稍长，洽贯群籍。嘉靖己丑年（八年1529年）会试第一，殿试为二甲第一，改庶吉士，授兵部主事，引疾归；久之，除吏部稽勋，嘉靖十二年秋诏选朝官为翰林，乃改任编修，校累朝实录。当时首辅大臣是唐顺之的座主张璁。张璁识才，对顺之有所偏心，留顺之在翰林院；不料顺之对座主故意保持距离，固辞，愿改任他职。此时，座主仍有惜才之意，"持其疏不下"，但是"有言顺之欲远璁者，璁发怒拟旨以吏部主事罢归，永不复叙"。结果使得顺之一下子从翰林编修被削为民。至嘉靖十八年（1539年），张璁失势，顺之才复任翰林编修兼春坊右司谏。此后，其耿直风格再现，他与罗洪先、赵时春等人上疏"请朝太子"。这本是正常之事，却遇嘉靖帝的猜忌，看作是大臣与太子的勾连，竟下诏削三人籍。顺之回到家乡，在宜兴阳羡山筑屋隐居读书，达十余年。

嘉靖后期，倭寇蹂躏东南沿海，朝廷迭遣重臣督师出战，（1558年）由赵文华视师，文华与顺之为同年，因荐顺之，随军出征。顺之任南兵部郎中，与胡宗宪协谋讨伐倭寇，因战功擢为右佥都御史兼凤阳巡抚。常年作战，顺之已经劳累过度，身患疾病。但重任在身，他不肯后撤，终于在一次巡视中，倒下不起，捐躯于海防前线。

唐顺之是一位大学者，学问大，著述多，与王慎中、李开先等人并称"嘉靖八才子"。其论文重本色，主识见；论学习方法，倡圆活洒脱，似乎信手拈来，实有巧思在其中。黄宗羲《明儒学案》总结为："取道欧、曾，得史、迁之神理，久之从广大胸中随地涌出，无意为文而文自至。"[6](卷二十六)

其学术成就体现在历法、理学、兵学、文论等方面。

历法方面，完全出自于顺之个人的勤奋好学。古代农业社会重历法，把它看作有用实学。"按明制，历官皆世业；"[1]但是，顺之非世代历官而是靠自学历法。他与周述学等人共同研讨历法，取历代史志，正其讹舛，删其繁芜，卓然自成一家。

理学方面，他从师于魏校。魏校（1483～1543），昆山人，移居苏州葑门，进士出身，官至太常卿。魏校是一位梗直的士大夫。当时宦官刘瑾权重势盛，中外阁臣皆不敢抗之。独魏校敢直行己意，无所徇。魏校主程颐"性理说"，但又贯通诸儒之说，择执尤精。顺之在为人梗直与治学广博等两方面，继承乃师。顺之还从罗洪先问学。洪先与顺之为同年进士（罗洪先是一甲头名），是理学家王守仁的私淑弟子，人品高洁，因直言劝谏，触犯专制君主而受谪，削职为民。洪先在文学方面，初效李梦阳，既而厌之，乃从顺之说。所以，顺之与洪先互为师，实为友。在是否接受赵文华推荐复职问题上，顺之专门听取罗的意见，然后才行；在理学方面，顺之向洪先学习；对"良知说"颇下力，常闭户兀坐自悟，多所自得。在顺之眼里，世况已是卿大夫在上，"名不正、言不顺"，庶士在下，消极应付；"人欲"横流，追求享乐，理学传统荡然无存。因而，他要有所作为，要以维护道统为己任，他疾呼"克己复礼"，倡"人欲之为苦海，而循理之为坦荡"，力求维护理学尊严。[1]

他的理学观点集中反映在经史著作中，传世有《乐论》八卷、《春秋论》一卷、《左氏始末》十二卷、《五经总论》一卷、《史纂左编》一百四十二卷、《右编》四十卷、《儒编》六十卷，等等。

唐顺之的理学立场保持着儒本佛补的观点。黄宗羲欣赏唐顺之辨儒佛：

> "儒者于喜怒哀乐之发，未尝不欲其顺而达之，其顺而达之也，至于天地万物，皆吾喜怒哀乐之所融贯。佛者于喜怒哀乐之发，未尝不欲其逆而销之，其逆而销之也，至于天地万物，澹然无一喜怒哀乐之交。故儒佛分途，只在天机之顺逆耳。夫所谓天机者，即心体之流行不息者是也。佛氏无所住而生，其心何尝不顺？逆与流行，正是相反，既已流行，则不逆可知。佛氏以喜怒哀乐、天地万物，皆是空中起灭，不碍吾流行，何所用销？但佛氏之流行，一往不返，有一本而无万殊，怀山襄陵之水也。儒者之流行，盈科而行，脉络分明，一本而万殊，先河后海之水也，其顺固未尝不同也。或言三千威仪，八万细行，靡不具足，佛氏未尝不万殊。然佛氏心体事为，每分两截，禅律殊门，不相和会，威仪细行，与本体了不相干，亦不可以此比而同之也。"[6](第七册，P693)

兵学方面，他情有独钟。明朝早中期，在苏南文人中，有一些知兵用兵的人才，如，朱纨（1494～1549或1550），长洲人，进士出身，1547年奉命提督浙闽海防军务与巡抚浙江，主要任务是打击倭寇。倭寇是古代日本的一些浪人与中外海盗的勾结起来的武装集团，专门在我国东南沿海挑衅、寻机侵入沿海城乡杀人放火、抢劫财物；举止极其凶恶，伤害无辜居民。从明初开始，倭寇就成为我国一患，到嘉靖年间（1522～1565），酿成东南一大患。朱纨带兵打倭寇，勤劳任怨，取得了一些胜利；但有些操之过急，他"严戢闽浙诸贵官家人，疏暴通番二三渠魁，"虽然他估计到问题的严重性："去外夷之盗易，去中国之盗难；去中国之盗易，去中国衣冠之盗难。"但是，他还是因遭势家构陷，失去朝廷信任，愤而自杀。[7]

再如王忬（1507～1560），太仓人，进士出身，也以都御史职巡抚浙闽军务。他以都指挥俞大猷、汤克宽为参将，奋力打击倭寇，曾屡次打败倭寇。无奈浙闽地方势力，未到家园被倭寇蹂躏殆尽之时，仍不能齐心协力杀外贼，或袖手旁观，或设法避让，无论数十或百余倭寇，都放过了事；致使四处报警，王忬部队分作几处，调度用兵十分为难，寇情日益加剧。朝廷改派主将，王忬被调任他处为官，后又被权臣严嵩父子所陷害。

顺之也是属于知兵者。他著有兵书《武编》十二卷、《兵垣四编》五卷。他总有一些与众不同的想法，贵"出其不意"，思"御敌于外"。他用之于抗倭实践。他对敌作战，有着高亢的斗志，求胜心切，所出"御敌之策"，每与前线其他将领不合。但是，他的英勇气概也由此激发前线将士的勇气。他曾率战舟一昼夜行六七百里，从者咸惊呕，他却意气自如。他临阵督战，曾连遭失利，却也能够整军撤退，尔后再反击成功。

文论方面，最能体现他的学术贡献。首先，他效法宋儒，崇道黜文，强调文章的道德教化功能，重"文道合一"。一种文学思潮，不可能没有社会历史背景。嘉靖帝的淫祀与宋代的造"天书"运动相去不远。唐顺之所选的"宋六家"无不反对造神运动；另外，明朝中期开始，士风萎靡奢侈，吴地狂士尤甚。张翰云："至于民间风俗，大都江南侈于江北，而江南之侈，尤莫过于三吴。自昔吴俗习奢华，乐奇异，人情皆观赴也。吴制服而华，以为非是弗文也；吴制器而美，以为非是弗珍也；四方重吴服，而吴益工于服；四方贵吴器，而吴益工于器。是吴俗之侈者逾侈。而四方之观赴于吴者，又安能挽而之俭也？"[7](p.79)顺之本人生平苦节自厉，甘受清贫，有称："荆川先生出入仅一小航船，敝甚，不蔽风雨，中仅五尺。"[8]所以，他看重古文的世教功能。

其次，他强调学习唐宋散文。起初，他受"前七子"的影响，对秦汉散文有偏好。后与王慎中接触，接受其影响，放弃贵远贱近的做法，认为改从唐宋散文入手，收获更大一些。他编《文编》一书，该书所录古文，上自秦汉以来，而大抵从唐、宋门庭沿溯以入。对秦汉之文，不像李梦阳那样割剥字句，描摹面貌；对唐宋之文，也不像后来茅坤那样比拟间架，掉弄机锋。他论唐代韩愈、柳宗元、宋代欧阳修、王安石、苏洵、苏轼、苏辙和曾巩等八大家散文的要点，归结为"文字工拙在心源。"能够"直据胸臆，信笔写来，如写家书，""便是宇宙间一样绝好文字。"否则，"文虽工而不免为下格。"[2](p.75)也就是说，文章好坏在于是否有情感内容，而不在于文字是否高华。他给友人洪方洲写信说："近来觉得诗文一事，只是直写胸臆，如谚语所谓'开口见喉咙'者，使后人读之，如见其面目，瑜瑕俱不能掩，所为本色，此为上乘文字。"[3](p.316)此后，"唐宋派"的茅坤据此整理出《唐宋八大家文钞》，作为学习古文的门径，流行后世，影响极其深远。

他的文章法度，被李开先总结为："有问其为文者，则应以始尊秦汉，继好宋唐。必须完养神明，以深其本源，浸涵经传，以博起旨趣。独存本质，尽洗铅华，透彻光明，委曲详尽。虽从笔底写成，却自胸中流出。如说家常话而作家常书，所谓见理明而用功深者，乃始得之也。"[9](p.117)

顺之诗论，不及文论重要。当嘉靖初，称诗者多宗"何、李"，顺之与陈束等人"厌而矫之"，他们主张学诗的面还可以开阔一些。

顺之诗文创作成就也不及文论出众，但也有一些佳品。如《书秦风兼葭三章后》文，写"雷雨大作"之夜，作者与弟子褚生驾舟，"临流歌啸。"[9](p.119)联想浮翩，忆秦国当世声利所驱之俗士、抑或沈酣豢养之死士，无非趋附权势，那有伊人独醒，避世逃名，可敬可佩。全文起处感慨高远；随后，抒怀布意，气度潇洒，令人涤尘逸思，身心振兴；《跋异僧书心经碑后》文，形容书法之奇特，雄伟之姿；并借异僧之狂草，引发作者的文论之思，以书比文，求法于无法之中。文末的"世固有不反经则不合道者"[9](p.122)是全文的要害，表达了作者的文学主张。他与"前后七子"不同之处在于，他认为复古在于创新，反对模拟之风。《广右战功录》文，实为明大臣沈希仪传略，全文以古文体，"叙事具有法度"，为以后清史馆修《明史》时，全文采用。[5](p.277)

总的看来，顺之的文学创作在当时的影响不大。但到晚明与清代，顺之越来越受人重视，除了其文章本身文简理深的优点之外，另一个重要的原因，就是看中其"救世"的良苦用心。

顺之对时文教育，颇多研究。"其阅文所品题，百不失一"。其外孙孙慎行获益于此。慎行（1565～1636），武进人，"幼习闻外祖唐顺之绪论，即嗜学；"考进士以第三人及第，授翰林院编修，官至礼部右侍郎，为官清廉，梗直不避魏庵，有操行峻洁的名声，誉为天启、崇祯搢绅冠[1]。

顺之的遗憾，在于晚节有所染污。《戒庵老人漫笔》云："唐荆川罢官家居，颇自特立。知命之后，渐染指功名。因赵甫江以逢严介溪，遂得复职，升至淮扬巡抚，殊失初志。"在严嵩的《钤山堂集》有唐顺之写的序文。乡人惜之，有《送行》诗："与君廿载卧云林，忽报征书思不禁。登阁固知非昔日，出山终是负初心。青春照眼行应好，黄鸟求朋意独深，默默囊琴且归去，古来流水几知音。"[10](p.134)这是批评他到知命之年，犹看重功名，借赵文华与严嵩结识，谋复职、擢高位。同情顺之的人也为其惋惜。仕人出处弃取有关能否操守贞节。顺之晚节有所玷污，如何自立、如何训世呢？当然，顺之并不是与严嵩、赵文华同流合污的人。他在出山之前，"商出处于罗洪先。洪先曰：'向已隶名仕籍，此身非我有，安得徉处士'。顺之遂出"。[1]这是当时清流的见解，何况，他最后鞠躬尽瘁于抗倭之事，不同于靠权势贪赃枉法的奸党。宋儒持论向来严苛，唐顺之求道得道，也不必为之深辩。

二、归有光

归有光（1506～1571），字熙甫，号震川，昆山人。他出身于农村比较富裕的耕读人家，即祖上曾有人为官，但后世以耕田兼攻读为业。有光的上两代人科场总是失利，无缘官场。他本人弱冠尽通《五经》、《三史》诸书，师事同邑魏校，35岁中举，以后屡上公车，皆不第。他只能每试罢，重操旧业，授徒讲学，学徒常数百人，人称震川先生。虽然他本人遇试必败，但是他所授制科时文，颇有名声。《明史·文苑传》称："明代举子业最擅名者，前则王鏊、唐顺之，后则震川（归有光）、思泉。"[1]

时"前后七子"影响一代文风，末流者相与剽窃古人而求附坛坫。唐顺之等人倡导"唐宋派"初起，尚未左右舆论。归有光据六经为本，好司马迁《史记》，又抱唐宋诸家文集，与二三友好研讨，取其行文之法度。多读加思索，逐渐得唐宋文笔，便以"前后七子"为缪说，不当以复古而归之于泥古，自我束缚于一小天地。他指出，要把"唐宋八大家"的优秀散文作为习文的典范。

在当时，论声势，"唐宋派"不及"前后七子"，但论传世深远，"唐宋派"远远胜出一等。归有光把自己的主张，贯彻于写作实践，完成了许多优秀散文，弥补了唐顺之、王慎中、茅坤等人古文写作方面的某些不足，成为

"唐宋派"的"功臣"。有光被清文人评为有明一朝古文大家，如姜宸英云："当明之有天下二百七十余年，作者林立，唯太仆之文，能独溯太史公以来，得其风神，而合之唐宋诸家体格，粹然一出于正，可谓豪杰之士矣。"[9](p.104)

当然，归有光在批评"前后七子"时，意气之辞，不免过激。比如，当时王世贞主盟文坛，归有光毅然与之抗衡，甚至说世贞是"庸妄巨子"。这事不能简单评之为文人相轻习气，还应有其他心理因素。归有光是在屡试不中、人微言轻的情况下，故作狂语，以求引人注目而已。实际上世贞为一代文豪，言其庸，是不很理智的。倒是世贞比较大度，初虽抵牾，其后却对年长的同郡贤达表示折服，在其《续稿》中说："先生于古文辞，虽出之于史、汉，而大较折衷于昌黎、庐陵。当其所得，意沛如也。不事雕饰，而自有风味。超然当名家矣。"[9](p.104)《明史·文苑传》载王世贞题"归有光遗像赞"曰："风行水上，涣为文章。风定波息，与水相忘。千载惟公，继韩、欧阳。余岂异趋，久而自伤。"[1]

嘉靖四十四年（1565年），时年已60岁的归有光第九次参加会试，终于有幸中了进士，开始为官，授长兴知县。用古教化为治。每听讼，引妇女儿童案前，刺刺作吴语，断讫遣去，不具狱。上司所下令不便，辄寝阁不行。有所击断，直行己意。上下皆不理顺，仕途前景不佳。大吏恶之，调其为顺德通判，专辖马政；后官至南太仆寺丞而卒，后世称其为归太仆。

归有光的散文创作，后人评价很高。清宋犖《尧峰文钞序》云："前明三百年，号称文章大家仅十余辈耳。十余辈中又首称荆川、震川两先生，皆吴人也。"

归有光的散文大多数写于中进士之前，故无宦道气，大多写身边的人与事。他把这些看似琐细的人事，如实道来，浅白亲近，事理清晰。如小品文《项脊轩志》，记一北向的百年老阁，"室仅方丈，可容一人居"[11]但经归有光的笔端，写出三世遗迹；又借物抒情，伤母悼妻，引大母与老妪琐细语，而流露出真情，作者辛酸，读者感其情景无不动容。

小品文《寒花葬志》，记前妻小婢，"垂双鬟，曳深绿布裳。""目眶冉冉动"，三言两语，能把婢女的神态，曲折描写出来；"孺人笑之"，"孺人又指予以为笑"，把前妻的调笑与家庭的欢乐，一并带出，涉笔成趣，似文中有

50

画。末笔"回思是时，奄忽便已十年。吁，可悲也已"[11]，表达了对前妻的悼念与对弱者的怜惜。全文不过百余子，着墨不多，却显得神采生动，所谓骚情史味，在于其中。

归有光的文章善于叙事抒情，另一显例是《解惑》一文。文章从嘉靖己未（1559）年第七次参加会试不第讲起，先讲同情者劝说："君名，在天下，虽岭海穷徼，语及君，莫不敛衽。"大有惋惜之意。然后，指出："独其乡人必加诋毁。自未入试已有毁之者矣；既不第，廉外之人，又摘其文毁之。"[11](p. 355)令读者莫不为其鸣不平。最后，因当事者的坦然处之，情绪由危归夷，悄然结语。全文一波三折，终归澹然，见出其文风格。

归有光的《震川文集》（归庄所订本，共四十卷）流传于后世。作品给人深刻印象；但论题材，比较集中于家常事，林纾云："巧于叙悲，自是震川独造之处。"[9](p. 105)所以记体三卷（第15～17卷），佳文比较多。不过，他也有《三区论赋役水利书》（卷八）、《奉熊分司水利集并论今年水灾事宜书》（卷八）、《论御倭书》（卷八）等，多关心时政，留意家乡要务之作。他的建议，如公平赋役、救荒之策、开吴淞江之利、排常熟积水、御敌于口外，毋使登陆、禁与倭互市，等等，未必得到地方官府的重视，也未必适时可行，但是，他的拳拳报国爱乡之心，可敬可佩。

归有光的诗作少有人提及。《别集》有一卷古今诗（第十卷），大多数诗确实不佳。比如"金陵行"之类诗，为古人题咏测试卷，可惜有光卷面不忍看。不过，由于他长期身处乡村，一些纪事诗，还是不错。如，他的抗倭方面的诗，实际上有史料价值，且能因形势悲喜，缘情言志，不失为好诗，理应受到重视。《海上纪事十四首》云："自是吴分有岁灾，连年杼轴已堪哀。独饶此地无戎马，又见椰帆海上来。"道出三吴居民遭遇倭寇，千愁万忧从而生。又："任公血战一生余，莲碧花桥村坞虚。义士刘平能代死，吴门今不数专诸。"及《颂任公四首》之四："轻装白袷日提兵，万死宁能顾一生。童子皆知任别驾，岿然海上作金城。"[11]赞美英勇杀敌的将士，弘扬血肉长城的浩气。

他晚年得仕，涉及时务的文章多了起来，留下一些有特色的散文，可惜成就已经不及以往。如《长兴县编审告示》，是一位年高长者兼初任父母官，对"子民"的告诫之文。文中以"奉法"、"养民"的口吻，告诫以往"刻剥小民"的"大户"，"各思为子孙计，毋得仍前侥幸"，务必"助县官"、"怜恤小民"；否则，"幽有鬼神，明有国法"[11]读过后，感觉这不像惯于量刑绳法的长官，倒似循循善诱、调教儒生的教喻；因为，对能够"刻剥小民"的"大户"，单纯以条文即不能服之，也不能制之。本文特色无非是书生意气，激荡文内；语词流畅，文白理浅；但是本文舍其叙事抒情之长，改用训诂之体，只能说是一篇很少有封建官僚如此写的就职书，是其不善政务的表现。明清苏南文人为吏，显于阁僚词臣的多，扬以能吏干城的少。归有光晚年走上仕途，难有所为，是很自然的；想做一位廉官，其意不错。

本章参考文献：

[1] 张廷玉. 明史［M］. 北京：中华书局，1974.

[2] 郭绍虞. 中国历代文论选第三册［M］. 上海：上海古籍出版社，1980.

[3] 金性尧选. 明诗三百首［M］. 上海：上海古籍出版社，1995.

[4] 陈田. 明诗纪事［M］. 上海：上海古籍出版社，1993.

[5] 上海古籍出版社. 四部精要史部六第 10 册［M］. 上海：上海古籍出版社，1993.

[6] 黄宗羲. 黄宗羲全集［M］. 杭州：浙江古籍出版社，2012.

[7] 张瀚. 松窗梦语［M］. 北京：中华书局，1985.

[8] 朱国祯. 涌幢小品［M］. 北京：文化艺术出版社，1998.

[9] 夏成淳. 明六十家小品文精品［M］. 上海：上海社会科学院出版社，1995.

[10] 李诩. 戒庵老人漫笔［M］. 北京：中华书局，1982.

[11] 上海古籍出版社. 四部精要集部六第 21 册［M］. 上海：上海古籍出版社，1993.

社稷风云谁奏曲——顾宪成与东林君子论

明朝后期，国家形势逐渐紧张起来。在整个"一盘棋"中，起到十分重要作用的苏南文人，群体意识迅速增强，议政论事的风气蔚然成风。一些领袖人物面临魏阉集团的残暴统治，慷慨赴难，有"国士风"，垂范百世而不朽；并激成晚明东南士人结社抱团、以坚贞气节互勉的局面。

第一节　顾宪成

一、顾宪成的仕途经历

明嘉靖二十九年（1550 年），顾宪成出生于南直隶无锡县的城镇市民家庭。后几年（1554 年），弟弟顾允成出生。顾家比较贫寒，兄弟俩人立志向学，师从薛应旂，书生气十足，以风节相期许。万历四年（1576 年），宪成得乡试第一；中进士时（1580 年），与同年刘廷兰、魏允中皆负俊才，并同为解元而名声大噪，人称"三解元"；先后任职于户部与吏部。时为首辅大学士张居正（1525～1582）执政期。张居正为相十年，权重势隆，趁势作一些经济改革，如"一条鞭法"，旨在严厉监督地方赋税收支、增加中央政府的财政收入、从而强化国家机器的功能，御外与守内，以及开展一些水利工程；因此后人理应予以肯定。但其中问题也不少。比如，由此引发的增收政策，成为明朝后期弊政。另外，居正私心较重，收受贿赂；一些怀有私心的官员只求迎合张居正，对居正的举止，无论是朝政，还是家务，都百般奉承，朝廷内出现了阿谀媚上的不良风气。因而自有一些正直的官员，针对张居正改革的弊端、以及张居正的不廉、朝臣的阿谀之风，不顾张居正的打击，不顾个人的仕途顺逆，敢言敢怒。这些正当行为，不能一概斥之为"保守派"或"大地主利益集团的代表"。

张居正的继任者，申时行、王锡爵、沈一贯等首辅大臣继续执行张居正制定的政策，因而来自朝野的批评声愈加激烈，言官攻讦大臣成风。批评者的言辞激烈与反驳者的手段严厉，使得朝政局势出现混乱。随着议论的激化、言辞的冲动、处置的非理性化，渐渐形成派别。社会舆论把那些坚持正谊、敢于抗疏、直吐箴言、哪怕是得罪权贵，甚至受罚都不在乎的官员，归作"清流"；又把不顾是非、惯于媚上、无事生非的官僚，看作"浊流"。"清流"以赵用贤为代表，他气节盖世，耿直敢言，言必震上，赢得很多官僚、士子的尊敬。史载向来用嘉笔懿言形容之。

顾宪成兄弟俩人都景仰赵用贤，取法于彼。如张居正生病，朝士群为之祷，顾宪成执意不从。同官代之署名，竟亲手削之。其弟允成在京（1586年）应会试，中进士后，为海瑞受屈事，与执政辨论，结果被削籍归乡。

顾宪成与首辅大臣有隔阂后，请假回乡授徒讲学，有安希范、高攀龙等人从学。3年后，宪成再仕，还是面临困境。如按内心的境界做事，必受排挤；而要干进求得志，则必须作出许多妥协。宪成还是选择了前者。在大计之年（1587年），都御史辛自修主持计事，宪成时任职于吏部稽勋司，做配合工作。辛自修能够秉公办事，却因违背执政阁臣的意见，遭到罢免；宪成因此不平，上疏语侵执政，被旨切责，谪为桂阳州判官。以后，宪成在几个地方担任司法官员，治绩优异。1592年，重新进京，擢为吏部考功主事，历员外郎。

但是，宪成的仕途生涯快结束了。次年（1593年），宪成的几位同人遭致贬黜：安希范任南吏部主事，因劾首辅大学士王锡爵挟私植党被革职归乡；吏部考功郎中赵南星在考察京官时，不听首辅王锡爵等阁臣的安排，遭报复，被斥为民；薛敷教因疏救赵南星而被谪；赵用贤也被罢官，高攀龙因争赵用贤罢免之事而被谪广东揭阳。京察时，宪成是支持赵南星的；事后，宪成疏请同罢，王锡爵希望宪成回心转意，反而迁其职为吏部文选司郎中。（当时，宪成与王锡爵的关系尚可。如："诏封三皇子为王"，宪成上疏反对，并遗书王锡爵，反覆辨论，其后"并封议"遂寝。）宪成在文选司所做事，还是与执政阁臣牴牾，吏部缺尚书。王锡爵欲用罗万化，宪成没有听从，却推荐了陈有年。后来（1594 年）又与万历帝牴牾，该年廷推阁臣，宪成极力推举因批驳万历帝意见而遭罢黜的原大学士王家屏，"忤帝意，削籍归"。

宪成还乡后，再也没有复出，结束了官僚生涯。宪成不可能得意于万历政局，因书生气十足的缘故。当时有陈瓒为宪成打抱不平。他因顾氏谪官，去责问大学士王锡爵："宪成疏最公，何以得谴？"锡爵答曰："彼执书生之言，徇道旁之口，安知吾辈苦心"。陈瓒马上说："恐书生之言当信，道旁之口当察，宪成苦心亦不可不知也。"锡爵默然。

顾宪成未得功名之前，家贫娶妻，岳父朱氏不嫌其贫，怜其才而欣然嫁女。顾夫人朱氏贤惠，善持家。以后，宪成"举高第，官吏部。淑人（顾夫人）食脱粟，衣补衣，戒其家人阖门操作，曰：'夫子犹故书生也。我知为书生归而已。'"[1](p.1457)

宪成的仕途不顺，但其政治表现可圈可点。他在地方治绩优异，在吏部不唯上、不媚上，秉公守法，即使受打击也认真理、而不徇私枉法。这就是他的宦道与气节，上承赵用贤、海瑞等人的耿直风格，下启以后东林的道义精神。

二、顾宪成与东林书院

从退职（1594 年）到去世（1612 年）前的 18 年间，宪成专门从事讲学工作。前期（1604 年前）的讲学场所，移来移去，并不固定；到 1604 年重修东林书院之后，才固定下来。与宪成同好并相与讲学的，还有顾允成、高攀龙、安希范、刘元珍、钱一本、薛敷教及叶茂才等，并称为"东林八君子"。这个学人团体被称为"东林派"（后称"东林党"），成为朝中"清流"的政治伙伴。

授徒讲学，为古代文人之本事。明朝中期，有俩位出色人物，一是平定"宁王之乱"的功臣、理学大师王守仁，"聚徒于军旅之中"；一是执政阁臣徐阶，"讲学于端揆之日"。俩人带动起朝野立书院、讲学之风。如《浙中王门学案二·王畿传》记载，王畿退出仕途后，"林下四十余年，无日不讲学，自两都及吴、楚、闽、越、江、浙皆有讲舍，莫不以先生为宗盟。年八十，犹周流不倦"。[2]又如《泰州学案三·王艮传》记载,王艮开门授徒,于江浙间往来讲学,直以社会为讲席。他不重理论辨析,而是"百姓日用即道,虽童仆往来动作处,指其不假安排者,以示之,闻者爽然"。[2]这些人的讲学仅仅在局部地区造成影响,还不能引起朝野的全面关注。

宪成与其"东林学人"成为明朝后期朝野全面关注的焦点,当是与其从政的经历、讲学的内容、社会的反应等三个方面有关。

宪成的仕途进退与"清流"人物相始终。"东林八君子"的其他人,也无一不是因耿直抗疏而被贬斥的"清流"人物。万历年间,各地与"东林八君子"相类似经历的士大夫众多,据《明史·何士晋传》记载,万历末期,"有诏起废,列上二百余人"。他们彼此关注,声气响应,无形中建起一张疏而不密的网络,影响极大。东林书院成为其中最为重要的联络点。朝中的"清流"官员是同情与支持"东林学人"的,并从"东林学人"那里得到舆论的支持;朝中"浊流"官员是反对"东林学人"的,污蔑"东林学人"结党,意图沽名、谋利、营私;特别防范"东林"与朝内"清流"联手,因而密切关注东林书院的一举一动。朝中另外一些依违于清浊之间的官员,也出自观察时局的需要,关注东林书院的行动。

东林书院的讲学内容,分作经学与时务。宪成诸人的讲学起初并不直接涉及时务,而是以治经学为主,兼顾学子的举业。他们对经学的讲解,拘泥于宋明理学范围内,没有大的突破;并没有多少新意。宪成的基本观点是:"以考亭(朱熹)为宗,其弊也拘;以姚江(王阳明)为宗,其弊也荡。拘者有所不为,荡者无所不为。拘者人性所厌,顺而决之为易;荡者人情所便,逆而挽之为难。昔孔子论礼之弊,而曰:与其奢也宁俭。然则论学之弊,亦应曰:与其荡也宁拘。此其所以逊朱子也。"[3](卷三)可见他在朱熹与王阳明的取舍方面,偏向于朱熹。他对朱熹是有所肯定的,肯定朱熹强调"格物"时,人各异之的实践功能。他说:"朱子之释格物,……盖谓内外精粗,无非是物,不容妄有捡择于其间。又谓人之入门,各各不同,须如此,方收得尽耳。"[3](卷七)他的讲解,只是满足举子的需求,没有致力于学理上的争辩。

高攀龙的理学思想接受顾宪成的影响。本传称:"初,海内学者率宗王守仁,攀龙心非之。与宪成同讲学东林书院,以静为主。操履笃实,粹然一出于正，为一时儒者之宗。"[4]他十分重视个人的亲身实践，说："虚言无益。""学问不贵谈，而贵行。"不过，他的实践观所指不是社会实践，而是个人的品行修养，所谓"以性善为宗，以居敬格物为要，以躬行实践为主，以纲常名教为本。"[5](p.1717)他向人宣传："天下原是一身，吾辈合并为公，即天下如一气呼吸。何谓合并为公，人人真心为君民也。为君民心真，则千万人无不一。故曰如一气呼吸。"[6](p.2)完全是一个理想主义者。可惜在宪成去世后，攀龙在思想上有所消沉，最后还是受"王学"的束缚，半入禅学；与其早年仕途上的果敢风格两致。

总的看来，顾宪成、高攀龙还是用朱子或"王学"的术语来阐述自己的观点，并没有独自创设哲学术语，；因而仅仅于两家之间，寻找恰当点，不免显得在两家之间来回摇摆。他们对经学并没有多少贡献，其影响力不是在经学方面上，而是在时务辩论方面。《明史·顾宪成传》称："故其讲习之余，往往讽议朝政，裁量人物。朝士慕其风者，多遥相应和。"[4](p.6032)这里说的"讲习之余"，应是早期讲学的情况；自1604年重修东林书院之后，主次逐渐变化了，经常是以时务为讲题。

为什么要讲时务？从办学宗旨看，顾宪成认为办学是为了收揽天下人才，应把立志救世放在第一位。他说：

> "自古未有关门闭户，独自做成的圣贤。自古圣贤未有绝类离群、孤立无与之学问。吾群一乡之善士讲习，即一乡之善皆收而为吾之善，而精神充满一乡矣；群一国之善士讲习，即一国之善皆收而为吾之善，而精神充满一国矣；群天下之善士讲习，即天下之善皆收而为勿之善，而精神充满乎天下矣。"（《东林书院志》卷三）

他认为："士子号有志者，未有不亟亟于救世者也。"（《泾皋藏稿》卷七）东林后人、清初儒学大师黄宗羲也说："先生（宪成）论学，与世为体。尝言：'官辇毂，念头不在君父上；官封疆，念头不在百姓上；至于水间林下，三三两两，相与讲求性命，切磨德义，念头不在世道上，即有他美，君子不齿也。'"[2](第八册，P731)所以，东林的"座右铭"明确无误地道出："风声、雨声、读书声、声声入耳；家事、国事、天下事、事事关心"。

顾宪成为首的"东林八君子"，以其风骨魄力，倡道节义，以扭转焦虑功名富贵的世风，是有醒世的作用。"当是时，士大夫抱道忤时者，率退处林野，闻风响附，学舍至不能容"。由是东林名大著，而忌者亦多，批评、污蔑、恶意中伤，等等，不绝于耳。宪成对此不以为然。他说："夫士之于学，欲农之于耕也。农不以耕为讳，而士乃以学为讳？农不以宋人之槁苗而移诟于耕，而士乃以某某等之毁行移诟于讲学？其亦舛矣！此其不必惑者也，不当惑而惑，昧也；不必惑而惑，懦也。协而破之，是在吾党。"宪成所称的"党"，是乡党的"党"。他认为东林书院不过是乡学，是归田人士"至于水间林下，三三两两，相与讲求性命，切磨德义"而已；决不是结党营私的团体，毋庸多虑。

但是，东林的名高，使得"负物望者引以为重"。望重，又使得"猎时誉者资以梯荣"，于是颇有轻浮好事名者附丽其中。"浊流"得以恣肆攻击，以偏概全，攻其一点不及其余。特别是在李三才能否入阁的问题上，"东林学人"遭到了前所未有的攻击。

1611 年，李三才能否入阁，引起朝臣的大辩论。论李三才之才，确有大略，在淮地任职，颇得民心，升迁至户部尚书。当内阁缺人，有大臣建议不当专用词臣，宜与外僚参用，意在李三才。但是，三才的致命缺点是不能持廉。所以，反对者的意见也不无道理。朝中为此争议数月不定。

宪成与李三才一直有着良好的关系。一方面，宪成讲学东林，好臧否人物。李三才主动与"东林学人"相结识；而另一方面，三才请补大僚，选科道，录遗佚，批评执政："诸臣只以议论意见一触当途，遂永弃不收"，是"负国负君，罪莫大此"[4](p.6064)为"东林学人"鸣冤。三才还批评朝政废坏，请万历帝奋然有为，与天下更始；还力言辽左阽危，必难维持现状，等等。三才这些与"东林学人"意见一致的奏章，宪成抱有好感。所以，宪成致书首辅叶向高、吏部尚书孙丕扬，推荐三才。

以宪成已经被削籍的平民身份，向政府推荐阁臣，显然越出当时的礼法框架，无论怎么说，都属"出格"行为，因而使得本来对"东林学人"已经嫉恨在心的朝中"浊流"官员大哗。他们以此为口实，开展对"东林学人"的全面攻击。其中，御史徐兆魁上疏攻击宪成，恣意诬诋，谓："浒墅有小河，东林专其税为书院费；关使至，东林辄以书招之，即不赴，亦必致厚馈；

讲学所至，仆从如云，县令馆谷供亿，非二百金不办；会时必谈时政，郡邑行事偶相左，必令改图”，等等。这些无中生有的事也搬到正式奏章上，说明“浊流”官员的丧心病狂，手段卑劣。《明史》记载：“其言绝无左验。”[4](p.6033) 但是，“浊流”官员的混淆是非，转移视听，导致有关于李三才的争议更为混乱，而不勤政的万历帝迟迟不表态，使得三才不得不主动辞职，以求息事宁人。这次宪成的推荐书，出自一片赤诚之心，但是，效果不好，成为帮倒忙的显例。

至此，“浊流”开始以“党人”称东林学人。“结党”，这在古代社会属于犯忌枉法的事。“东林党”，是“浊流”恶意赠送“东林学人”的帽子，使得“东林学人”在部分不明真相的社会公众面前，形象模糊了。

此时，朝中“清流”官员纷纷出面，竭力保护“东林学人”不受更大的伤害。光禄丞吴炯上言辨论：“宪成贻书救三才，诚为出位。臣尝咎之，宪成亦自悔。今宪成被诬，天下将以讲学为戒，绝口不谈孔、孟之道。国家正气从此而损，非细事也。”当时已经有“昆党”、“宣党”等，与“东林学人”为难。大儒、名臣刘宗周上言：“东林，顾宪成讲学处。高攀龙、刘永澄、姜士昌、刘元珍，皆贤人。于玉立、丁元荐，较然不欺其志，有国士风。诸臣摘流品可也，争意见不可；攻东林可也，党昆、宣不可”。[4](p.6573) 他们的有力声援，使得“东林学人”坚定了信心，没有乱了自己的阵脚。不幸的是，次年（1612年），宪成因病去世，（顾允成已先于1607年去世。）东林书院接着由高攀龙主持。（本节未标出处的引文均见《明史》本传）

第二节　东林诸君子

一、“东林八君子”

东林学人有“八君子”、“六君子”与“七君子”等名目。其中，“八君子”是东林学人的核心，除了顾氏兄弟外，还有高攀龙等人。

高攀龙（1562~1626），字云从，一字存之，号景逸，无锡人，早年从顾宪成学，后曾从赵用贤学，进士出身，因疏辨得罪阁臣，屡遭贬谪；削籍家居近30年。天启年间复出。高攀龙品行操履笃实，粹然一出于正，为一时儒者之宗。海内士大夫，识与不识，称"顾、高"无异词。他主持下的东林讲学活动已经明显少于以往，不过仍然保持"东林学人"不散，并因形势的转换，在历次与"浊流"或魏奄的斗争中，带领同人，发挥了团队的集体作用。

薛敷教（1554~1612），字以身，武进人。祖应旗，顾宪成兄弟少时，从薛应旗学，薛敷教遂与顾氏兄弟善，用风节相期许。及中进士，与高攀龙同出赵南星门，益以名教自任。任国子助教时，力争"三王并封"，并救赵南星而被谪，遂不复出。薛氏提身严苦，垢衣粝食，终身未尝受人馈。家居二十年，力持清议；当地大吏有劳民举动，多因薛敷教言阻而止；身后有声誉。

安希范（1564~1621），字小范，无锡人，早年从顾宪成学，中进士，因赵用贤去国之事，疏争之："近年以来，正直之臣不安于位。……高攀龙一疏，正直和平，此陛下忠臣，亦辅臣诤友。……攀龙又窜炎荒。辅臣误国不忠，无甚于此"。希范因而落职，从此30年家居，安心讲学，谢绝朝问，不求复职。

刘元珍（1571~1621），字伯先，无锡人，在"东林八君子"中，年辈较晚，进士出身，1605年，因建言遭罢归，加入东林书院，以讲学为事。他表节义，恤鳏寡，行义重于时，在1614年写出《东林书院志》首稿，由后人续成全书。

钱一本（1544~1615），字国瑞，武进人，进士出身，争"国本"时，一本言最戆直。万历帝衔之。以造言诬君，摇乱大典的罪名，斥为民。一本既罢归，潜心研精经学，与顾宪成辈分主东林讲席，学者称"启新先生"，时有陈仁锡等俊才从之游。

叶茂才（1558~1629），字参之，无锡人。进士出身，万历年间，同邑顾宪成、允成、安希范、刘元珍及高攀龙等，皆因建言去职，直声震一时，茂才仅以"醇德"称，及叶氏官至南京太仆少卿时，清流尽斥，邪议益梦，遂奋身与抗，直至被罢斥，人由是服其勇。有称其："生平学问，躬行实践，信心为己，感民彝，庸国是，是是非非，如风樯炫矢，触而必发，岂有意与党人争胜负哉"！[1](p. 1312)

二、"东林六君子"与"东林七君子"

自顾宪成推荐李三才失败之后，攻击者不绝；待宪成殁，攻者犹未止。攻击者把"东林学人"与朝中"清流"并作"东林党人"，恣肆污蔑中伤；东林人（此后的东林人是东林学人与朝中"清流"的合称），也把这些攻击者归之为浙、宣、昆诸党。双方言辞不避过激，事情不论实有，一有行动，必群起响应。这样的朝廷争论岂止是门户之见，简直是同仇敌忾，形同水火。万历后期，反对东林的党人占据上风，他们"悉踞言路，凡他曹有言，必合力逐之。（叶）茂才既去，党人益专，无复操异议者"。[4](p.6052)

此后的天启年间，开始是东林"小盛"的好日子，被废置多年的东林人纷纷起用，中央职权部门的要地多为重新起用的老臣所居。但好景不长，天启二、三年，魏忠贤宦官集团逐渐形成，东林人奋起抵抗；而原先反东林的"浊流"几乎都依附魏阉，随后阉祸滔天，秽浊一世。新账老账一起算，凡"救三才"者、"争辛亥京察"者、"卫国本"者、"发韩敬科场弊"者、"请行勘熊廷弼"者、"抗论张差梃击"者、最后"争移宫"、"红丸"者、忤魏忠贤者，统统入为"东林党人"，抨击无虚日，借魏忠贤毒焰，一网尽去之。杀戮加禁锢，善类为之一空。其中，"东林六君子"与"东林七君子"先后遇难，最为惨案。

"东林六君子"，是指杨涟、左光斗、魏大中、袁化中、周朝瑞和顾大章等六人。（其中杨涟、左光斗、袁化中、周朝瑞、顾大章，皆为万历丁未同科进士。）先是杨涟，于天启四年（1624）六月，奏上"魏忠贤二十四罪"疏，要求对窃国篡权的魏奄"以正国法"，并表示"用消隐忧，臣死且不朽"。接着，黄尊素、李应升、袁化中、魏大中等几十余人先后上疏继之。一时间，魏阉有些慌乱。但是，年幼的天启帝被魏阉控制在手，形似专制，实为傀儡。魏阉迅速反击，且手段异乎寻常的残暴。天启五年四月，魏阉爪牙以无中生有的手段捏造"六君子"罪状，下令逮捕，入狱后，"土囊压身，铁钉贯耳"，惨不忍睹；"诃垢百出，裸体辱之"，毫无人道。从四月至九月，"六君子"相濡以沫，激以正气，先后惨死狱中。他们的浩然正气，感动了正直的士大夫与社会大众，使得魏阉的淫威并不能真正压服天下士民。

61

"东林七君子",是指高攀龙、周宗建、缪昌期、李应升、周顺昌、黄尊素和周起元等七人。他们都因反对魏阉专权而已遭罢斥在家。天启六年二月,魏阉爪牙以无中生有的手段,编造"七君子"的罪状,下令逮捕。高攀龙自杀,余六人被捕入狱,经受酷掠毒打等刑罚,百般折磨之后,延至九月,先后致死。

"七君子"在就捕与受刑期间,表现得十分勇敢。缪昌期坦然面对被捕事,他与高攀龙相见。有一番对话:

高云:"大臣受辱,则辱国。吾旧为大臣,焉能受辱?"缪云:"不就狱,何以明志。我必就狱以明志也。"高子开尊共饮。从容语缪公曰:"我辈败,青史上,毕竟我辈胜。"然后送之高桥之北,挥泪而别。[7](p.847)高攀龙竟自杀,不肯取辱;缪昌期怡然入狱,身受"五毒备至",却仍然"慷慨对簿,词气不挠"。

周顺昌每次受刑,"必大骂忠贤,"恶人用"椎落其齿,自起问曰:'复能骂魏上公否?'顺昌噀血唾其面,骂益厉"。(按:以上引自《明史》本传,不另注明。)

"七君子"中,高攀龙本是东林书院主讲人;缪昌期在29岁起,受顾宪成延聘为家庭教师,以后长期追随"顾、高";李应升称缪昌期为姑父,与东林的关系已久。但是,周宗建、周顺昌、黄尊素和周起元等四人,并没有直接加入"东林学人"圈子,但在政见方面与"东林"合作,概称为"东林党人"。

此时的"东林党人"成为反抗魏阉专权的旗帜。"六君子"与"七君子"的英勇行为,激励天下正直的士大夫坚持与魏阉作斗争。社会舆论一面倒,同情与支持"东林党人"。在苏州、常州等地,相继发生了人民群众自发的援助"东林党人"、打击魏阉的斗争。苏州士民的斗争颇具规模,影响大。事由逮捕周顺昌而起。逮捕令下苏州,周顺昌本人坦然处之。城内士民闻之,打抱不平,"咸愤怒,号冤者塞道"。数日后,缇骑欲逮人走,苏州城内"不期而集者数万人,咸执香为周吏部(周顺昌曾任职吏部,故称。)乞命"。缇骑厉声恐吓群众,激起群众愤怒,群起攻击缇骑,毙其一人,余负伤而逃。事后,周顺昌自赴狱,以免家乡百姓受到更大的波及;又有颜佩韦、马杰、沈扬、杨念如及周顺昌舆夫周文元等五人挺身而出,甘当事变责任人。五人面临死刑,颜色不改,英勇就义。五义士就义后葬于虎邱山旁,称之为"五人之墓",成为后世文人题咏之重大题材。如吴应箕作《苏州行》,刘城《五人墓之歌》，李继贞作《五人咏》、《义士行》，周永年、长洲朱隗各作《击官旗》讴歌之，姚希孟作文追记五人事；杨廷枢作文追记周顺昌被捕事。其中，张溥的《五人墓碑记》最为出众。《天启崇祯两朝遗诗》录长洲林云凤《五人墓》诗："五人埋骨处，客过每停舟。姓氏闻鹓阁，精灵傍虎丘。宦官应敛迹，缇骑尚含愁。若不锋端死，空成侠少游。"（第1089页）

"多行不义，必自毙"，作恶多端的魏阉，于"苏州事变"的次年垮台，成为历史上权势最大、但灭亡最速的权宦集团。应该说，这是与"东林党人"的不屈斗争与人民群众的向背有着极大的关系。崇祯初年，"东林党人"达到"大盛"，完全压倒与其纠缠几十年的"浊流"，将之概称为"阉党"或"附逆"，实行全面的打压。

但是，接下来的事情表明，"东林党人"在失去斗争对象的同时，也失去了锋芒与活力。而崇祯帝作为一个勤政而又猜忌性特强的专制君主，他既不容许宦官或权臣把持朝政，也不容许阁臣结成派别，自主行事。如，他对"东林党人"希望合理的赋税负担，颇不以为然。

倪元璐一日对崇祯帝讲"生财有大道。"崇祯帝反讯以："今国用匮拙至此，生之者众，为之为疾，何所措手？"倪元璐应之以："不妨经权并用，臣儒生，但知因民之情，藏富于国耳。"[8](卷二)崇祯帝仍然很不高兴。所以，复出的"东林党人"实在是无所适从，像文臣刘宗周、黄道周，"志在竭忠而穷于效忠之无路"；像武将卢象升，"志在奋死而扼于投死之非时"。[9](p.61)东林学人的历史使命接近终结，其领袖人物也不复出现。即将来临的"天翻地覆"时代，将由新的社会团体发挥其积极作用。（钱谦益先是被世人称作"东林之末起"，后又被其门生誉为"东林领袖"）。

综观崇祯前东林君子讲学以至于就义，与崇祯期"党人大盛"，应当作出有所区别的评价。东林君子本与明朝后期时政紧密相连。他们弃仕后，以结社、讲学、议政的方式，组织一批青年学子参与政治。他们所具有的"国士风"，就是参政为国，坚持正义，不屈不挠的精神。如陈子龙于明亡后疾呼的那样："君子惟知为国，故平时则为直言敢谏之臣，遇难则为杖节死绥之士。使杨、左诸臣而在今日，岂不与倪、范（按：指倪元璐、范景文）齐名乎？小人但知为身，故履泰则为容悦谄谀之夫，临危则为卖国事仇之举。使虎彪诸贼而在今日，其望风纳款不言可知矣。"[10](p.414)

陈子龙本人便是继东林君子之后，勇于为国遇难的烈士。入清后，黄宗羲认为：“数十年来，勇者焚妻子，弱者埋土室，忠义之盛度越前代，犹是东林之流风余韵也。”[2]（第八册，P727）

“东林党人”本是“浊流”污蔑“清流”，连及“东林学人”的“恶称”，但因列入“东林党人”的诸君子坚持己见、英勇无比的表现，成为英雄的代名词。以后，朝野士夫不仅不忌此称，反而乐于道之。不过，东林诸君子之后（即崇祯以后）的“东林党人”，结构极其松散，人员隐现不定且良莠不齐、领袖人物时有时无，缺乏统一指挥，没有具体规划，更乏行动方针，徒有党人之名，在政治上并无建树，在人品方面，实在是“负物望者引以为重，猎时誉者资以梯荣，附丽游扬，薰莸猥杂”[4]（p.334），不能一概称誉之。局内人李清对此作出尖锐的批评：“东林诸君子皆以文章、气节，廉隅相高，即间有假借，犹存白日面目。予初入垣犹然。及环召后（按：指崇祯初年），见诸扫门政府者，言夷行跖，恬不知耻，而省中尤横。”[10]（p.77）这是正视史实的合理评价。所以，我们评价明末人物，不能简单地冠以东林的名目，便不顾其他一切而一味叫好了；应当根据个人的具体情况而作合理的定性分析。

本章参考文献：

[1] 钱谦益. 初学集 [M]. 上海：上海古籍出版社，1985.

[2] 黄宗羲. 黄宗羲全集 [M]. 杭州：浙江古籍出版社，2012.

[3] 顾炎武. 小心斋札记 [M]. 清光绪重刻本.

[4] 张廷玉. 明史 [M]. 北京：中华书局，1974.

[5] 陈济生. 天启崇祯两朝遗诗 [M]. 北京：中华书局，1958.

[6] 周亮工. 尺牍新钞 [M]. 上海：上海书店，1988.

[7] 缪昌期. 文贞公年谱（丛书集成续编第118册）[M]. 上海：上海书店出版社，1994.

[8] 陈鼎. 东林列传 [M]. 北京：中国书店，1991.

[9] 方苞. 望溪先生文集 [M]. 上海：上海古籍出版社，1983.

[10] 李清. 三垣笔记 [M]. 北京：中华书局，1982.

石墨镌华蕴宝香——文学家钱谦益简论

钱谦益是 17 世纪著名学问家、文学家、诗界翘楚"江左三大家"之首，首先是以诗文名世，其次是在那特定的年代里，以其特殊的表现，引起当时与后世的关注。

第一节 钱谦益的复杂经历

钱谦益（1582～1664），字受之，号牧斋，晚号蒙叟、虞山老民、东涧老人、等等；人亦因其官衔或籍贯尊之为宗伯、虞山、常熟，等等。他的一生经历复杂，可分作三个阶段进行观察分析。

一、饱经风霜的人生旅程（从涉世到明朝灭亡之年）

钱谦益出生于苏州府常熟县的仕宦人家，祖居县东坊桥外。他少年才俊，青年闻名遐迩，29 岁（万历三十八年、1610）中进士，殿试探花，授翰林院编修，但因丁忧，家居未出；10 年后方出补翰林院编修，管理诰敕撰文。天启元年（1621），典试浙江，即报命；二年冬，以病乞假；[1](p.1774) 四年，返京任左春坊左谕德兼翰林院编修，充经筵日讲，历詹事府少詹事、纂修神宗皇帝实录；五年，魏阉打击"东林党人"，遭"除名为民"的处罚。[1](p.845)

钱谦益与"东林"结有两代人的关系，其父亲与"东林八君子"关系颇近。谦益本人自少年时即随父辈从"东林"游，后尤与高攀龙等人近。但谦益性格怯懦怕事，天启二年冬，他"请告将出都门。"赵南星对他说：欲携酒与高攀龙俱来，"剧谭尽日而别。"钱谦益则以"时内计戒严"推却。[1](p.1774)

因其做事谨慎的缘故，在东林骨干中，"天巧星"谦益得除籍的处罚，算是轻的。

崇祯初年（1628），钱谦益与"东林党人"重新起用，并迁职为礼部右侍郎兼翰林院侍读学士。此时，东林骨干丧失殆尽，谦益正当年富力强之时，以其资历、地望、文才，本可以有一番作为；可是，旋因廷推阁臣、结怨温体仁、周延儒等人，论其前有"浙江乡试案"，现有廷推舞弊。经崇祯帝裁定，谦益有失大臣之体，竟与其弟子、同籍，担任吏部主事的瞿式耜一起被削职还家，而温、周反而渐渐得到重用。此为罕见的"阁讼"，以钱氏彻底失败而告终，使得他终生为此耿耿于怀。

钱谦益南归，得到东南众士人的安慰。苍雪和尚有《过访钱虞山北归》诗："东山高卧人依旧，南国同声喜欲狂"（按：通读全诗，本诗应作于此时。）[2](p.1010)；反映江南的社会舆论还是偏向谦益，很多江南现任官员仍与其保持良好关系。

崇祯十年，又有乡人张汉儒等人进京告状，诉钱、瞿俩人在乡把持一方、欺凌吏民；钱、瞿遭到逮捕。此狱，经多般打点，求助于大太监曹化淳等人，钱、瞿免予重罚，仅以微责而了结。然而，张汉儒等人死于狱中。[3](p.792)

以后为钱谦益作辩解的人，说张汉儒等人是依附温体仁的奸民，妄想借诬告钱、瞿，结好温氏，谋得一官半职。不过，我们认为：此事或与阁臣温体仁有关联，看作温氏借机打击宿敌，尚可；说成温氏为了防止钱氏东山复出，预先策划此事，则不能成立。（温氏的影响力甚大，在弘光年间，温氏已去世多年，朝旨仍多次为其追加荣誉，而此时谦益任礼部尚书，并不反对。由此可见，活着的温氏不见得惧怕钱氏。）至于张汉儒氏，其控告乡宦作威作福，不论其动机如何，即使有张冠李戴之罪，罪亦不当死。乡宦的作威作福，在当时比较普遍。钱、瞿在生活上的奢侈与风流本不能掩盖，至于把持地方的事情，钱氏也是有的。张氏入狱致死，完全因为曹化淳滥用刑具、包庇钱、瞿的缘故。（曹氏在崇祯末年表现极其恶劣。）

崇祯年间的两次坎坷，使得钱谦益本人心灰意冷，如沈德潜语："至六十以后，颓然自放矣。"[4](p.1)此时，钱氏纳名姬柳如是为如夫人，成为其淡出政治与蔑视礼教的表示。谦益曾为礼部侍郎，娶风尘女子入室，文史大师陈寅恪先生说："为当时缙绅舆论所不容"。不过，"柳爱松圆日得酬，尚书消遣绛云楼",[5](p.369)并没有引起东南士人的非议。这是因为明末东南士大夫的靡丽之风特盛，彼此所染相似，久矣不知其丑。在社会闻达中，只有少数人士，如黄道周、黄淳耀等人不苟同香艳习气。

柳如是来到钱氏身边后，使其心理出现了变化。一方面是惜时恋生；另一方面是激起宦情。前者是因生活有了新的乐趣，除了贪图青发白肤的欢悦之外，还在共同读书、吟诗、待客、交游、著述之中，找到红颜知己。后者由彼欲引发此欲，白发青肤不能不想恢复其社会地位。所以，他"以东林之末响为复社先",[6](p.1408)借力于复社人士，暗中策划周延儒复出；劝重返政府的周延儒"含弘光大"；还上疏崇祯帝，建策输诚。随后，他见到了复出的希望，有"甲申三月十一日，赐环召公"，不幸，"而遇十九日之变。"[7]

终明万历、泰昌、天启、崇祯四朝，钱氏通籍 35 年，为仕尚不足 4 年，在仕途上碌碌无为，既无政绩，也无重要奏章可言，反而留有监考失察之过，却总是以栋才自任、宰辅在望，可见其不自量。不过，由于钱谦益出身显、地望隆、文才优，屡遭不幸，得到了东南士人的普遍同情，口碑尚好。如：

黄道周上疏言：自己有"七不如"，"文章意气，坎坷磊落，不如钱谦益。"[8](卷.255)

侯方域答张溥："天下所观望者，惟虞山（钱谦益）与娄东（张溥）耳。语云行百里者半九十。西铭（张溥）必有以处此。敢因明教而僭及之。"[9](p.225)张溥为当时闻名遐迩的复社领袖，而钱谦益则是在"东林党人"中为翘楚。

王铎"答牧斋"云："妒造物私以青缕管厚足下也。足下之外，谁复才负渊岳，与足下七雄中，推为秦楚者乎？仆御儿港弱兵也。殳矛缺短，实不敢执小旗鼓而见足下孙吴之垒。"[9](p.22)

二、易代之际的拙劣表现（从南明福王政权建立，到北京卸职回乡）

顺治元年（明崇祯十七年，1644）四月，南明福王政权由马士英等人拥戴成立。马氏贵州籍，但久任东南地方官员，与东南党社人士来往密切。如，他与钱谦益等人共同为陈子龙所主编的《皇明经世文编》作序。马氏因拥戴之功，把持朝政。久居南京的阮大铖，是大才子，曾降节沦为魏阉集团成员，遭到罢黜；后又结揽一批文人墨客，与马士英声气相通，最终同谋专政。马、阮先后起用几批闲置在家的东南仕人；却没有很快安排谦益出任官职。谦益不能无动于衷，急切地讨好马、阮。他上疏荐政敌蔡奕琛，一并颂马、雪阮。这一行为遭到社会舆论的批评。但在马、阮一边却得到谅解，安排谦益担任礼部尚书、协理詹事府事、充经筵日讲官。可笑的是，同列礼部尚书的蔡奕琛，对谦益的讨好并不领情，反而上疏驳斥钱氏。这在当时，"人两哂之"。[10](p.336、348)《爝火录论略》因云："钱谦益身为党魁，被逮获释，自当息影山林，绝口不谈朝政，庶不失为东林人物。何乃荣利熏心，奥援干进，吞马、阮之饵，出报国心长一疏，尽丧其平生所守。吁，富贵利达之溺人。若是之深哉？"[10](p.987)这里需要注意的是，谦益此时标榜调和党争，似乎公允；实际上企图掩盖其向恶势力妥协的实质。阮大铖是一位工于心计而有才华的奸臣。张岱云："阮圆海大有才华，恨居心勿静。其所编诸剧，骂世十七，解嘲十三。多诋毁东林，辩宥魏党。为士君子所唾弃。故其传奇不之著焉。如就戏论，则亦镞镞能新，不落窠臼者也。"[11](p.133)（野史中还有不少钱、柳向阮氏套近乎的材料，或可忽略不论。）此时，钱谦益接收驻镇江水军将领郑鸿逵送来的贽礼，从而收其侄子郑成功为门生（见黄宗羲《赐姓始末》）。

次年二月，钱谦益上疏请予还家修国史；未准，命在任料理；寻改掌部事。四月，上疏请自督师救扬州，又不许。五月上旬，马、阮携弘光帝南逃后，谦益做好南京迎降的准备。他与王铎、赵之龙等人，多日会议密谋，策划迎降的全过程，然后共率文武官数百员、马步兵22万跪降清军。

钱谦益降清后，在南京逗留半年左右。他为清朝做了哪些事情？

一是劝降。徐树丕《识小录》记："钱牧斋南京投降表，约有千余字。大半骂明朝诸帝，自成祖而下，鲜有免者。其半则颂清之诸帝也。"钱谦益又以招降江南为己任，亲笔写信，委托私人到苏州、常熟、太仓等地，呼吁各地士民迎接清朝，不必抵抗。

二是献礼。他以私人名义送厚重的礼品给满清贵族；还把从民间采纳的、本来想置入弘光帝后宫的秀女献给满贵。

三是诱降在杭州的潞王。这些事情表明了他在向清朝表示忠诚，立功邀赏。而在他做这些事情时，柳如是就在其身边，有何建议，从无记载。只是事后有说，钱柳在水池边推搡，似乎是柳氏欲投水状。疑信两似，与前几件事实相比，意义不大。

顺治二年秋季，北军挟南明福王、潞王以及包括钱谦益在内的一批降臣到北京，以前资授钱谦益为礼部侍郎，管理礼仪事务。事闲权微，很不得志，浮沉数月之后，他因病请求免职，获准带衔归乡养病。然后谦益于当年秋季，返回故里。[7]钱氏此次北上南归，首尾一年有余。

钱谦益在京期间，心态十分不好，既以不得新政府信任而懊丧，又为返乡后的遭遇担心，于是写了一封《与邑中乡绅书》，[12](p.823)投石问路，为返乡作了铺垫。书信的要点是：一是申辩"臣服"并招降苏州各地的理由，所谓："大事已去，杀运方兴。弃身舍命，为保全万姓之计"。"仆挺身入营，创招抚四郡之议"，是为了乡民免受蹂躏。二是述说自己冒死劝清兵停止屠杀乡民，是立功的；所谓："吴中变后，面启豫王，恳求禁戢抢杀，别明逆顺。抗论往复数四，王颇变色动容。"三是坦白自己，身为降臣，但暗中在掩护家乡抗清的人士；所谓："海寇之入虞也，有主其谋者，有受其聘币者，有勾引居停者，有飞书走檄者，事后密报，络绎不绝。若非此中有人，一力遮盖，曲意斡旋，恐诸公亦将交臂引领。"最后，他还担心有人反清念头不泯，以劝告的口吻写道："幸老翁一线弱息，投诚委命，一一听桑梓高贤处分，惟所死生之而已。更有一言，自附忠告。末劫中一切杀运，皆众生恶业感召。今诸公身出汤火之中，目睹屠戮之惨。须相与提醒良心，讲求公道引生机，迎善气，勿增长罗刹种子，勿再落汤火之中。"

这是一封贰臣的自供状。以后，有人把钱氏降清的理由改成：一是欲行文种、范蠡抑或朱胜非之事，意即今后里应外合，恢复故国。二是存身为了写国史。（见顾苓《塔影园集》："北师入京，乃谬为招谕，阴图伺隙不得而行文种、范蠡之事，计复不售"[7]与吴祖修《书牧斋诗后》："不死拟将成汉史，孤生忍独守玄经。"沈德潜《国朝诗别裁集》："牧斋不死，一以明史自任；一以受温体仁讦未得相位为恨；佐命兴朝，庶展抱负也。此意为柳塘指出。"[4](p.833)）且不论钱谦益如何自我表白，在当时都是惨淡无力的。钱氏门生后学设法为其遮丑，更是徒劳。

对钱谦益这段时期的表现，抗清人士与民间社会舆论开始是十分惊讶、然后是十分愤怒。有的说他是丧心病狂的"蒙面灌浆人"；有的指斥其为"贰臣"，如无名氏《题虎邱石下》："钱公出处好胸襟，山斗才名天下闻。国破从新朝北阙，官高依旧老东林"；[13](p.2446)有的直把他当作马、阮帮凶，"推其原，马、阮为亡国之奸，而高弘图、吕大器、钱谦益，笃实生厉阶，遂使东南半壁，一日沦丧云。"[10](p.341)昔日的党人社友也对他作出了激烈的批评。如陈子龙语："翩翩入洛群公在，剩有孤臣泪不干。"[14](p.528)顾炎武著《文辞欺人》条目，云："今有颠沛之余，投身异姓，至摒斥不容，而后发为忠愤之论，与夫名汙伪籍而自托乃心，比于康乐、右丞之辈。吾见其逾下矣。"[15]夏允彝批得最严肃。他说："钱声色自娱，末路失节。此皆国运所关。生此辈以致朝野纷纷也。"（见《幸存录》）其子夏完淳说："谦益不过欲得撰席，为此丧心之事。"（见《续幸存录》）

然而，黄宗羲批评得委婉一些："往往以朝廷之安危，名士之隐亡，判不相涉，以为由己之出处。"[16](p.374)吴伟业也仅仅以怜惜的口吻，说钱谦益与其门生瞿式耜之"末路顿殊。"[6](p.943)

钱谦益的丑行，殃及池鱼。社会舆论对柳如是也作了一些批评，还揭露柳氏在钱柳分离时期的隐私。平心而论，柳氏并未随钱谦益上北京，赢得自尊；但是，柳氏在马、阮时期有过一些出格的表现，不能得到东南士人的尊重；在南京、苏州出现一些嘲讽诗，贬低钱柳人格的传闻日甚一日。计六奇《明季北略》云："钱声自色娱，末路失节。……丑状令人欲呕。"[17]

到清末，钱谦益的全部作品公诸于世之后，还有人试图回护钱谦益降清行为，如常熟金鹤冲先生作《钱牧斋先生年谱》（《瓶粟斋诗话》作者沈其光认为金氏"颇多回护"。[18](p.575)但同样是邑人的黄人先生毫不回护，说："盖蒙叟才大而识暗，志锐而守绥，故愈巧而愈拙。"[19](p.293)

总之，这一阶段，是钱柳俩人不光彩的年月。按传统政治道德所要求的，论仕人为君子小人的评价之尺，一是量以"夷夏大防"，二是量以"君臣之义"。二者皆是"东林党人"、复社以及其他文社忠节之士视作等同生命的操守，也是清初八九十年间，明遗民赖以自存互勉的绝对观念。钱谦益开始是依附马、阮，"已见利禄溺志"；以后，靦颜迎降，成为"贰臣"。其所作所为，完全是一个汲汲功名利禄的无耻之人，哪里像"东林领袖"？

三、晚年的各种努力（从北京卸职归里，到去世）

这一时期钱谦益的表现，异常奇特，不容易把握。

钱谦益返乡后，故里舆论对其不利。因谦益在降清后，立即劝乡人也降清，当时流传只要"送款"，"兵至不戮一人"[6](p.226)。结果是大批乡人遭杀戮。《爝火录》云："（顺治二年）七月十四日，时钱谦益已降于大清，读书者意其家必无兵到，多躲入半野堂绛云楼中，第三日传说绛云楼尸最多。大半是带巾秀才，读书人面孔也（自注：见《妖乱志》）。"[10]遇难者亲友不仅记恨新朝，也记恨劝降而又无力保护乡民的钱谦益，说明仇恨的种子早已播于故土。

另一方面，清政府对明朝降臣、不论文武、不计劳逸、均报以半信半疑的态度，在使用中严密监视，一旦发现有异常，毫不留情；对闲置在家的降臣，更有严厉的监督措施。钱谦益南归后，各地时常发生一些原本降清的文武官员的"反叛"传闻，清廷十分注意这方面的动静。所以，钱谦益还乡后，接连两次被抓，事非偶然。

第一次，时为顺治四年（1647）三月底，在苏州寓所被捕。案发突然，柳如是为了宽慰谦益，与其结伴而行；直至河北真定，柳如是暂时落脚在当地显宦梁氏家，谦益被捉进北京，投入刑部狱中。钱谦益再次遭遇京城狱中无比的痛苦，直到十几年后，临死前，他还记得此次被囚惨状。[21](p.649)好在此案在押时间不长，钱柳在本年冬季即南归了（此据葛万里《牧斋先生年谱》说）。

第二次，在顺治五年（1648）春夏之际，钱谦益被抓到南京，是因牵涉"黄毓祺案"。[21](p.768)此案，在押、结案皆在江南。所以，钱谦益受的罪小于前一次。到了次年暮春时，谦益得到初步解脱，可以在江宁、苏州两地走动了；直到年末，正式结案，牧斋完全放归，可以在常熟家内大事宴请新老宾朋了。[21](p.916)

这两次被捕的真正原因至今不很清楚。在两次被捕前，钱谦益是否抗清、以什么形式抗清，实质性的材料不足，还不能断然评论。那些举报材料说钱谦益参加抗清活动，尽是些似有似无的情况。第一次，是牵涉"谢升案"。（按：《塔影园集》如是说；《清人诗集叙录》[20](p. 3)认同。但是，金氏《牧斋先生年谱》[12](p. 940)不以为然。）结果，弄错了，放了回来。第二次案发后，有不少地方官员尽力为钱氏开脱"罪名"；似乎说明谦益仅仅为蜚闻所中，并无确切证据。清政府不好定性量刑，但是对一个风烛残年、且有过输诚表现的老人，尚且不能网开一面，固然因清朝对降臣的不信任所致，也有可能是上下奸人贪其财，财尽而祸消。

然而，钱谦益真正被激怒了。之后，他做了很多涉及反清复明的事情。像他先前在《与邑中乡绅书》中写到那些行为："有主其谋者，有受其聘币者，有勾引居停者，有飞书走檄者"他都尝试了。如：钱谦益写书信给抗清将领瞿式耜、姜曰广等人，建策献计（1649）；联络过清金华守将马进宝（1650 年 5 月）；接受抗清将领李定国的来函（1652）；等等。《投笔集》还隐约地说，他如何联络与策应抗清将领郑成功与张煌言的北伐，以及为义军捐款，等等。（见《塔影园集》、《投笔集》）他还写有大量的诗文，或托以古人、或直述对清政府的不满与对明朝的怀念，并歌颂抗清复明的英雄。）至于，有学者猜测钱谦益还在料理郑成功部设置在苏、杭一带的商务，恐怕不成立。因为，经商养兵事，由郑成功部叛将黄梧提供官府，岂不供出经办之人？[12](p. 944)）

钱谦益受两次被捕的激怒，激活了若干因素。从外部因素看，家乡士民抗清的行动与遭受清政府残暴镇压的情景，时时刻刻地折磨着他；昔日的师友门生，或遇难故世，或英勇就义，或坚持武装抗清、或隐逸自保忠贞。死去的感召，活着的敦促，无不激励老人改辙。另外，还有如夫人柳如是的希望。（然而，柳如是入清后，笃事内典；诗作未有留世。）从内部因素看，自幼的人格素养、积年的学养，时时刻刻敲击着他，促使他下决心与清朝离心离德，与民间抗清势力结合在一起。他在降清的时候，图的是个人的"东山再起"；所以不惜降节辱名，投靠异朝夷主。他盯住的是个人权利地位，期望得宠于新主之后，或许还有类似姜尚、四皓等人的机遇。可是，希望完全落空。他真的反省了，竭力把自己的言论与社会主导舆论一致起来、把自己的行为与忠节隐逸人士连接起来。

值得注意的是，钱谦益两次被捕前，真正的抗清行为尚无确切材料，他反而被捕。两次被捕之后，他真正抗清了，言论激烈了；反而没有被捕。无论是编织"文字狱"时，还是所谓"通海案"时；他都安然无恙。其中缘故，非后人可以揣摩得透。（按：陈寅恪先生试图说明钱谦益反戈一击之后免遭清廷镇压的原因，可惜语焉不详。[22](p.1218) 与此相关的是，钱谦益如此积极地表现抗清倾向，还是不能获得当时与后世社会舆论的广泛谅解。

仅以那些与钱谦益交往的明遗民为例。如黄宗羲、归庄，对钱氏以往降节行为有所宽容，敬佩其辞职南归，所谓恕其前愆，嘉其后意；但也坚持了原则。

归庄与谦益的关系密切。论名份，俩人是师徒；论私谊，归庄应感激谦益。但是，归庄对谦益尊敬归尊敬，并非失去独立思考。他对谦益的评价都是有分寸的。归庄在拜谦益为师时，自称"经术"已有师，"诗学"已有师，"理学"难有师，"文章之道"愿拜谦益为师，可见一斑。归庄先后有三篇向谦益祝寿的文字（传世的仅为祝六十大寿与祝八十大寿二篇）。虽为文字应酬，前后文字则有不同意趣。前者尚祈老人能有谢安、姚崇之功；后者亦庄亦谐，仅为老人助兴而已；另外，一幅贺岁联："居东海之滨，如南山之寿"，仅以地望、人寿言之，且寓意隐晦，并非一味颂扬。尤其是，归庄明知"古称三不朽，立言为下。"[23](p.183) 可在"祭钱牧斋先生文"中，归庄仅许死者"立言"之能。[23](p.471)

黄宗羲与钱谦益的关系密切，也很佩服钱谦益的文学成就，但是他对钱氏的总体评价，是有保留的。请观察，黄宗羲说："平生知己谁人是，能不为公一泫然。（自注：钱宗伯牧斋。）"[2](p.45) 又说："余将行，公特招余枕边云：'唯兄知吾意，殁后文字，不托他人。'寻呼其子孙贻，与闻斯言。其后孙贻别求于龚孝升，使余得免于是非，幸也。"[16](p.375) "平生知己"，又何以未接手墓志、免于进退两难为幸？可见一斑。（还有袖金七两、代写三篇酬文、顾麟生事、撰写塔铭文字，等等不少问题，有待细论。看《钱牧斋先生全集》、《归庄集》、《黄宗羲全集》，无论归庄，还是黄宗羲，都没有与钱谦益一起参与抗清行动的痕迹。那个称红豆山庄为钱谦益抗清据点、便于归庄、黄宗羲往来的说法，仅仅是假设而已。）

为了解释这些问题，有必要理出一些确切的事实：

（1）钱氏的改辙与忠贞隐逸人士的气节不同。后者是自甘枯槁，守贫固节；谦益却在与遗民往来的同时，照样与大批清朝官员相处结好；他对马国柱、梁化凤等地方官僚的阿谀奉承，百般谄媚，也为贞士所厌；他还遣子侄去求新朝功名。（黄宗羲也是这样做的。同样遭到严苛的社会舆论的谴责。）

（2）谦益的真实想法不好判断。比如，他一方面颂扬抗清义士（对陈子龙、夏允彝、李待问、谭贞良、黄淳耀等均有赞颂）；可是另一方面，他颂新贵也不轻描淡写，如，对年轻自己许多的龚鼎孳恭维之至。见吴伟业《龚鼎孳诗序》云："牧斋晚年不自得，适会先生谒告南还，相与淋漓倾倒与白门、金昌之间。斯二者相知为深。"另外，在吴伟业弃隐重仕的问题上，社会舆论是以规劝吴伟业重节为主，钱氏则是致辞欢送："花院槐厅多故事，早传音信到菰芦"。[6](p.240)他一方面似乎是竭尽全力为抗清势力奔跑效命；另一方面同期大部分诗文在哀叹："伊余久归佛，繙经守僧寮"；"卖身佛门"。[21](p.544、598)他一方面"每笑柴桑处士，观《山海经》，览穆王图、流咏荆轲、田畴，胸中犹扰扰多事。"[21](p.1541)还自称："世咸指目以为怪鸟恶物"（《有学集》第1140页）或自愧于谢翱[21](p.732)；另一方面，他自诩雄俊海内，矜才之骄气仍不减当年，竟以年高八十的周初吕望"自励"[21](p.1502)。

（3）谦益斥清的抗清诗文（如《投笔集》），令人生疑。清初江南抗清人士，诸如顾炎武、归庄、徐枋等人公诸于世的文字都比较谨慎；黄宗羲对容易触犯清朝忌讳的言论，概作删汰，一为全身远祸，二与其送子应试的决定不相违。[25](p.11)何钱谦益独能无所畏惧，表现得比忠贞人士还要激烈勇猛，触犯朝廷而不顾、置子侄入仕而不虑呢？谦益对一些乡民热衷告发的习气素有警觉，不惜多次暴之于文字。但他把那些充满反清情绪的文字传示门生之时，何以置惯于举报的"小人"而不顾呢？

如此看来，有一种解释，那就是谦益拙于行而巧于文，那些得以名垂百世的事情多半是言过于行。

总之，谦益在这第三阶段，不是一个普通的人，而是一个令时人、后人皆琢磨不透的人。他非常特别，一心想在青史扬名，既投靠新朝以求佐命之位，又思赎罪立功；既想认罪思过，又不想付出太多的代价，使人疑其"不著一辞"。[4](p.17)谦益的功不抵过，心诚可怜，人不谅解，是不可回避的事实。谦益说："仆生平痴肠热血，勇于为人。"[21](p.1352)诚以为然，亦有心热力拙之效。

第二节　钱谦益的文化成就

一、总体评价

钱谦益无疑是当时的学问家、大文学家，一生著述颇丰，传世有《初学集》、《有学集》、《吾炙集》、《投笔集》、《开朝群雄事略》、《列朝诗集》、《内典文藏》等，还有一些尺牍散作见于他人文集中。清初北方文学家卢德水作诗《正夫家藏思陵石墨钱牧斋先生题诗其上余次韵奉和》颂钱谦益诗作："石墨镌华蕴宝香，虞山短咏动寒光。可怜云汉成烟雾，凄断银钩四十行。"

因为谦益的特殊经历，招致当时一些人对他学问与文学创作横加指责与随意怀疑。归庄云："虞山殁，肉未寒，小夫琐才，辄以平生纤芥之嫌，妄加訾议，而时彦亦多惑之。盖后起之士，于前人往往吹毛求疵，振暴其短，以自标位置。所谓文人相轻，自古然也。"[23](p.261)为此，黄宗羲、吴伟业、归庄、朱鹤龄等人不得不出面劝阻不理性的批评。

黄宗羲在《思旧录》里，评价钱谦益："主文章之坛坫者五十年，几与弇洲相上下。其叙事必兼议论，而恶夫剿袭，诗章贵乎铺序而贱夫涧巧，可谓堂堂之阵，正正之旗矣。"[16](p.374)

吴伟业说："牧斋深心学杜，晚更放而之于香山、剑南，其投老诸什为尤工。既手辑其全集，又出余力以博综二百余年之作。其推扬幽隐为太过，而矫时救俗，以至排诋三四巨公，即其中未必自许为定论也。诚有见于后人之驳难必起，而吾以议论与之上下。庶几疑信往复，同敝天壤。而牧斋之于诗也，可以百世。然后知昔人之诗，其作之者传，论之者亦传。"[6](p.666)

归庄《难壬》一文以甲代称钱谦益："甲之出处大节，爱之者不能为之讳，至其文章，岂可轻加訾议？非谓其篇篇皆尽善也。余虽从甲游，然其集中某篇某文，颇不满意，尝以语甲，亦不以为忤。要之手笔之大，学力之到，百年以来，实无其匹。"[23](p.504)

朱鹤龄的《寄王太常烟客先生》云："敢将鱼目混珠光"，是不愿王时敏盛推"余文为虞山后一人"的谀辞，极力表白钱谦益在其心目中的地位。[26](p.238)

至于后代文人对钱谦益的客观评论，还有很多，钱仲联先生主编《清诗纪事》收录甚详（收有五十余家评论）。有《晚晴簃诗汇诗话》，代表上一世纪初期学人的看法："牧斋才大学博，主持东南坛坫，为明、清两代诗派一大关键。誉之者曰别裁伪体，转益多师。毁之者曰记丑言博，党同伐异。要其驱使百家，雕镂众象，非一邱一壑者比。所编《明历朝诗集》，于北地、信阳，过事裁抑，为后人所议。今录牧斋诗，当蠲门户之见以持其平焉。"[27](p.1267)

还有《清人文集别录》，代表上一世纪后期学人的看法："牧斋节概行事，多可訾议，宜儒林所不齿。余细读《初学集》、《有学集》，始知谦益湛深经史，学有本原，故论议通达，多可取者。"[25]

可见，学界的主流意见是：不因人废言，理应平心议论钱谦益学问与文学的得失，但要防止人为压抑与特意拔高的两种不合理现象。

清代以降，过分贬低的现象是一直存在的。有的借批评钱谦益的应酬文字（包括换钱文字）太多，给予"擅长曲笔"之称。（《带经堂诗话》对钱谦益效仿元裕之的做法，啧啧有言："曲笔如此，岂足征信而顾效之哉？"另见今人赵园文。）[28](p.378)

有的称钱谦益破多立少，言多实少。（《陈石遗先生谈艺录》云："樊榭文学钱牧斋。虞山文本萎茶，学之者每况愈下矣。"[18](p.705)《增订晚明史籍考》云："仅足为其饰非文过之作"。）[3](p.922)

有的指责他好恶高下，无有公论。（《石遗室诗话》卷一："牧斋党同伐异，极诋竟陵，故盛奖冯定远及渔洋以敌之。"[18](p.29)卷六云："纪文达谓《列朝诗集》以记丑言伪之才，济党同伐异之奸，黑白混淆，无复

公论。")[18](p.90)

另外，过分拔高的现象也存在。比如说钱谦益"形成了完整的诗歌理论"，古文创作当代第一，等等。

二、学问家钱谦益

谦益是学问家，学问渊博，浩而无涯，特别重视经史之学。他对撰写史书，情有独钟。他记得黄道周的话："虞山尚在，国史未死。"[21](p.687)所以，他一直不忘明史的写作。可惜，绛云楼遭火，使之失去准备多年的作史材料，不得不辍笔。在《答吴江吴赤溟书》中说："仆自通籍，滥尘史局，即有事于国史。晚遭丧乱，偷生视息，犹不自恕，冀以钟漏余年，竟细书载笔之役。天末悔祸，祝融相与。西京旧记，东观新书，插架盈箱，荡为煨烬。知天之不欲使我兴于斯文也。灰心空门，不复理世间文字，六年于此矣。"[21](p.1367)但是，他对吴炎、潘柽章作史，还是给予帮助。

谦益自幼年起，就对内典充满兴趣，晚年更是痴迷于佛经的抄写与笺注方面。其《佛顶钞》辍简，自谓："蒙之钞是经也，创始于辛卯之孟陬月，至今年（按：顺治十四年）中秋而始具草。七年之中，疢病侵夺，祸患煎逼，儌居促数，行旅喧呶，无一日不奉经与俱。"又云："暗烛晕笔，残膏渍纸，细书饮格，夹注差行，每至目轮火爆，髀肩石压，气息交缀，谨而就寝，盖残年老眼，著述之艰难若此。今得溃于成焉，幸矣。"[12](p.476)

谦益是藏书家、版本校勘家。他早年即热衷藏书，中年更是不惜巨资收购古籍之善本精刻，为明末清初藏书家之巨擘。他筑"绛云楼"成为天下闻名的藏书楼。清初，绛云楼不幸遭灾，可谓："甲申之乱，古今书史图籍一大劫也，寅庚之火，江左书史图籍一小劫也"。仅有一幸，谦益留有《绛云楼书目》与《绛云楼题跋》，仍对古今藏书界与出版业有不小的贡献。

三、文学家钱谦益

钱谦益的文化成就主要在文学方面，他是大文学家。

1. 整理古典文学遗产，拨乱反正，提出较为合理的文学理论

他在整理古典文学遗产中得到养分，所谓"转益多师"，就是要"根于志，溢于言，经之以经史，纬之以规矩。"[21](p.826) 比如，他对乡前辈古文家归有光，推崇有加，不以其沉寂末名而缩手。他对一些片面的文学主张，作了一番清算，所谓"别裁伪体"。他批评明"前后七子"的拟古风气，也批评明"公安派"的肤浅、"竟陵派"的狭隘，反对没有思想内容的诗文创作。入清后，他更是提倡转变诗风，转益多师，有赖学养，成为清代诗界宗师。

2. 诗文创作大量反映时代重大事件与特征

他所处时世治乱迭变，涉及国家安危、民族兴亡、文化蝉变，以及个人经历曲折多乖，历百城烟水，心思深沉，性格独特，使得他的诗文创作题材极其广泛。反映的重大事件有：东林党人、崇祯帝之死、南明之亡、反清斗争、清政残暴，等等。因而，他的诗文具备一般史料的价值。

3. 诗创作才能突出

他的文学成就突出表现在诗创作方面。他在明亡之前，将其中年以后的二十卷诗作编入《初学集》，才气横放，或清而绮，或和而壮，洵大雅元音；也有风怀谴浪，必原本《国风》、《小雅》，不乏百世绝唱。其诗才诗学不减前贤，诚为明末诗作高手。入清后，他的晚年诗作更是追求多变。他说："古人诗暮年必大进。诗不大进必日落，虽欲不进，不可得也。欲求进，必自能变始，不变则不能进。"[21](p.1356) 评家皆以他晚年诗能够兼宗唐宋，以杜甫、韩愈为其师，苏轼、黄庭坚亦为其师。诗境避俗，典重深老，为其晚年诗创作的主要特色；尤以七律体，沉郁藻丽，凄婉苍凉，不与壮年比佳句，但是有《金陵秋兴》这样的"绝大著作"（陈寅恪语）。他在晚年各阶段的复杂感情，淋漓尽致地反映在体意多变的诗歌中，创作出一批极有感染力的传世之作。

4. 培养文学人才，奖掖后进

无论晚明，还是清初，谦益总能够结交海内一批又一批的文坛新秀，互通音讯，切磋艺文，评点格律，讲究心诀。像朱鹤龄受惠非浅，始终以其为宗师；像王士祯，终生认其为"平生第一知己"。钱谦益特别关心本地文学人才的发展，晚年回忆："仆年四十，始稍知讲求古昔，拨弃俗学。门弟子过听，诵说流传，遂有虞山之学。"[21](p.1343) 他还特地为本地诗坛新人写有《虞

山诗约序》，嘱咐后生要学"古之为诗者"，做诗的诀窍在于"必有深情蓄积于内，奇遇薄射于外。"[1](p.923)在他的奖励之下，本地"后生俊民，握铅怀素，摩厉以趋词坛者，项背相望。"[21](p.1577)有冯班、冯舒、钱曾、严熊、钱陆灿等等，成为清初诗界能手，时有"虞山诗派"之说，成为清初诗坛的一支生力军。

5. 提倡实学

谦益博学多闻，文、史、经以及内典均有很深造诣。他认为作诗文，既要有真情，还要有学养。他在《家塾论举业杂说》一文中，以时文为例，他认为："杜工部云：'别裁伪体亲风雅，转益多师是汝师。'余谓时文亦然。有举子之时文，有才子之时文，有理学之时文。是三者皆有真伪，能于此知别裁者，是亦佛家所谓正法眼藏也。"然后他说举子之时文就是"本经术、通训故，析理必程、朱，遣词必欧、苏，规矩绳尺，不失尺寸。开辟起伏，浑然天成。"才子之时文就是"心地空明，才调富有，风墙阵马，一息千里，不知其所至，而能者顾诎焉。"理学之时文就是"称心信理，现量发挥，可以使人开拓心胸，发明眼目。"[21](p.1508)他又举出此三者的伪体。从中看出他对时文的分析透彻，归类清晰，对举子的指导性强。此文特为儿辈所做，也可视作家训。科举之业，于今已不适用，但在当时关系重大，特别受人重视。钱谦益能够从三个方面引导学人，根基六经、富于想象、醒人眼目，三者皆倡导问学，并指斥那些误人子弟的三种伪体，对晚明以降靡曼文风有振兴起衰作用，不能将此当作陈腐的八股文说法。

四、必须正视的缺点

但是，对谦益文学理论与创作的缺点也应当重视，不能忽略。

1. 文不入情

谦益应人之邀，诗文集中不乏卖文取酬之作。人求名人一誉得体面；他自称"善颂"而已。晚年，家境已到窘迫地步，靠卖文为生，贫困潦倒。七十岁那年，杭州有佛寺请善士募建禅堂斋室，谦益无奈说出："居士身为穷子，财施法施，一切无有，庋册有莲池大师《弥陀疏钞》一部，谨函致上人，作宗镜开堂资本"[21](p.1402)。钱氏卖文、"善颂",难怪黄宗羲称谦益诗文"难以入情"(《南雷文约》之《鲁苹庵墓志铭》)。这是一种不轻的批评;黄氏还说:"古今自有一种文章不可磨灭,真是'天若有情天亦老'者。而世不乏堂堂之阵,正正之旗,皆以大文目之。顾其中无可以移人之情者,所谓刿然无物者也"(《南雷文定》之《论文管见》),也是批评钱氏部分诗文的空泛。同样有钱澄之在《书有学集后》云:"惜其词胜而义掩也。""能深入人心,足以感发其志气者,鲜矣。由理不明而情不至也。"

2. 故弄玄虚

谦益诗文创作喜用典故,有时候是以玄为荣,把诗文创作引向贵族习气的方向。王时敏曾对他诗文"用事奥僻"而提出劝告。谦益答之以"此诚有之。其故有二:'一则曰苦畏,二则曰苦贫。'"何为"苦畏",原来是"始犹托寄微词,旋复钩牵讔语。辍简回思,亦有茫无消释者矣。"实质就是回避实事,若有所寄托。何为"苦贫,"原来是"譬如穷子制衣,天吴紫凤,颠倒裋褐,适足暴其单寒、露其补坼耳。"实质就是多用典故,可聊作排场。他又说:"苦畏之病,仆所独也。苦贫之病,众所同也。"[21](p.1366)可以看出他能察觉自己的文病,同时,还有一点巧辩的含义。沈德潜曾批评谦益的一部分诗:"工致有余,易开浅薄,非正声也"[4](p.1),是有道理的。

3. 宗教色彩

谦益以一粒红豆果为"己瑞",写出十首诗,满篇求仙得道之气;还有很多诗文,不根于六经,以搬弄内典为能事,特别到暮年,皈依法门,言论不经。如说:"古今之乱臣贼子,肆无忌惮者,必先有无君父之心,而后动于恶。其敢于无君父者,何也?以其无报应也。其所以无报应者,何也?以形灭而神灭也。神灭则无报应矣。是故神灭之论,古今乱臣贼子护身之符印,而无父无君衅鼓之毒药也",[21](p.1428)显然是从儒家的立场倒退一大步。这与顾炎武所提倡"崇实信,黜虚诞"的主张相比,格调不免低下。

归庄云:"近时海内群推虞山。虞山之文长于论史,陶练古今,气昌词赡。惜其行太通,学太杂,交太滥,应太冗。虞山亦尝向余戚颇言之。然而知古义之深者,未有如虞山也。"[25](p.739)归庄对谦益的推崇,是十分真诚的;同时,这里"通"、"杂"、"滥"、"冗",应是批评谦益为人处世的圆滑、常年向学不纯、交游驳杂，无分敌友、应酬卖文，敷衍繁忙。这样的批评是公正的。

4. 褒贬失据

谦益总结选诗之役："余之评诗，与当世抵牾者，莫过于二李及弇洲。二李且置勿论，弇洲则吾先世之契家也。余发覆额时，读前后《四部稿》，皆能成诵，暗记其行墨。今所谓晚年定论者，皆举扬其集中追悔少年与其欲改正《卮言》，勿误后人之语，以戒当世之耳论目食、刻舟胶柱者。初非敢凿空杜撰，欺诬先哲也。云间之才，如卧子、舒章，余故爱其才情，美其声律。惟其渊源流别，各有从来。余亦尝面规之，而二子亦不以为耳瑱。采诗之役，未及甲申以后，岂有意刊落料拣哉？"[21] (p. 1562)

尽管如此，当世的一些友人（如吴伟业）不同意，很多后人也不解。袁枚云："七子狃于此习，遂皮傅盛唐，搤腕自矜，殊为寡识。然而牧斋之排之，则又已甚。何也？七子未尝无佳诗，即公安、竟陵亦然。使掩姓氏，偶举其词，未必牧斋不嘉与。又或使七子湮沉无名，则牧斋必搜访而存之无疑也。惟其有意于摩垒夺帜，乃不暇平心公论，此亦门户之见。"[29] (p. 468)

本章参考文献：

[1] 钱谦益. 初学集 [M]. 上海：上海古籍出版社，1985.

[2] 苍雪. 南来堂诗集（丛书集成续编第122册）[M]. 上海：上海书店，1994.

[3] 谢国桢. 增订晚明史籍考 [M]. 上海：上海古籍出版社，1981.

[4] 沈德潜. 清诗别裁集 [M]. 上海：上海古籍出版社，1984.

[5] 朱望亭. 读明人诗绝句三十首（雪桥诗话续集）[M]. 北京：北京古籍出版社，1991.

[6] 吴伟业. 吴梅村全集 [M]. 上海：上海古籍出版社，1990.

[7] 顾苓. 塔影园集（丛书集成续编第123册）[M]. 上海：上海书店，1994.

[8] 张廷玉. 明史 [M]. 北京：中华书局，1974.

[9] 周亮工. 尺牍新钞 [M]. 上海：上海书店，1988.

[10] 李天根. 爝火录 [M]. 杭州：浙江古籍出版社，1986.

[11] 张岱. 陶庵梦忆 [M]. 南京：江苏古籍出版社，2000.

[12] 钱谦益. 钱谦益全集杂著 [M]. 上海：上海古籍出版社，2003.

[13] 钱仲联. 清诗纪事 [M]. 南京：江苏古籍出版社，1987.

[14] 陈子龙. 陈子龙诗集 [M]. 上海：上海古籍出版社，1983.

[15] 黄汝成. 日知录集释 [M]. 上海：上海古籍出版社，1985.

[16] 黄宗羲. 黄宗羲全集第一册 [M]. 杭州：浙江古籍出版社，1985.

[17] 计六奇. 明季北略 [M]. 北京：中华书局，1984.

[18] 张寅彭. 民国诗话丛编 [M]. 上海：上海书店，2003.

[19] 黄人. 黄人集 [M]. 上海：上海文化出版社，2001.

[20] 袁行云. 清人诗集叙录 [M]. 北京；文化艺术出版社，1994.

[21] 钱谦益. 有学集 [M]. 上海：上海古籍出版社，1996.

[22] 陈寅恪. 柳如是别传 [M]. 北京：三联书店，2001.

[23] 归庄. 归庄集 [M]. 北京：中华书局，1962.

[24] 黄宗羲. 黄梨洲诗集 [M]. 北京：中华书局，1959.

[25] 张舜徽. 清人文集别录 [M]. 北京：中华书局，1963.

[26] 朱鹤龄. 愚庵小集 [M]. 上海：上海古籍出版社，1979.

[27] 徐世昌. 晚晴簃诗汇诗话 [M]. 北京：中国书店，1988.

[28] 陈平原. 学人（第七辑）[M]. 南京：江苏文艺出版社，1995.

[29] 郭绍虞. 中国历代文论选 [M]. 上海：上海古籍出版社，1980.

赤日红尘道路穷——清初钱谦益行踪考

作为学问家、文史学家，谦益写有《初学集》、《有学集》、《开国诸雄事略》、《列朝诗集小传》等著作，其中许多诗文留有时间标识。所以考订谦益的行踪，比较同时代的人，还是容易得多。但在清初，谦益很少动笔，致使1646～1649年内的行踪不容易把握。葛万里《牧斋先生年谱》[1](p.537)与金鹤冲《牧斋先生年谱》，皆言之不详。由于这几年的行踪，与钱谦益的评价关系不小，需要仔细辩识。

一、1646 年夏秋之际南归，赶在其子钱孙爱参加乡试之前到的家

谦益降清后，按例进京，接受清职，任礼部侍郎兼秘书院事。谦益不安其位，不数月即请病假，要求还乡。据《清史列传贰臣传》云："（丙戌年，1646 年）六月，以疾乞假，得旨，驰驿回籍。令巡抚视其疾痊具奏。"[2]（据《清实录》，清廷于顺治三年八月十日获准带衔归乡养病。）谦益本人《有学集》卷一《秋槐诗集》有《观管夫人画竹并书松雪公修竹赋敬题短歌》，笺注本有注："丙戌六月书于燕山桂邸行馆"；另一诗《丙戌南还赠别故侯家妓人冬哥四绝句》，证明当年六月，尚在准备归乡的过程中。他在返乡前，写了一封《与邑中乡绅书》[3](p.823)，欲投石问路。书信要点：一是申辩降清并致力招降苏南各地的理由，是为了乡民免受蹂躏。二是述说自己冒死劝清兵停止屠杀乡民，是立功的；三是表白自己，身为降臣，却暗中掩护家乡抗清人士；最后，他还担心有人反清念头不泯，换以劝告的口吻："幸老翁一线弱息，投诚委命，一一听桑梓高贤处分，惟所死生之而已。更有一言，自附忠告。末劫中一切杀运，皆众生恶业感召。今诸公身出汤火之中，目睹屠戮之惨。须相与提醒良心，讲求公道引生机，迎善气，勿增长罗刹种子，勿再落汤火之

中。"这是一封贰臣的自供状。不过，全信仍赞同华裔有别的观点，是其日后参与抗清活动的思想基础。

夏秋之际，谦益开始南归，途中短暂逗留山东老友卢德水之居住地。他在那里，庆幸"谨而得归"，既咏诗又作文。（赋诗《丙戌七夕有怀》；作《海右陈人集序》）[3](p.921) 然后到九月中旬，谦益在其儿子钱孙爱（又名上安，字孺饴）参加乡试之前，赶到了家。（钱孙爱参与本年乡试，并中举，见《重修常昭合志》[4](p.1040)；乡试时间见诸于《吴城日记》："旧岁乙酉已行乡试，兹有旨再行乡试。九月十九日头场，十月初六日放榜。"[5](p.228)

二、居家不过半年，于 1647 年阴历三月月终，于家乡被逮，押至北京，一直到当年秋季，被放归

谦益居家不过半年，于 1647 年阴历三月底，忽然于吴门寓所被逮。据《秋槐诗集》之《和东坡西台诗六首序》云："丁亥三月晦日，晨兴礼佛，忽被急征。银铛拖曳，命在漏刻。河东夫人沉疴卧蓐，蹶然而起，冒死从行，誓上书代死，否则从死。慷慨首途，无刺刺可怜之语。余亦赖以自壮焉。"[6](p.9) 柳如是一路伴行，止步京城外，借住河北大名梁慎可氏雕桥庄。[6](p975)

谦益的这次被抓，在江南有了影响。当时躲避在嘉定乡间的侯岐曾《日记》"丁亥四月四日条"云："日来闻虞牧（按：指钱谦益）忽挂清朝吏议，方在逮间。"清苏、松、常、镇四府提督吴胜兆，驻守松江，因有反正之心，身边聚集了不少抗清复明人士。谦益被捕后，"有戴之俊前向胜兆嗾称：'苏州拿了钱谦益，说他谋反'。"[7](p.909) 试图敦促吴胜兆迅速反正。结果，欲速则不达，反而失败了。

谦益被抓，列为刑部案件，一直押到北京，有谢象三诗《丁亥冬被诬在狱，时钱座师亦自刑部回，以四诗寄示，率尔和之》[8](p1354) 为证。被抓的原因，有称"以暗通鲁王事。"[9](p.735) 说者顾公燮，为乾隆年代的人，讲这个话，不知有多少把握。按黄宗羲《行朝录》卷三《鲁王监国》云：潞王降清后，鲁王监国于 1645 年闰六月，驻节绍兴。同年十二月，谢三宾被任命为礼部尚书，寻入东阁。[10](p.126) 谢三宾是谦益的门生；还有一些于明末活跃在江、浙两地的党社人士，也与谦益有着千丝万缕的联系。谦益因此与"鲁王暗通"，也是有可能的。谢三宾本传云："丙戌，随阮大铖返三师。又二十余年而死。"[8](p.1354)此人降清后，出卖钱座师，也有可能。但两者都没证据，不足信。

有称因"谢陛案"而起。顾苓《东涧遗老钱公别传》云："送公归者，起兵山东，被获。因得公手书，并逮公，银铛三匹，至北。"[11](册123)这个起兵山东者，邓之诚先生云："谦益竟驰驿回籍，归遂牵连淄川谢陛案，银铛北上。"[12](p306)然而，这个"谢陛案"不过是误会。陈寅恪先生认为"牧斋于顺治三年丙戌七夕后自北京归家，被逮北行，必为谢陛、卢德水等之牵累，更无疑义。谢氏既被诬以私藏兵器，但不久事白，则牧斋之得免祸亦事理所当然。"原来这个"谢陛"是"谢陛"之误。[7](p.898)或许还是"谢迁"，见《研堂见闻录》："至丁亥岁，山东有谢迁奋起，攻破州县，入淄川城。"[13](p.298)不过，不管"谢陛"，还是"谢陛"、"谢迁"，都与谦益无关。查不出谦益参与"谋反"的确证，所以，旋即释回。顾氏说："至北，乃解归。"[11](p.123)

其实，在丁亥年被逮的还有不少像谦益这样的贰臣。比谦益早入狱的有张坦公、邹弁等人，因"流言"下狱。见《燕笺诗集》卷五有《入西曹四首小序》："丁亥三月十七日，邹弁以流言下狱，余并逮。狱具，朝廷宣谕谓，投诚以前，流离殉家，忠臣也；到我国亦当如是，释而不问。其时宣谕诸老，叶马法、党于姜、房海客也。感圣恩如天，永矢弗谖，遂为此什。"[14](p.147)稍后，谢三宾也因"诬言"被捕入狱。[8](p.1354)

请注意，这些贰臣，被逮的原因相当复杂，不能确定因反正而被逮；多半是清廷对贰臣的惯用手段，一拉一压，一压一拉，恩威兼施。另外，清廷还利用贰臣之间互相倾轧的矛盾，先抓、后关、再放。与这些贰臣可作对比的是，当时真正抗清的忠臣义士，几乎无不置于死地，如，因"吴胜兆案"被逮的陈子龙、杨廷枢、顾咸正等人。

谦益下刑部狱中，境遇十分悲惨。有诗："朔风阴森夏亦凄，穹隆四盖破天低。"自注："余与二仆，共桎拲者四十日。"另有诗："伏鼠盘头遗宿溺，饥蝇攒口嗽余津。"[8](p.649)真是"动人怜"（郁达夫诗句）。当年六月，谦益尚在狱，有诗："六月霜凝倍憯悽。"[8](p.12)

好在谦益这次入狱，在狱时间不长，当年三月被逮，当年夏季即得释归。时任清礼部尚书的王铎特意作诗《丁亥六月赠牧斋》宽慰他。钱谦益本人的《丁亥夏为清河公题海客钓鳌图四首》[3](p.585)即是出狱后的应酬之作。此"清河公"，是时任清左副都御史的惠世扬；"海客"则是时任清刑部右侍郎的房可壮。

三、1647年深秋，放归后居住在苏州与家乡常熟与一带

1647年深秋，谦益返乡之后，仍在苏州、常熟等地居住。葛万里在《牧斋先生年谱》里，云："四年丁亥，……冬过金坛"；恐怕是深秋与初冬之间而已。因为曹溶回忆："余以后进事宗伯，而宗伯绝款曲。丙戌同客长安，丁亥、戊子同就吴苑，时时过予。"[16](p.269)曹溶得以于丁亥年在苏苑与谦益游，可知谦益返乡的季节。

谦益之所以居住苏州，是按章办事。如前所说，谦益南归后，所谓"令巡抚视其疾痊具奏，"假作"视其疾"，实质是一种监视。所以，谦益居吴苑，一是利于地方大吏管制，二是便于众人观察。谦益所居的"吴苑"，在苏州拙政园范围内，见徐乾学《苏松常道新署议》记："入国初以来三十余年，园凡数易主，而今为官署云。始虞山钱宗伯尝构曲房其中，以娱所嬖河东君，而海宁相公继之，门施行马。海宁得祸，入官，而驻防将军。"（文尾署康熙十八年某月甲子记。）曹溶也说："丁亥，予携家寓阊门，宗伯先在拙政园，相见（其间）……"[16](p.710)拙政园正是当时新贵时彦聚集之所。

此时，谦益即使能够在家乡常熟居住，时间也不长。据钱曾的回忆："忆丁亥、戊子（1648）岁，予始弱冠，交于己苍、定远两冯君，时时过予商榷风雅，互以搜讨异书为能事。"[17](p.144)又说："戊子、己丑（1649），予日从牧翁游，奇书共欣赏，骇心悦目，不数蓬山。今人侈言藏书，陋板恶抄盈箱插架，书生见钱，但不在纸囊中，可为一慨。"[17](p.125)可见钱曾在丁亥年只能向冯氏兄弟求学，尚无缘从游牧斋，很有可能是谦益常住吴苑的缘故；进入戊子年后，管制渐已宽松，谦益得以回家乡安居，钱曾亦得以"日从牧翁游"。

四、1648 年春季，牵连"黄毓祺案"，再次被逮，先后于苏州、金陵两地拘禁管制，次年暮春释归

1648 年春季，谦益遭到第二次被捕，情况比较复杂。首先是辨识被捕的时间。

谦益可能于戊子四月被捕。《清史列传钱谦益传》："五年四月，凤阳巡抚陈之龙擒江阴黄毓祺于通州法宝寺，搜出伪总督印及悖逆诗词，以谦益曾留黄毓祺宿其家，且许助资招兵入奏。诏总督马国柱逮讯。谦益至江宁诉辩，……"[18](p.79)《清史稿》本传比较简略，仅云："五年，凤阳巡抚陈之龙获黄毓祺，谦益坐与交通。诏总督马国柱逮讯。谦益诉辩。国柱遂以谦益、毓祺素非相识定谳。得放还。以著述自娱，越十年卒。"[19](卷484) 显系转抄《清史列传》，可以忽略不计。

谦益也可能于五月才被捕。顾苓《东涧遗老钱公别传》说："戊子五月，为人牵引，有江宁之逮。"

然而，据《有学集》，谦益自谓当年秋季被捕："戊子之秋，囚系白门，身为俘虏。"[3](p.503)

此三则材料，应当都是可靠的，只是表述还不够细致。辨析以上三则材料的关键在于理解苏州现管与金陵总管的关系。谦益籍系常熟，苏州官署自然为囚犯的现管，而金陵官署又是要犯的总管。

苏州现管官员是周伯达，顺治四年三月任江宁巡抚，治所苏州；次年五月由土国宝接任。土国宝是清廷派驻苏州的第一批大员之一，乙酉年七月任江宁巡抚，丁亥年因事降职，此又恢复原职。四月，谦益第二次被捕正当周伯达去任、土国宝上任之间。[20](p.1515) 鉴于谦益曾为部院大臣，案件必然上报刑部才能侦讯，所以，周伯达未必直接办理此案，应由土国宝接手此案。

土国宝在江南多年，未能积好的名声。《研堂见闻杂录》云："至本朝定鼎，巡方之职，纵滥已甚，每至，辄以拔富为名，访其家素封，一朱单拿之，万金之家，风卷雨尽，不庭鞫而两造行金已足，即释放归田，五六年来，吴民无不破巢者。"[13](p.307) "（土国宝）初至，谬示风采，即擒娄中滑吏数十，人皆额首望，而诸奸行金上下，作冰雾散。于是人情大哗。乃复贪婪，肆为鄙秽，人人饮恨。"[13](p.309)土国宝即使知道谦益仅仅为"牵引"，也未必实情上报，一来不愿担风险，二来此中有机可乘。

然而，凭谦益几十年来在苏州地方的关系及其斡旋能力、凭乙酉年以来，谦益与土国宝的联络，土国宝在苏州收押谦益，真的仅仅是一讯一辩。

由此推测：戊子年四月，黄毓祺被捕，牵连出谦益；五月谦益被捕，最初入狱在苏州；七月，总督马国柱领诏，将谦益从苏州逮"至江宁诉辩"，因而有"戊子之秋，囚系白门，身为俘虏。"

谦益收押在金陵的时间大致是从戊子年秋季，到次年（顺治六年，1649年）暮春结束。

谦益有诗《己丑元日试笔二首》："传语白门杨柳色，桃花春水是吾庐。""自笑羁囚牢户熟，人怜留滞贾胡如"；以及诗《戏为天公恼林古度歌》："己丑春王近寒食，阳和黯黮春无力。"可知从己丑元月到清明时节，谦益还未解脱，尚在金陵管制中。[6](p.47、54)

谦益在金陵管制时期，忙于从友朋那里，借阅书籍，整理学问。谦益自己回忆："戊子之秋，余颂系金陵，方有采诗之役，从人借书。"[6](p.994)谦益还忙于与好友交游，有诗："颂系金陵忆判年，乳山道士日周旋。"[6](p.650)还有诗数首《次韵林茂之戊子中秋白门寓舍待月之作》、《次韵茂之戊子秋重晤有感之作》、《再次茂之他字韵》、《岁晚过茂之见架上残帙有感再次申字韵》，[6](p.41)可以说明林茂之与谦益相交至深、过从之密；还有远道来看望谦益的旧友，诗《冯研祥、金梦蜚不远千里自武林唁我白门，喜而有作》云："踰冬免死又经旬，四海相存两故人"；[6](p.52)这些可以说明马国柱收押谦益之后，也没有严厉对待此案，使得谦益在金陵，比较自由，与前次刑部狱有天壤之别。

其次是辨识此次被捕的原因。

谦益的第二次被捕，固然是受到"黄毓祺案"的牵连，但其中真实原因，值得考证。

祝纯嘏《孤忠后录》："顺治四年丁亥，黄毓祺起兵海上，谋复常州。正月，毓祺纠合帅徒，自舟山进发。常熟钱谦益，命其妻艳妓柳如是，至海上犒师。适飓风大作，海艘多飘没。"[7](p906)后有金鹤冲将本则材料，写入《牧

斋先生年谱》中。[3](p940)后又有学者认为："按金谱所云，事本《孤忠后录》，足以征信。"[8](p.1334)

其实，"足以征信"，难说。见《明史》："贡生黄毓祺者，好学有盛名，精释氏学。与门人徐趋举兵行塘，以应城内兵。及城陷（按：江阴城陷在乙酉年八月二十一日），两人逸去。明年（按：应为丙戌年）冬，趋侦江阴无备，率壮士十四人袭之。不克，皆死。毓祺既逸去，避江北。其子大湛、大洪被收。兄弟争死。而毓祺以敕印事发，逮系江宁狱。将刑，其门人告之期，命取袭衣自敛，趺坐而逝。"[21](p.7101)据此记载，丙戌年冬，黄毓祺师徒袭击江阴失败，不可能再有"顺治四年丁亥，黄毓祺起兵海上，谋复常州"的事情。况且，黄宗羲、全祖望等浙江人士，撰写浙东抗清事迹的传世资料比较详尽，没有黄毓祺起兵舟山的事，有的是黄斌卿于舟山树帜抗清的事迹，莫非传闻有误，笔者失察而致。谢国桢先生《增订晚明史籍考》云："《孤忠后录》一卷，《痛史》附刊本。原题：江阴野史氏祝纯嘏芸堂甫编。按：是编记明永历元年丁亥，江阴贡生黄毓祺起兵谋复常州、江阴等地，事泄为清兵所捕，死于金陵狱事。用纲目体，仅五叶。"又云："孤忠录传本互异，且词多不雅驯。"[22](p.660、658)什么"其妻艳妓"，不是史家之笔。《孤忠后录》为作者不确切、成书年代不详、纪事无旁证的材料，不足为据，姑且存疑而已。

《清史列传钱谦益传》："五年四月，凤阳巡抚陈之龙擒江阴黄毓祺于通州法宝寺，搜出伪总督印及悖逆诗词，以谦益曾留黄毓祺宿其家，且许助资招兵入奏。"因"曾留宿"与"许助资，"而受到牵连，还是比较可信。

本来，谦益与黄毓祺（1579～1648）相识于明季，俩人年龄相仿，且都志向内典，在佛经翻译与宣传方面有着同好；但是俩人关系并不密切。谦益自记，崇祯十五年，天童密云禅师殁后，毓祺"裁书介天童上座某属余为塔铭"；谦益却未及时作；直到顺治戊戌年（1658），以木陈和尚申请，始成塔铭。[6](p.1260)况且，二人入清后的境遇，毕竟大不一样。谦益在南都率先签名降表，全无气节。毓祺师徒能够在苏南武装抗清已经沉寂之后，无视寡不敌众，毅然举帜起义，其志固坚。但是，毓祺师徒行事虽勇，其效甚弱，骤起骤亡，为明眼人一目了然。谦益素以工于心计称，不与其同谋，才顺理成章。"许助资"，并无实据，"曾留宿"，即使有，也可解释成旧友相待之礼。总之，谦益虽与毓祺有过接触，但在参与"谋反"方面，并无确征；且毓祺入狱后坚贞守节，至死不语他人事。所以，《钱谦益传》云："谦益至江宁诉辩，前此供职内院，邀沐恩荣，图报不遑，况年已七十，奄奄余息，动履籍人扶掖，岂有他念。哀吁问官乞开脱。会首告谦益从逆之盛名儒逃匿不附质，毓祺病死狱中，内以谦益与毓祺素不相识定谳。马国柱因疏言：'谦益以内院大臣归老山林。子侄三人新列科目，必不丧心负恩。'于是得释归。"[18]

总督马国柱"以谦益与毓祺素不相识定谳"，实有为谦益开脱之意，云谦益无犯案的动机，也是事实。但是，事情本是复杂的，谦益一方面是"子侄三人新列科目"，并亲自与新贵要员周旋结好；另一方面，间接参与反清活动，那是马国柱睁眼可知，但又无法制止，且属江南贰臣比较普遍的情况。

再次，辨识释归的时间。

到了己丑年暮春时，谦益得到初步解脱。其本人说："己丑之岁，讼系放还，网罗古文逸典，藏弃所谓绛云楼者。经岁排缵，摩挲盈箱插架之间，未遑于洛诵讲复也。而忽已目明心开，欣如有得。"[6](p898) 钱曾的回忆也可以得知，1649年暮春，谦益已经回到家乡常熟。"忆己丑春杪，侍牧翁于燕誉堂。适见检阅此册。余从旁窃视，……"[17](p73) 至于以下二则材料，谦益说："己丑之春，余释南囚归里。"[6](p.768) 以及钱曾说："己丑春，予以四十千从牧翁购归（《李诫营造法式三十六卷目录二卷》）。"[17](p.38) 反正都不出春季，无碍"暮春"的概念

在从金陵回家的途中，还作诗《句曲逆旅戏为相士题扇》："赤日红尘道路穷，解鞍一笑柳庄翁。"[6](p63) 宽松的管制，使得谦益可以回家乡常熟短暂居住了。钱曾才获有在家乡从游牧斋、阅读群书的机会。他说"戊子（1648）、己丑（1649），予日从牧翁游，奇书共欣赏，骇心悦目，不数蓬山。"[17](p.125)

直到己丑年末，应当是结案的时候，牧斋完全放归，可以大事宴请新老宾朋了，有诗《己丑岁暮燕集连宵，于是豪客远来，乐府骈集，纵饮失日，追欢忘老，即事感怀，慨然有作四首》，[6](p.64) 还作文《黄甫及六十寿序》，云："己丑之冬，逼除闭户，黄君甫及自金陵过访。喊风打门，雪片如掌。俄为余张灯开宴。吴下名娼炎童，有二土生，取次毕集。清歌妙舞，移目卜夜。酒酣耳热，衔盃忼叹。余击壶诵扶风豪士歌，赋四诗以纪事。"[6](p.916) 可以

证之。

　　最后，读谦益《列朝诗集序》："丁开宝之难，海宇版荡，载籍放失，濒死颂系，复有事于斯集，托始于丙戌，彻简于己丑。乃以其间，论次昭代之文章，蒐讨朝家之史乘，州次部居，发凡起例；头白汗青，庶几有日。庚寅阳月，融风为灾，插架盈箱，荡为煨烬。此集先付杀青，幸免于秦火、汉灰之余。於乎，悕矣！"[23](p.819)谦益在国家多事之秋、江南社会风云激荡、个人境遇又处极其糟糕的时期，能够坚持埋头古籍，排除万难，完成《列朝诗集》的撰写，不亦伟乎？

参考文献：

[1] 上海师范大学图书馆辑. 清代碑传全集 [M]. 上海：上海古籍出版社，1987.

[2] 王仲翰. 清史列传点校本 [M]. 北京：中华书局，1987.

[3] 钱谦益. 钱牧斋全集·杂著 [M]. 上海：上海古籍出版社，2003.

[4] 丁祖荫. 重修常昭合志 [M]. 上海：上海社会科学院出版社，2002.

[5] 佚名. 吴城日记 [M]. 南京：江苏古籍出版社，1999.

[6] 钱谦益. 牧斋有学集 [M]. 上海：上海古籍出版社，1996.

[7] 陈寅恪. 柳如是别传 [M]. 北京：北京三联书店，2001.

[8] 钱仲联. 清诗纪事 [M]. 南京：江苏古籍出版社，1987.

[9] 顾公燮. 消夏闲记摘钞（丛书集成续编第96册）[M]. 上海：上海书店出版社，1994.

[10] 黄宗羲. 黄宗羲全集（第二册）[M]. 杭州：浙江古籍出版社，1985.

[11] 顾苓. 塔影园集（丛书集成续编第123册）[M] 上海：上海书店，1994.

[12] 邓之诚. 清诗纪事初编 [M]. 上海：上海古籍出版社，1984.

[13] 佚名. 研堂见闻录 [M]. 北京：北京古籍出版社，2002.

[14] 黄裳. 书林一枝 [M]. 太原：山西古籍出版社，1998.

[15] 刘燕远. 柳如是诗词评注 [M]. 北京：北京古籍出版社，2000.

[16] 钱谦益. 绛云楼书目 [M]. 北京：北京图书馆出版社，2003.

[17] 钱曾. 读书敏求记 [M]. 北京：书目文献出版社，1983.

[18] 王仲翰. 清史列传点校本 [M]. 北京：中华书局，1987.

[19] 赵尔巽. 清史稿 [M]. 北京：中华书局，1977.

[20] 钱实甫. 清代职官年表 [M]. 北京：中华书局，1980.

[21] 张廷玉. 明史 [M]. 北京：中华书局，1974.

[22] 谢国桢. 增订晚明史籍考 [M]. 上海：上海古籍出版社，1981.（《中国野史集成》第 33 册收录《孤忠后录》，巴蜀书社，1993.）

[23] 钱谦益. 列朝诗集小传 [M]. 上海：古典文学出版社，1957.

附注：清早期关于黄毓祺的重要材料：

所谓"柳如是海上犒师"是钱柳直接参与抗清斗争的最为重要的外证材料，然而疑信两似。详见以下材料，读者可以作出比较之后作出独立判断。

《山阳录》（《丛书集成续编》第 28 册第 616~617 页）：

"黄贡士毓祺介子，负俊才，少与弟毓礽齐名，孝绰、孝威，连镳驰誉。盖纵横艺苑者四十余年，无何十上南宫数奇不偶。杜康桥下，岂无痛饮之人。黄歇冢前，时有悲秋之客。盖故园流浪者又十余年。北走淮，南走海。流离琐尾而卒以死。嗟乎白首临刑，霜风覆面，田横岛上之客，闻而悲之。赞曰：'七十老翁亦又何求？西风太古，落照千秋。'"

《石匮书后集》（第二十六卷有钱谦益传目，内容阙。）第五十七卷义人列传第 318 页：

"黄毓祺，字介祉，江阴人。子衿。善属文。习禅教而长斋事佛。闭门读书，不妄交游。其所与交者，必忠信切偲，肝胆相照。其为制举义，务写性灵。摹先辈，高奇绝俗。名士向慕，倾动一时。乙酉国变，毓祺走从义旅。间关险阻，力屈被擒，下狱论死。次日临刑，毓祺于狱中作诗一首，置几上，趺坐化去。枷锁自落，满屋异香。诗曰：……其子大湛，试高等，食饩，亦举义死之。"

《南疆逸史》第 101 页："丁亥四月，沈廷扬（崇明人）率总兵蔡聪等六百余人，从舟山抵常熟福山。十四日抵荒苑，夜分飓风发，舟胶于沙，遂见执。……皆死之。无一降者。"

第 257-258 页列传三十二死事："黄毓祺，字介子，江阴贡生，与弟毓祁俱有名于时。毓祺深于禅学，而性慷慨忠义。其门人诸生徐趋，字佩玉，亦有气节。江阴城守。毓祺与趋起兵行塘，以应城守。鲁王遥授兵部尚书，赐敕印。江阴破，毓祺亡命淮南，趋与其党栖山中。明年冬，率王春等十四人袭江阴。十四人俱死。趋被获,见知县刘景绰,长揖不跪。左右叱曰:'非尔父母官耶?何不跪?'趋厉声曰:'此降臣耳!何父母为?'景绰壮其志,欲择之,曰:'我知子非谋逆者,宁有所亲在狱,欲纂取之耶?'趋曰:'我何亲在狱?志不忘明,欲有所为耳。'景绰曰:'若然,子必死矣。'趋曰:'我固不欲生也。'景绰又曰:'子诚孝子,吾将荐之以官。'趋曰:'汝,大明进士,位至监司,亦不卑矣。今降而为令,汝为官不能自择,而为吴择官乎?'景绰曰:'吾非得已,借以吏隐耳。'趋曰:'汝外吏,欲去则去,天壤甚宽,何至呈身于敌,含羞苟活哉?'景绰惭,连呼送狱。丁亥正月八日,杀之。已而闻毓祺亦与同事,收其子晞兄弟下狱,而迹捕毓祺。戊子,毓祺在泰州,寄书其所善江纯一者,用故时官印识之,而为纯一之客所得。纯一惧祸,遂告变。毓祺见执入江宁狱。令具爱书,索笔书曰:'道重君亲,教先忠孝,某避禅已久,岂有官情?义愤激中,情不容已。明主嘉诚,遣使授职,招贤选骑,分所应然,哀愤旷官,死有余责,谨抱印持终。身附子卿之义。'己丑三月,狱成,门人邓大临告之,毓祺命取袭衣自敛,趺坐而逝。当事戮其尸,大临号泣,赎其元归葬,变服为黄冠去。大临字起西,常熟人。晞等输入官,配功臣家,乡人敛金赎之,教授毗陵。晞有学行,不愧其父,妻周氏,死节尤烈。邵长蘅为之传,云。"

《遗事琐谈》(《中国野史集成》第31册)第592页:"贡生黄毓祺者,好学有盛名,尤精释氏学,与门人徐趋举兵行塘,与城中相应,及城破,两人逸去。丙戌冬,侦江阴无备,率壮士十四人袭之,不克,趋死。毓祺遁避江北。其子大湛、大洪被收。兄弟争死。而毓祺以敕印事发,逮系江宁狱。将刑,命取衣自敛,忽瞑目默坐而逝。""江南起兵者率同儿戏。惟江阴相持最久,又以老弱先遁。比城破,丁壮者在城者,战死已十之六七,空壁而已。"

《天启崇祯两朝遗诗》卷九第1275~1280页录黄介子诗(江阴黄毓祺)有《小游仙诗选》二十七首;《秋怀诗选》四首;《后秋怀诗选》二首;《次友人韵》;《李曾卿惠暑衣》;《感事》;《海陵狱中拈李卓老焚余十则选二首》;《绝命词》。传阙。

1997年12月由北京出版社影印出版的《四库未收书辑刊》,在《集部》伍辑第26册收录清钞本黄毓祺《大愚老人遗集二卷补一卷》。

问花何处胎仙阁——评钱谦益师生夏日"红豆诗"

　　钱谦益的《红豆三集》问世后，江苏常熟白茆红豆庄，便成为过往文人流连题吟之处。时移世易，此庄早在清康熙年间已经面貌全非[1]；如今钱谦益诗文提到的"碧梧"、"红豆阁"，荡然无存，惟余红豆树在野田中。人们倘若在那里寻问钱谦益与其门生钱曾等人吟咏红豆的场所——"胎仙阁"，那是白费心思。

一

　　"胎仙阁"在哪里？清人郑彦缃《红豆花歌》云："问花何处胎仙阁，吟红妙笔题诗乐。"[1](P.37)不仅现在无处指点，就是前辈乡贤也有误解。顾镇《支溪小志》云："胎仙阁在芙蓉庄，前人有胎仙阁红豆花诗。今废"。[1]顾镇是清乾隆年间本邑人，且是芙蓉红豆庄本家，所言理应不误。但是，此说值得一议。据《钱牧斋全集》[2]记载，"胎仙阁"不会在离常熟古城以东三十里远的白茆芙蓉庄。

　　钱谦益的著作中，除了赋红豆的诗，言"胎仙阁"的材料有四则：一是《坐雨胎仙阁偶怀觉凡上人漫赋小诗寄赠》诗，云："幽鸟无声山寂寂，殿门终日避轩车。"应是面山而生怀友之情，常熟有虞山，被称作"十里青山半入城"。"胎仙阁"靠山，而与水乡红豆村的地貌迥然不同。[3](P.120)

　　二是《绛跗山房诗稿序》文，末署："通家眷友生钱谦益书于北山之胎仙阁。"[3](P.524)此则材料可以证明"胎仙阁"在虞山上。但云"北山"，所指不确。《康熙常熟县志》有钱谦贞"雪晴小饮北山茅三间即事"诗，内云："报慈桥畔何人墓？宿草凄凄起夕烟。"[4](P.394)似乎北山与报慈桥有关，该桥邻近古城北门，则"北山"乃近北城门之山也。诗人与钱谦益同族兄弟，所言北山如此。(《柳南随笔》卷三亦云:"北山报慈里"。)

又,《康熙常熟县志》有:"破山兴福寺,在虞山北岭。"[4](P.296)是常熟古城西,面山小岭,亦可称北山。

三是《祝茹穹丹药记》文,文末题"辛丑(1661)四月望日,书于胎仙馆中"。文中有:"先生坐余小阁上,指点檐外峰岫,乾元宫、招真治、丹井鸽飞,恍然在眼。"是"胎仙"亦馆亦阁。[3](P.569)文章揭示"胎仙阁"与"乾元"、"招真"、"丹井",这三处古建筑不远;那三处建筑皆位于常熟城西、傍虞山而立。如"招真治","系南朝梁天监中汉张天师第12代孙张道裕所建,初名招真治。"[5](P.748)乾元宫,位于虞山东南岭辛峰亭下侧。[5](P.748)原旧址留有4株圆柏,其中一株高17米,三株高10米,树龄约400年,标志赫然。[5](P.766)丹井,"位于石梅,原致道观弥罗宝阁后侧,上建有井亭。"[4](P.732)

四是《戏题徐仲光藏山稿后》文,尾署:"岁在辛丑,书于胎仙阁中。"文中有:"今吾读徐仲光之文,信手翻阅,移日终卷,忽然而睡,焕然而兴,欣欣然气浸淫满大宅。何仲光之能移吾心也。"[6](P.1606)似乎"胎仙阁"为城内公用馆舍,能宴、能宿、能读书。云"大宅,"非红豆陋室(说见下文)能比拟。

根据以上四则材料,"胎仙阁"应在虞山,还可以大胆推测,是在常熟古城西北、虞山小岭上,可以遥望石梅,亦可眼望兴福寺。这就是我们初步确定的"胎仙阁"的位置。钱谦益晚年弟子钱曾有诗《胎仙阁赠别陈伯玑兼订十月再晤之约》,云:"雨暗山城夜壑移,胎仙阁上送君时。……"[8](P.121)支持笔者说法。胎仙阁的阁址所在,与钱氏师生"红豆诗"的评价有关联,意义并非一般。敬请学人注意。

二

再从夏五"红豆诗"本事来考证"胎仙阁"位置。

首先作"红豆诗"的是钱谦益的晚年门生钱曾、钱龙惕、陆贻典等人。见钱曾《红豆诗序》:"红豆树二十年不花,今年夏五忽放数枝。牧斋先生折供胎仙阁,邀予同赏,饮以仙酒,酒酣,命赋诗,援笔作断句八首。"[6](p.539)

赋诗时间在辛丑年（顺治十八年）五月某一天，地点在"胎仙阁"。注意序文"折供"的含义，透露出并非在红豆树原地观赏的实情。再看钱龙惕《胎仙阁看红豆花同遵王题绝句八首》诗："胎仙阁上清和月，把酒来看红豆花。"[2](p. 11)点出此乃夜宴。

然后，有钱谦益的《遵王、敕先共赋胎仙阁看红豆花诗，吟叹之余走笔属和八首》诗。[6](p. 537)注意上两诗题"看红豆花"的含义，分明是看"折供"的花，并非看树上的花。

文人多礼，看花赋诗本是高兴的事，在什么地方设宴，应当有讲究。钱谦益在城内招饮众客，皆因红豆庄偏僻简陋，不便办理群贤食、宿、行的缘故。不少文史读物把芙蓉红豆庄描述得很美，钱谦益自己则一直称芙蓉庄为"荒村"，钱氏文章中常见"荒村落寞"[3](p. 240)、"荒村索居，遂成野人"，[3](p. 306)等等；还有"荒村寂寞，未能款留"、[3](p. 320)"家人稚子，伤淹荒村，须入城定居，方可洒扫候教。未敢卒卒相邀"，[3](p. 231)钱氏自伤"荒村寂寂，四壁萧然，不能淹留佳客。破窗风雨，殊愧昔人风味"，[2](p. 301)因而经常拒人门外。

特别是钱谦益于 1658 年作的诗《效坡公上巳之作》，题云："孟冬十六日，偕河东君自芙蓉庄泛舟拂水，瞻拜先茔，将有事修葺，感叹有赠。"诗云："世间虚名巧相左，南箕北斗常欺我。村庄自昔号芙蓉，窃红落紫无一朵。况复西风卷浊浪，水浸篱门潮打座。摊书仰屋百不快，与君聊鼓西山柁。"然后，他又以几十韵之长篇，极其夸张地渲染，与柳如是俩人到拂水山庄，并畅游尚湖之如何快乐："是时小春十月天，万株红遍千林巅。""白云丹枫晚逾好，夕阳重上西湖（尚湖别名）船。"本诗为芙蓉庄之陋与拂水庄之美的写照。[6](p. 446)由此可知，钱氏本人对芙蓉庄的居住环境是很不满意的。所以，钱氏特为红豆开花宴请，请客地点，放在便于客人来往的城内，乃顺理成章的事。

另外，说胎仙阁之"仙"字，也能充实这一考证。《常昭合志》之《坊巷》记，此时常熟城内尚有"隐仙街"、"隐仙巷"、"隐仙坊"、"迎仙坊"、"望仙桥"、"迎仙里"、"升仙桥"、"庆仙桥"，（按：《常昭合志》为民国初年版，所录坊巷，皆引自旧志。）钱谦益也有"留仙馆"。《常昭合志》之

《坊巷》云:"在拂水山庄"。[7](p.445)

金鹤冲《钱牧斋先生年谱》附记则云:"留仙馆"在半野堂,顺治庚寅年,"绛云楼"与"留仙馆",并毁于火。[3](p.972)殊不知既云"馆",放在"堂"内,似乎不符名义;不如从《合志》,在"庄"说,为合理。

"仙"字招牌之盛,可见时人习俗。正应信服,不能胡乱以"仙"命名。作为虞山及常熟城,自有"丹井鹄飞"、真人来居的传说,可用以名街、里、坊、巷、桥。然而,芙蓉红豆村焉有"仙"道,可由顾氏或钱氏胡乱题名?

三

引起我们注意的是,此组诗与晚年祝寿以及宗教信仰有关。此年正值钱谦益八十大寿。钱老宴请门生,莫非有"抛石引玉"之意。即使如此,也不足为怪,无非人之常情。但是,仔细想,还是有隐意!翻翻《钱牧斋全集》,觉得设宴于"胎仙阁",是与此时钱氏思想状态有关,直言之,是其晚年笃信宗教的举措。

晚年钱谦益居住红豆村,一而再,再而三地表示:"余老皈空门"。然而,他在聚精会神地钞写佛教经典的同时,不废其素来信奉的道教,下举三例为证明:钱谦益《建吕真人祠纪事》文记元朝有人"筑仙馆于虞山",因而云:"虞山神诡自然,藏丹蕴药之地,固亦灵真之窟宅。真人黄缘白衣,时时弭节其间,而世人未之见与?""吾获观樵阳之籍,五陵之间,虞山之隶仙籙者,盖有人焉。以其时考之,则可矣。真人之灵响,再著于海虞,殆未可谓无征也。余故乐书其事以告于介众。"[3](p.596)可见其笃信真人显灵之传说。

还有尺牍《简祝茹穹》:"前舍侄游婺,特附数行奉候,计此时正达高斋。而手书及丹药远至,知故人念我,不啻千里神交也。承赐药丸九两,即是九转神丹,即当如法服食。顷有术者言,日下得刀圭秘药,延年却老,知其言不诬矣。"[3](p.247)这位祝道人,是被钱谦益誉为:"奉灵真之命,以活人为事;"特别是能"以还丹真诀见授,许以舐丹鼎上升,作淮南鸡犬也。"[2](p.569)真是信者则灵。

前已引钱氏《祝茹穹丹药记》,文中满篇道教仙气,文末题"辛丑

（1661）四月望日，书于胎仙馆中"。由此可知，钱谦益在胎仙阁招门生吟红豆诗之日，亦是其服丹药之时。所以此"胎仙阁"距离标志着道教信仰的招真治、致道观、丹井等三个建筑物不远，不仅仅有着象征意义，实际上还有着密切的内在的关联。

我们的这一想法，还是需要夏五红豆诗本身作内证。

先看钱曾的《红豆诗序》："红豆树二十年不花，今年夏五忽放数枝。牧斋先生折供胎仙阁，邀予同赏，饮以仙酒，酒酣，命赋诗，援笔作断句八首。"[6](p.539)注意：其中"仙酒"为点题，诗句有："弄雪攀枝未足夸，胎仙阁上即仙家。""天酒三杯花一枝，懵腾暂作有情痴。"[6](p.541)喝足"仙酒"的钱曾，当然以为沾上"仙气"的红豆花，非凡家梅桂所能比。

再看钱谦益和诗："香海花依小劫赊，也将花劫算尘沙。夜摩天上人应笑，谁放人间顷刻花。"[6](p.538)不也是得意仙花开放于自家。钱谦益早期弟子冯班似乎未能参与胎仙阁夜宴，只是日后奉和诗八首，诗句有："鸡犬桑麻共几家，仙村不合种凡花。渔舟共向当时见，枉煞溪边两岸霞。"[2](p.13)显然是在描绘仙人共庆的图景。无怪乎，钱谦益在赏"仙花"的同时，赋诗《走笔赠祝子坚兼订中秋炼药之约》，内云："相期八九月，访我红豆居。白月正中秋，玉盘承方诸。我家虞山侧，药草多于蔬。自从虞仲来，采药皆仙儒。我候乌目云，候子双飞凫。庶彼淳于斟，于焉逢慧车。"[6](p.535)简直是飘飘欲仙了。

四

"胎仙阁"之"胎"，亦有宗教味。《康熙常熟县志》有于宗尧《雪井仙踪》诗，云："石髓含光珠作胎，谁携仙诀雪山来。高楼峰顶清凉汲，深劚云根混沌开。凿畔漱芳真玉液，眼中悬秀是琼台。碉溪水味偏尝惯，更酌□罍带月回。"[4](P.596)请注意诗题，这位康熙七年上任的常熟县令，倒是入乡随俗，也留意仙迹了；"胎"与"仙"镶嵌于首句，似乎此"雪井"与"丹井"有关，地处"胎仙阁"附近。

还有，秋九月，钱谦益与其门生，又因红豆结子，另赋一批各人十首一组的诗，更是充满得道求仙的气味，将专文讲述，在此不再赘叙。有一些文史读物把钱氏《红豆三集》，解读成晚年意气昂扬的作品，不无嘲弄读者的效果。

参考书目：

［1］顾镇. 支溪小志（中国地方志集成乡镇志专辑）［M］. 南京：江苏古籍出版社，1992.

［2］徐兆玮. 芙蓉庄红豆录［M］. 上海：刊印本（常熟理工学院图书馆藏书），1998.（徐兆玮为《常昭合志》第二任总纂；其孙徐昂千据家藏稿自费刊印，赠书本地公用图书馆收藏。）

［3］钱谦益. 钱牧斋全集第七~八册杂著［M］. 上海：上海古籍出版社，2003.

［4］钱陆灿. 康熙常熟县志（中国地方志集成江苏府县志辑第21册）［M］. 南京：江苏籍出版社，1991.

［5］虞山镇志编纂委员会编. 虞山镇志［M］. 北京：中央文献出版社，2000.

［6］钱谦益. 有学集［M］. 上海：上海古籍出版社，1996.

［7］丁祖荫. 常昭合志［M］. 上海：上海社会科学院出版社，2002.

［8］谢正光. 钱遵王诗集笺注［M］. 香港：香港三联书店，1990.

释典笺成诸佛喜——论钱谦益晚年的宗教信仰

钱谦益勤于著述,文集之富,时人莫能比肩。他擅长写碑记墓铭,传世数百篇,足有数十卷之多。但是,钱谦益本人的碑记墓铭无人写,存世仅见其弟子归庄与名流龚鼎孳的两篇祭文,还有若干祭诗。专为钱谦益写年谱,更是在其身后 200 余年,即晚清葛万里［注一］的《牧翁先生年谱》[1](p.1519)与民国初年金鹤冲的《钱牧斋先生年谱》[2](p.930)。两谱对于研究钱谦益有着重要的参考意义,但从内容来看,相对钱谦益长达 50 余年的政治生涯以及时间跨度还要略长一点的文学活动,两者只是简谱。

由于百年来,两谱作者所能阅读到的钱谦益的资料,又有一定程度的遗佚,使得后人补充与修正两谱,出现一定的困难。关于钱谦益的晚年宗教信仰,两谱均语焉不详,笔者申言之,可为钱谦益年谱补充某些晚年条文。

一、走向皈依之路之前的思想基础

钱谦益出身仕宦人家,本人青年中进士,通籍 50 余年,晚年钱谦益仍然关注世务,勤于社会事务,称其终身儒者,是不成任何问题的。但是晚年钱谦益转移其原有的思想立场,逐渐由儒者立场移动偏向佛家,兼信道教,并且全身心地投入诠释教典的活动,度过其信仰宗教的垂老之年。

钱谦益生于晚明,正是佛学十分活跃的年代,苏南儒者礼佛态度尤甚。比如太仓人显宦、著作家王世贞认为:"《楞严》、《圆觉》、《金刚》、《维摩》诸经大都是对症妙药"。[3](卷127)晚年王世贞笃信佛教,礼拜所谓昙阳大师,耸动东南,各类士人响应者不下万人。明末释教更是盛行江南士林,无锡东林诸君子不乏礼佛者。高攀龙半杂禅学,诗语:"时穿深竹坐,人境忽如失。落日照前山,松间一僧出"。[4](p.2531)

在此大环境中，钱谦益从小就与佛家接触，熟悉佛典。所谓"余为儿时，每从先君游（常熟）破山寺，饭罢，绝龙碉下上，激流泉，拾赭石，辄嬉游竟日。长而卒业，壮而缚禅，栖息山中，往往经旬涉月，虽在车马尘壒、顿踣幽翳之时，灯残漏转，风回月落，山阿碉户，斋钟粥鼓，未尝不仿佛在梦想中也。"[5](p.887)壮年回忆"余十五六时，从吾先君之吴门，则主（苏州）瑞光寺僧蓝园远公。迄今三十余年，先君停舟解装与远公逢迎笑言之状，显显然在心目间。每过寺门，辄泫然回车，不忍入也。"[5](p.1106)[注二]青年钱谦益受仕途所牵引，尚不能一意转向佛学，为官后，他经历宦途坎坷，意志消沉，时有皈依佛家的意向。如"万历丁巳（1617）□月，（憨山）大师东游苍（常熟）三峰，然灯说戒。汉月师请坐堂上，勘辩学人。余与汉月师左右侍立。诸禅人鱼贯而前，抠衣胡跪，各各呈解。大师软语开示，应病与药，皆俛首点胸，礼拜而退，厥后争开堂竖拂，开化一方。"[6](p.1255)"憨山大师受赐额曰海印。"[5](p.1562)晚年谦益自称海印弟子。

此时钱谦益只是偶尔介入，尚未倾心投入，以后仍然显身仕途，迁礼部右侍郎，觊觎内阁辅臣位，不料一败再败，不堪收拾，两遇不测之祸（崇祯元年获谴与十年入狱）。然而，心灰意懒的钱谦益一边研修佛学，另一边却是寄情娱乐，纵欢遁迹。顾苓《东涧遗老钱公别传》写道：至"崇祯庚辰（1640）、辛巳（1641），闻延儒再召，疑忌未消。公乃寄情声伎，稍以自汙，进陈平之妇人，开马融之绛帐。赵德甫校雠金石，不离易安之堂，苏子瞻不合时宜，独出朝云之口。"[7](p.513)归庄也认为儒家理学的清规戒律也不能限制其行为，《祭文》云："先生素不喜道学，故居家多恣意，不满于舆论，而尤取怨于同宗。"[8](p.471)钱谦益自嘲："万历中方内有三大和尚，紫柏和尚、云栖宏公、憨山清公，各树法幢为人天眼目。三公入灭，魔外横行，喝棒错互。吴越之间，人如中风狂走。"[5](p.1567)由于"魔外横行"，不信也罢。寄情自汙的钱谦益，此时还没有信仰宗教。

二、走上皈依之路的具体表现

入清之后，年过六旬的钱谦益逐渐走向皈依宗教之路。名僧苍雪认为钱谦益自"虞山绛云楼火（1650）后专意内典"。[9](p.7)实际上在此火前，已经皈依佛教了。钱谦益《与周工部》书："劫灰以后，皈心空门。禅灯一盏，贝叶数行。不读世间书，不作世间文，不见世间人，不谈世间事。一身如寄，万年灰冷。"[2](p.215)随后，一直到生命终止，都是如此。钱谦益《与吴梅村》书："仆年逾七十，时以医药自赖。近复笺注教典，于三藏十二部之文日亲。万事洒然，视天地皆旅泊。独于朋友文字之好，不能尽忘，故欲急睹阁下之成，以伸其愿，非有他冀也。"[2](p.194)其晚年弟子顾苓简言之：（钱公晚年）"一意学佛，殚心教典，凡十年而卒。"[7](p.512)钱谦益的自我素描是："祇如今牧斋老人不会参禅，不会说法，不会做诗，不会拈语录，镇日住三家村里，破饭箩边，脚波波地，口喃喃地，恰似个曾戴幞头的和尚。"[6](p.891)

八十岁后，仍然是"荒村匿迹，日与蒲团贝叶作缘。惟有向长明灯前，遥祝覆载而已。"[2](p.202)与其晚年禅友互勉："饱吃残年饭，共看好经典也。"[2](p.244)

研读佛学与皈依宗教是有原则区别的。前者，可以学而不信，知而不行；无论如何刻苦钻研，只能是学者。后者，只求信服并且遵行教义，不论精通与否，都是信徒居士。

晚年钱谦益皈依宗教，首先表现在运用佛家教义来解释自身行为。如清顺治三年（1646）春，在南明与清顺治初年尽丧平生所守的钱谦益在一封公开信中，尽浑身解数辩解自己降清的事由，然后说："更有一言，自附忠告。末劫中一切杀运，皆众生恶业感召。今诸公身出汤火之中，目睹屠戮之惨。须相与提醒良心，讲求公道引生机，迎善气，勿增长罗刹种子，勿再落汤火之中。"[2](p.825)至晚年，他"日以翻经礼佛为事，"[2](p.190)"始信空门意味长，万年一念亦何有？"[2](p.94)还说："近读内典，深知一切怨亲，皆是因缘业报。人世刀涂血路，种种可畏，以佛眼视之，正复了不异人也。"[2](p.215)

其次，他认为得到佛尊告报，不能辜负"深慈大悲"的相劝拔救。所谓"寅庚之冬，不戒于火，五车万卷，荡为劫灰。佛像经橱，火燄辄返。金容梵夹，如有神护。震慴良久，矍然憬悟。是诚我佛世尊，深慈大悲，愍我多生旷劫，游盘世间文字海中，没命洄渊，不克自出。故遣火头金刚猛利告报，相拔救耳。尠念疮疣，痛求对治。刻心发愿，誓尽余年，将世间文字因缘，

迥向般若。"（时为 1654 年阴历九月三日）[2](p.473)

再次，他痛心晚年多灾，愿意虔诚祈福。先是柳氏多病，发愿舍财，造大悲观世音菩萨一驱，长三尺六寸，四十余臂。奉安于我闻室中。后是"仆自戊戌（1658 年）秋殇一元冢之长孙，自此益厌薄世事，专向空门。"[2](p.302)当"江南多警，风鹤遥传"之时，"网罗弥天，风波匝地。所幸乌纱巾上，自有青天。知己俟命，实四字护身符也。"他的态度是："惟有抛撇世念，回向空门。贝叶数行，禅灯一盏，送老送穷，更无余事。"[2](p.204)

第四，他用佛家教义来解释社会政治活动。此时，钱谦益的一些言论已不合儒家经典。如云："古今之乱臣贼子，肆无忌惮者，必先有无君父之心，而后动于恶。其敢于无君父者，何也？以其无报应也。其所以无报应者，何也？以形灭而神灭也。神灭则无报应矣。是故神灭之论，古今乱臣贼子护身之符印，而无父无君衅鼓之毒药也"，[6](p.1428)宣传"神灭论"，显然是与"敬鬼神而远之"的儒家立场倒退了一大步，格调不免低下。

第五，他撰写诗文时候，喜欢搬弄内典。教人解忧，可以满篇沿用佛教典故；序人诗集也引出："西国五百仙人在山中住，甄陀罗女于雪山池中浴，闻其细妙歌声，柔软清净，即失禅定。譬如大风吹诸林树，心醉狂逸，不能自持。因而语古人之诗，所谓缘情绮靡，惊心动魄，长言永歌，至于感金石而动神鬼者，要其极致，则西国之歌声，所谓细妙柔软清净者，庶几尽之。"[6](p.1428)

第六，他倾注热情于教典的诠释活动。他自以为"晚年学道，深识因果。"[2](p.234)《大佛顶首楞严经疏蒙钞缘起论》之《后记》云，此钞费时七年，排除干扰，无论是"中秋日，坐虎丘僧窗，日写《首楞钞》数纸。窗外笙歌如沸，都不相关。"[2](p.416)还是《蒙钞》第四卷将竣之时，"大兵四集，"以得六七卷接手为急务。"无一日不奉经与俱。""有读之三四过犹未了者，有绎之三四年始得解者。"是钞，有苍雪徹师、满益旭师、含光渠师、松影省师、石林源师等名僧指点与关注。（时已在 1656 年）[2](p.477)几年后，作《重记》，又云，再化五个月，"覆视旧稿，良多踌驳。抖擞筋力，刊定缮写。"[2](p.478)除了《楞严经疏》之外，他还从事《金刚笺注》、《金刚疏解》、《华严疏钞》、《心经缘起》、《心经小钞》、《心经小笺》[2](p.248、339、289、302、314、317)以

及《憨山大师全集》的编辑、印刷等事务。晚年弟子杨焰颂其："释典笺成诸佛喜，明书裁就百神悭。"[9](p.168)

第七，他兼信道教。人到衰老期，长生不老的诱惑可能乘虚直入。佛家不贵长年而贵得悟。因而道教延年术渐渐浸染东涧老人，有所皈依，只是没有到痴迷程度。如《简祝茹穹》书："前舍侄游婆，特附数行奉候，计此时正达高斋。而手书及丹药远至，知故人念我，不啻千里神交也。承赐药九两，即是九转神丹，即当如法服食。顷有术者言，日下得刀圭密药，延年却老。知其言不诬矣。"[2](p.247)可见钱谦益主动求药，而"神丹"不期而至，自信服食之效不诬。他对精于丹药的道徒，愿一谒见，[2](p.301)毫不隐讳自己向往"云中鸡犬"的愿望。[2](p.300)

第八，他同时有着明显与宗教相违的异质。他毕竟不是寺内僧，其晚年思想中有与宗教信仰相违的异质，难忘尘世，俗念浮动，可以辨析。他为张缙彦《依水园集》作序，赞誉中州英哲（王铎、薛所蕴、刘正宗与张缙彦），皆降清新贵。[2](p.533~535)稍后与僧木陈的往来，也可感觉世俗杂念。董含云："（木陈）曾主天童法席。""膺宠眷，目无流辈。"[10](p.79)黄宗羲云："方外交游，如木陈，初求牧斋文字，视若天人，继而指摘蹄尾纷然。"[11](p.398)木陈对钱谦益的前恭后逊，与钱谦益对木陈的前逊后恭成对比。先是木陈求钱谦益文字难得，拖有十余年，未肯动手。然而，木陈以及同宗诸僧纷纷受诏入京并被聘为国师之时，[注三]钱谦益连续为木陈作书信与塔铭，文词恭敬之至，"天童山翁禅师忞公，以密云嫡子，坐大道场，无舌说法，有身如雷。施药树味，击塗毒鼓，有寂子小释迦之目"，云云。尾署："海印弟子虞山法弟钱谦益槃谈谨书。"[6](p.878)他关心世务，保持与苏南当地权贵的密切交往。他对地方官陈金如说："时事骇闻，恐亦近于真矣。此中如井底，一无所闻。但有消息，希一一驰示。"[2](p.297)

三、对钱谦益宗教信仰的评价

钱谦益的宗教信仰以及浮动着的思想隐性问题，必然影响到舆论界对其晚年乡居的评价。

从宗教信仰层面来讲，晚年钱谦益信仰宗教的本身并没有批评的必要，在那个时代，士大夫的宗教信仰人皆有之，不能以此划出一条人格优劣的分界限。清初遗民界不乏礼佛者，甚或信佛者。如周子佩"留心二氏，好与其徒往来，是时天童、三峰两家，纷挐不解，青原、南岳，又争其派数之多寡。子佩以调人为之骑邮，不辞劳攘。"[11]（第十册p.451）接入佛寺、主持经坛、开堂传宗的隐逸僧也不稀少，如熊开元、董说等。

然而对照其晚年人生的背景，清初舆论界在几个方面严谴钱谦益。

第一，晚节不保。钱谦益本是有人格追求的，他推顾宪成、高攀龙为榜样，在理学、气节、文章三者，有与之比肩的期望。[6]（p.830）然而，他用佛教说法来为申、酉两年的自我表现做辩解，实在是无趣之至。时论"人生晚节为尤难。""人有晚节不终者，非是两截，盖本色才露耳。"[12]（p.797、794）"老来益当奋志，志为气之帅。有志则气不衰。故不觉其老。"[12]（p.807）"人之所以失志节者，不能安贫也。贫之所以不能安者，淡泊不甘也。"[13]（p.767）钱谦益曾为清流魁首，而今只能得"末路失节，""丑状令人欲呕"的评点（陈寅恪引计六奇之《明季北略》）。[14]（p.850）

第二，亡国帮凶。舆论界直把他当作马、阮帮凶，"推其原，马、阮为亡国之奸，而高弘图、吕大器、钱谦益，笃实生厉阶，遂使东南半壁，一日沦丧云。"[15]（p.341）

第三，率先投降。降清的南明福王旧臣是由王铎与钱谦益领衔降清的。之后钱谦益为清朝劝降，他以招降江南为己任，亲笔写信，委托私人到苏州、常熟、太仓、杭州等地，呼吁各地士民迎接清朝，不必抵抗；二是献礼。他以私人名义送厚重的礼品给满清贵族；还把从民间采纳的、本来想置入弘光帝后宫的秀女献给满贵。

第四，缺乏诚心。南归后的钱氏改辙，参与抗清事务，撰写大量诗文，倾吐故国之思与表彰忠臣义士。但是钱谦益的改辙与隐逸人士的气节不同。后者是自甘枯槁，守贫固节；谦益却在与遗民往来的同时，照样与清朝官员相处结好；他对马国柱等地方官僚的阿谀奉承，百般诡媚，也为贞士所厌；他还遣子侄去求新朝功名。其真实想法不好判断，比如，他一方面颂扬抗清义士（对陈子龙、夏允彝、李待问、谭贞良、黄淳耀等均有赞颂）；可是另一方面，他颂新贵也不轻描淡写，颂梁提督有数文，其中一文，篇幅为现存钱谦益著述数百卷中之长篇之一。此人正是抗击郑成功水师立有奇功的梁化凤。[2](p. 510～512)他一方面似乎是竭尽全力为抗清势力奔跑效命；另一方面同期大部分诗文在哀叹："伊余久归佛，繙经守僧寮"；"卖身佛门"。[2](p. 544、598)他一方面"每笑柴桑处士，观《山海经》，览穆王图、流咏荆轲、田畴、胸中犹扰扰多事。"[6](p. 1541)自称"世咸指目以为怪鸟恶物;"[6](p. 1140)或自愧于谢翱[21](p. 732)；另一方面，他自诩雄俊海内，矜才之骄气仍不减当年，竟以年高八十的周初吕望"自励。"[2](p. 1502)

鉴于这些情况，与钱谦益同时的民间人士，有的不愿与之为伍。如顾炎武在行为上不愿与之有染，在言论方面斥之为："今有颠沛之余，投身异姓，至摒斥不容，而后发为忠愤之论，与夫名汙伪籍而自托乃心，比于康乐、右丞之辈。吾见其逾下矣。"[16](卷十九)有的谅解其改辙的初衷，但又区别钱谦益的不同表现而灵活对待。如归庄明知"古称三不朽，立言为下。"[8](p. 183)可在《祭钱牧斋先生文》中，归庄仅许死者"立言"之能；同时称钱谦益的"出处大节，爱之者不能为之讳"。[8](p. 504)黄宗羲对钱谦益亲且敬，称"平生知己谁人是，能不为公一泫然。（自注：钱宗伯牧斋。）"[11](第十一册p. 256)但他对钱氏有委婉的批评，称其"往往以朝廷之安危，名士之隐亡，判不相涉，以为由己之出处。"另有一番话告示世人："余将行，（钱）公特招余枕边云：'唯兄知吾意，殁后文字，不托他人。'寻呼其子孙贻，与闻斯言。其后孙贻别求于龚孝升，使余得免于是非，幸也。"[11](p. 375)"平生知己"，以未接撰墓志铭、免于进退两难为幸，可见一斑。同郡名流吴伟业则以怜惜的口吻，说钱谦益与其门生瞿式耜之"末路顿殊。"[17](p. 943)

当然，当下也有不少论者对钱谦益晚年的政治表现赞赏有加，以累年之功，积数十万言，努力别裁真伪。[注四]笔者以为姑且不妨保持各自不同的钱谦益解读本，以待历史的沉淀。

注释：

[1]《清代碑传全集》内载有清郑方坤著《东涧诗钞小传》与晚清葛万里撰《牧斋先

生年谱》。关于葛万里，《中国人名辞典页》云："号梦航，昆山人，所著《别号录》，虽多遗漏，而采摭甚勤，于史学足资考证。"（第 1309 页）清朝昆山三部地方志，都没有交待葛万里的身世。现据龚祎《巢林笔谈》（北京中华书局 1981 年版）与徐骏《石帆轩诗集》（北京出版社 2000 年版《四库未收书辑刊捌辑第 25 册》），查实葛万里乃明末昆山名流葛锡璠之曾孙、复社俊才葛芝之堂侄。葛万里生活于清康熙、雍正年间，其作《牧斋先生年谱》因距离谱主年代近以及钱葛两家家族渊源深，具有极其重要的文献价值。

　　［2］上海古籍出版社 2003 年出版《钱牧斋全集》，三部分，即《初学集》、《有学集》、《杂著》各自编排页码。

　　［3］陈垣先生之《汤若望与木陈忞》附《本事年表》摘要："顺治十四年十月初四日，召憨璞聪；十五年九月召玉林琇；同年闰三月召木陈忞；溪森随舟入京；十七年七月再召玉林琇；八月廿八日召䒴溪；十月十五日再召玉林琇；十八年正月初二日再召䒴溪森正月初七日帝病痘崩。二月三日钦差奉遗诏到杭州召䒴溪森。"（见《中国现代学术经典陈垣卷》河北教育出版社 1996 年版第 875 页）以上皆天童密云圆悟所传龙池派诸僧。木陈忞为天童密云圆悟之嫡子；玉林琇为木陈忞的同门侄、䒴溪森为木陈忞同门孙、憨璞聪为木陈忞同门嫡三世孙。

　　［4］文史大师陈寅恪云："寅恪案，郑氏之取台湾，乃失当日复明运动诸遗民之心，而壮清廷及汉奸之气者，不独苍水如此，即徐闇公辈亦如此。牧斋以为延平既以台湾为根据地，则更无恢复中原之希望，所以辛丑逼除，遂至白茆港移居城内旧宅也。然河东君仍留居芙蓉庄，直至牧斋将死前始入城者，殆以为明室复兴尚有希望，海上交通尤有可能。……"（《柳如是别传》）

参考文献：

［1］上海师范大学图书馆辑．清代碑传全集［M］．上海：上海古籍出版社，1987．

［2］钱谦益．钱牧斋全集之杂著［M］．上海：上海古籍出版社，2003．

［3］王世贞．弇州山人四部稿（四库全书集部别集类二五）［M］．台北：台湾商务出版社，1983．

［4］陈田．明诗纪事［M］．上海：上海古籍出版社，1993．

［5］钱谦益．钱牧斋全集之初学集［M］．上海：上海古籍出版社，2003．

［6］钱谦益．钱牧斋全集之有学集［M］．上海：上海古籍出版社，2003．

［7］顾苓．塔影园集（丛书集成续编第 123 册）［M］．上海：上海书店，1994．

［8］归庄．归庄集［M］．上海：中华书局上海编辑所，1962．

[9] 袁行云. 清人诗集叙录 [M]. 北京；文化艺术出版社, 1994.

[10] 董含. 三冈识略 [M]. 沈阳：辽宁教育出版社, 2000.

[11] 黄宗羲. 黄宗羲全集 [M]. 杭州；浙江古籍出版社, 2002.

[12] 申涵光. 荆园语录（丛书集成续编第77册）[M]. 上海：上海书店, 1994.

[13] 朱用纯. 毋欺录（丛书集成续编第77册）[M]. 上海：上海书店, 1994.

[14] 陈寅恪. 柳如是别传 [M]. 上海：上海古籍出版社, 1980.

[15] 李天根. 爝火录 [M]. 杭州：浙江古籍出版社, 1986.

[16] 黄汝成. 日知录集释 [M]. 上海：上海古籍出版社, 1985.

[17] 吴伟业. 吴梅村全集 [M]. 上海：上海古籍出版社, 1990.

莫夸门下多房杜——张溥与复社人士论

明代文人以文会友，视作雅事。明末苏南的复社，继东林学人而起，成为明末社会政治性社团，也是明末文坛的一件大事。与东林学人不同的是，复社的发起人与实际领袖是一位年轻人。

第一节　张溥

一、社会活动家张溥

张溥（1602～1641），字天如，号西铭，南直隶太仓州人。他与同里张采最亲善，共同读书于"七录斋"。[1](p.599)结交杨廷枢、徐汧、夏允彝、陈子龙，皆一时俊才。崇祯四年（1631）中进士，选为庶吉士，任职仅年余，返乡家居；十四年五月突发疾病而死，仅40岁，私谥仁学先生。

张溥终生嗜学博闻，著述甚富，涉及政治、文学、历史诸方面，据《明史·文苑传》，有3000卷之多；据今人《江苏艺文志》记载，他的著作有经部8种、史部12种、其他诗文类9种。他的书，有不少是以精辟讲解注疏古书而传，如《易经注疏大全合篹》64卷、《汉魏六朝百三名家集》118卷、《历代名臣奏议》350卷，等等；张溥本人的论略更是文雅道正，脍炙人口。陈子龙有诗句："令名寿考古难当，自信文章走八荒。"[2](p.590)

张溥竟不以学者，而以社会活动家闻名古今。他在涉世的20余年里，正视"风雨如晦，鸡鸣不已"的社会现实，以充沛的精力，全身心地投入社会事务活动中，在组织文坛社盟、鼓动舆论、扶正祛邪等方面做出了重大贡献，

世人称之为"东林贤者"。[3](p.173)

青年张溥是一位有抱负的人，22 岁那一年，他与志同道合的同龄人创建了应社，最初仅有十余人参加；在他的精心安排下，遂后发展成为闻名遐迩的大社；以后，他又一手组建规模巨大的文人社团——复社，并成为其中当之无愧的领袖人物。为何称复社？他说："自世教衰，士子不通经术，但剽耳绘目，几倖弋获于有司，登明堂不能致君，长郡邑不知泽民。人材日下，吏治日偷，皆由于此。""期与四方多士，其兴复古学，将使异日者，务为有用，因名曰复社。"[4]

规模大，是指人数多、分布地域广。人数有称"几数万人"；[4]《复社同人录》载有实名者仅 3013 人。[5] 明末复社大会凡三次。依次是在 1629 年的吴江尹山大会、1630 年的金陵大会、1632 年的虎丘大会，尤以虎丘大会规模为最。时人是这样描述虎丘大会的："（张）溥约社长为虎丘大会。先期传单四出，至日，山左、江右、晋、楚、闽、浙以舟车至者数千人，大雄宝殿不能容，生公台、千人石鳞次布席皆满，往来丝织游于市者，争以复社命名，刻之碑额。观者甚众，无不诧叹，以为三百年来，从未一有此也。"[4]

复社分布东南数省，是各地文社的大联盟。其内部组织结构松散，张溥为总社主持人，各地加盟的文社，各有负责人或联络人员。组织协调众多社友的办法及活动是设会盟、编诗文集、大小聚会，等等。

会盟用以约束社友，盟约是："毋从匪彝，毋非圣书，毋违老成人，毋矜己长，毋形彼短，毋巧言乱政，毋干进辱身。嗣今以往，犯者小用谏，大则摒。既布天下，皆遵而守之"。[4] 盟约是以礼约束同人的品行，期以内向求学、修养；外向容人、尚贤，以及出仕后的"事君泽民"。

总社编辑《国表》，为社内同人的诗文汇集，既是社友互相学习的方式，也是联络社友的办法。其成书有一定程序，先由各地分社征集并稍作整理本地社友的诗文；然后集中总社，各诗文必须"各本其师，因其处"；"必书生平，先乡党而次州邑，考声校实，不谋而同，是以人无滥登，文无妄予"。[6] 结果来自 11 个省、104 个州县、700 余社友的 2500 余份诗文入选。多年以后，人们回忆起来，还是惊叹："从来社艺亦未有如是之盛者！嗣后名魁鼎甲，多出其中，艺文俱斐然可观。经生家莫不尚之，金阊书贾，由之致富"。[4]

在张溥的组织下，复社同人、杰出的青年学子们，于风雨飘摇之世，接连演出了一幕幕颇为壮观、生动、感人的历史大剧，使得晚明与清初历史更加绚丽多姿，令后人难以忘怀。

二、张溥组建复社成功的原因

张溥之所以能够组建并搞活这样一个古代罕见的学人团体，有着主客观原因：

客观原因是顺应青年学子的需求。复社的最初活动多数是应付科举，所谓《国表》，征集各地社友的范文，主要不是表达政见，而是传递应试的经验。张溥与其密友张采、盟友陈子龙、学生兼盟友吴伟业等人在科举上的成功，所产生的示范效应，抬举了复社的地位，得以登高一呼，召集四方社友。抱着功利目的结社会友，确实是复社势力壮大的原因。当然，仅仅如此，还是不够的，社友绝大多数成员是青年举子，他们对社稷的安危、民众的向背、个人的前程等问题的关注度远远超出一般社会公众；其中的中坚分子更是把文社当作同人社，彼此互称"同志"、"同人"、"盟兄弟"、"同学"，像孙淳待"同志"一片赤诚，"忘其身，惟取友是亟；义不辞难，而千里必应。"（《静居志诗话》引张溥语。)[7]因此能够吸引大家。

另外，社盟强调各人得志后的操行，所谓"毋干进辱身"，就是出仕不为已，而务求"事君泽民"；符合上进青年的理想。入盟有条件，"若纨绔子弟、富家世裔不以文鸣者，虽费千金，莫能雁行。"[8](p.317)也提高了盟友的自信性。

主观原因是张溥有着优良的品质与领导士林的风范。时人写道："天如张公，倡为复社，一时主名，如维斗杨公、勒卣周公、卧子陈公、彝仲夏公，其余皆海内人望，文章为天下冠冕。燕赵、豫章，声气毕达，所牢笼天下士，率取其魁杰。以故仰其盟者，如泰山北斗，而士一如登龙门。"[8]谢国桢先生认为："天如是一个干练人材，很有作领袖之修养，所以能把几个读书人办的应社，变成了社会上群众的运动。"[9](p.123)

在他身上确实有不少常人不具备的优良品质与领导士林的风范。比如，

111

他能够看到人民群众的力量，有尊重群众的意识。他有一篇具历史震撼力的文章——《五人墓碑记》。文中写道："嗟夫！大阉之乱，缙绅而能不易其志者，四海之大，有几人欤？而五人生于编伍之间，素不闻诗书之训，激昂大义，蹈死不顾，亦曷故哉？"[6](p.739)在当时，有这样的认识，是难能可贵的。

又比如，他能够激励同龄青年磨砺意志，以改造天下为己任，推动了当时的青年潮流。晚明江南的社会舆论倾向于清流，同情受宦党迫害的"东林"学派人士。很多青年学子不满时政，对国家、同时也对个人前途忧心忡忡，如嘉定曹忍生"怒决发植，欲买车挟书之长安诉者屡矣。"[6](p.267)浩然之气感人。苏州钱元玉、王开度与张溥攀谈，时时流露出"不得志于当世，意念深抑"。[6](p.319)张溥在其中振臂高呼，树以"兴复古学，致君泽民"的旗帜，纠合了一批志同道合的有为青年，尽士人之能事与本事。在宦党集团没有倒台之前，他们就已经参加了一部分反抗活动，如社友杨廷枢等人躬扞大难，率领苏州市民拒捕周顺昌；当魏党倒台之后，他又呼吁重新树立士林风范，清除士林败类。他痛恨身贵行贱之人，批判依附宦党的"高爵显位"者，"一旦抵罪，或脱身以逃，不能容于远近，而又有剪发杜门，佯狂不知所之者。其辱人贱行，视五人之死，轻重固何如哉！"[6](p.739)他对流窜各地的宦党余孽予以密切关注，防止他们重新聚集，死灰复燃。他曾率同人驱赶列阉案五等罪的同郡顾秉谦；以后，他的社友们发布《留都防乱檄》，与阮大铖较量，应是有本之作。

还有，他通观大局，垂先示范，激励社友，磨砺民族气节，"明夷夏之防"。当时之事，可谓十分危急。张溥出生之年（1602），明朝北方防卫部队尚称雄师，长期困扰明朝的北方蒙古人势力已经消退，东北女真人部落才刚刚起步，似乎北方防卫无恙。不料，风云突变，只有短短二十来年，女真后金政权已经起兵，屡屡打击中央部队，并三迁都城，越来越逼近山海关。这时，张溥引导社友，除了砥砺经术、研究艺文之外，就是要关心时政，提倡气节，"足以明吾党之无负於朝廷矣。"[6](p.18)张溥写有"治夷狄论"、"两直论"、"备边论"等文章。他肯定明初的御边国策，舍南京沃富优游之处而迁都北京；他批评明朝中叶处置不当，"繇於承平之久，迁就观望，以退为固而求自保之太甚，而不知后日无穷之祸"；他特别批评时局"勤王者被诛"、

"纵敌者赝赏"的现象。但是,他又强调保持信心,"谁谓天之於夷狄,欲其长享哉?夫在天者不可不信,其好还在人者,……"。[6](p.58) 由此可以看出张溥捍卫民族尊严与保卫社稷的决心。张溥还用历史人物来勉励复社同人。他说:"五代风靡,置君如弈。太祖平荆楚,取巴蜀,俘刘鋹,太宗削吴楚,伐太原,其臣死事者寥寥也。南唐之亡,李雄父子战死,钟倩举族毕命,陈乔善柔,亦愤而自经。疾风劲草,吴犹有人乎?"[10](p.18)清初有人指出晚明有三件大事:"乙丑、丙寅之际罹逆奄祸以死者一也;崇祯时殉国者又一也;乙酉以还洁身死者又一也。"[11](p.3)前一件事,张溥及其同人有过出色的表现;后二件事,张溥已英年早逝,但是他的许多同人及门弟子在张溥的激励下,表现出气贯长虹的壮举或高风亮节的行为。《张溥年谱》的作者蒋逸雪认为"(复社)诸人于鼎革之际,或杀身以成仁,或采薇而高隐,亮节清风,照耀异代,其人因学养深淳,各有所守,而当时张氏激扬、倡导,尤有重要之关系焉。"[5](p.13)在这危难时刻,弘扬效忠报国的气节,是张溥及其社友对祖国与人民最大的贡献。

另外,张溥提出学以致用,改造不良学风,开辟了后世务实的新学潮,也有贡献。晚明江南文人异常活跃,其文化娱乐活动达到前所未有的规模。随意的结社、自由的活动、相投的嗜好、畅快的氛围,有着很高的文化消费层次,接近于古代审美情趣的颠峰。但是,就内容而言,是很不够的。当时士大夫见面即谈"净心自悟",以逃儒入佛、道为时尚;科举考试于儒家经书之外,以谈禅论道为异能;学子漫谈"心"、"性"、"无"、"空",不去探讨社会实际问题,外忧内患抛在脑后,"士子不通经术,但剽耳绘目,几幸弋获于有司。登明堂不能致君,长郡县不知泽民"。[4]晚明有识之士察觉到了这一社会问题,张溥对隐士的"十亩之宫,可以聚策书,树琴瑟,怡然泰放",不作绝对的批评;但他更主张士当虑天下之事,不应当"匿采而不宣,宁为聋聩,勿为聪明";[6](p.335)士而仕,"本其恒职,"衡艺论文,实余事耳。"是以平居之日,斩然不介於欲。一旦出而谋乎苍生"。[6](p.744)

他还列出善仕的具体标准:"兴学校,尚节义,止遍征,公徭役,平市价,安流移,均盐利,清犴狱。"[6](p.742)为了纠正时弊,张溥呼吁端正学风;倡导"实学,""经世致用"。他说:"读书力行於无负圣人,不亦难

乎"；[6](p.255) "学在于有为而言，恶其不及。"[6](p.319)

在他的影响下，复社诸君多以文章经济自负。张溥本人写有多部经世之作，如《皇明经济书》、《论略》、《宋史纪事本末论正》、《元史纪事本末论正》，等等。他还鼓励社友陈子龙等人编《经世文编》："余间语同志，读书大事，当分经史古今为四部。读经者辑儒家，读史者辩世代，读古者通典实，读今者专本朝。就性所近，分部而治，合数人之力，治其一部，不出二十年，其学必成。同志闻者，咸是余说。而云间徐闇公、陈卧子、宋尚木尤乐为之。……余盱衡当代，思就国史，余谓贤者识大，宜先经济。三君子唯唯。遂大搜群集采择典要。名《经世文编》，卷凡五百。伟哉是书，明兴以来未有也。"[12](p.25) 正是由于张溥及其同人的努力，多少改变了晚明萎靡不振的学风，为后辈兴起"经世致用"的新学潮开辟了道路。

三、张溥政治的失败及其原因

张溥的另一面却是失败的政治。

张溥想在政界有所作为的。他联络社友，以东林后生自居，南北呼应，求仕干进；议论国事，建策输诚。但是，事与愿违，张溥本人的仕途走得很短，中进士、授庶吉士之后，任职仅年余，即离任还乡，一直到去世，闲居八九年。陈子龙有诗叹云："从此已悬公辅望，谁令十载在江湖。"[2](p.590)

乡居之时，他汲汲不忘朝政，谋求复社集体的政治地位。他策划资助与鼎力支持周延儒复出的政治行动。表面上看，此事获得了成功，周延儒后来确实重新入阁，当上了首辅大臣，并起用了一些与东林、复社相关的人士。实际上，又不算成功，周延儒胆小怕事，贪婪多欲，辜负了张溥及其同人的期望；最后因前线督战不力，上任仅年余即被崇祯帝处死，最终反而打击了支持周延儒的复社人士。

张溥及其复社在政治上的失败，不足为奇。究其原因，当从两个方面看，从客观面来看，当时的社会制度不允许有脱离垂直辖权之外的政治集团的存在。

张溥与复社恰逢崇祯帝在位时期，从政的机遇似乎要比东林前辈们好多了，事实却并非如此。开始时，崇祯帝斩断魏阉集团，又为"东林党人"昭雪平反，赢得了朝野士大夫的一片掌声。张溥在其多篇文章里称道："今天下固已治矣。士之见於文者，咸有嘉乐之音，猗美之思。"这些谀辞并非违心话，是出自于张溥及其社友对崇祯帝的感激与信任之心。但是，接下来的事情表明，崇祯帝不失专制君主的本色，独断专行，猜忌成癖，不容有所谓的"结党营私"行为，也不喜欢士大夫有结党之名。"东林党人"冰消雪融；复社人员众多，却难有表现，无非是各自谋职，东南西北，好自为之。职位之升降，任所之转换，皆由个人因素所致；盟友间不得有提携或庇护。复社作为一个整体无法在政坛上出头露面；甚至不利之辞、流言蜚语已经强加于身。张溥及其复社被控告到崇祯帝那里。虽然，崇祯帝没有定其罪，也不予追究；但是，他认定张溥言论偏激。这对于满脑子想着凭学子的激情，为国家重整山河的张溥及其社友，无疑是致命的打击。

从主观面来看，张溥及其同人在政治经历与参与度方面都不及东林前辈；在团结学子方面，也存在一些问题。如：张溥及其一些亲密盟友与江西的艾千子发生争执，太仓的陆世仪、陈瑚与常熟的冯舒、冯班拒不入复社等；还有言行不一致的毛病。晚明时局危急，多难兴邦，士大夫的言论无不慷慨，复社人士尤为激烈，这是对的。其中确实有不少人以匡扶社稷之任自命，奔走呼叫，各自联络，在风雨飘摇之世俨然中流砥柱。这些真正的忠贞之士不容怀疑。但是，在复社成员中存在严重的分化。

不少复社名士湎于靡丽之风，与裙屐笙歌为伍。所谓"秦淮一曲，烟水竞其风华；桃叶诸姬，梅柳滋其妍翠。"（见《列朝诗集小传》"金陵社集诸诗人"）如姜垓、方以智、孙临，或沉溺烟花，"渔于色，匿不出户"或放浪狭邪，"排闼阗张，势如盗贼，"简直是"流连忘返，醉饱无时，卿卿虽爱卿卿，一误岂容再误。遂尔丧失平生之守，见斥礼法之士，岂非黑风之飘堕，碧海之迷津乎？"[13]难怪乎陈寅恪先生批评明末士大夫一个通病是，以将帅之才自命，平日喜谈兵，而临事无所用。

恰恰在这方面，张溥本人就有一定的责任。他虽然不至于沉酣歌舞、醉心声妓，但是也不免侧身其中，并没有起到好的示范作用。复社与"东林党"相比，不仅不能择其善，反而效其尤；步其后尘，也是必然的。

综上所述，张溥的社会活动从整体来看，是取得了重大的成效，特别是在磨砺意志、崇尚民族气节、学以致用等方面，有一定的贡献。这是一位值得敬佩的古代社会活动家。

复社自张溥去世后，活动仍有，但内容较差。时人作比较："大率复社为局，声气一合；而今则瓜分豆裂。复社之取人，专以才学；而今则专以势要。复社每切磨文字，讲求声誉之术；而今则置文字不言，但取干局，取通脱，取纵横。凡高门鼎族，各联一社以相雄长，大约如四公子之养士，鸡鸣狗盗，以备一得之用而已。"[8](p. 319)

复社消沉后，几社活跃起来。入清后，几社分化成为慎交社与同声社。1653 年，由吴伟业领衔，联合两社于虎丘大会，春禊社饮，"至者几千人"。[4]再后，由于清廷文网收紧，1660 年明令"严禁士子立社订盟。"此后，大规模社事绝无，只有零星的社盟在活动。

第二节　复社人士

记载复社的文献颇多，有《复社纪事》、《社事始末》、《复社纪略》、《复社姓氏》[4]，等等。对于复社的气节，引起后人的景仰。如邓之诚先生云："复社者，为明末东南之一大社，上继东林而下开几社，其社集之盛，声气之广，殊于当时社会大有关系，及至明亡，而死国殉难之士，见于姓氏录者乃至不可胜数；然其埋没不彰，甘心湛冥以自隐者，亦复何限！昔方望溪先生谓秀水朱竹垞得《复社姓氏录》，以其后事征之，死于布褐而无闻者使十之二三焉。呜呼！鼎革之际，事至难言，而诸君子宁以布褐终其身，而不被新朝之一丝粟，其意微而志苦矣。"[14](p. 223)说几位复社骨干成员，以识其主流。

张采（1596～1648），字受先，号南部，太仓人。早年与张溥一起读书，共同参与应社的组建活动，崇祯元年中进士，赴江西为临川知县，后于南明福王政府迁礼部主事。他在江西为官之日，正是张溥大力发展复社之时。所以，张采与鼎盛时期的复社有着一点距离。但到崇祯后期，士林中有一些"浊流"猛力攻击复社，说成是"结党营私"、"招摇揽权"，等等，闹到崇祯帝那里，很有一些"山雨欲来风满楼"之势。张采挺身而出，向崇祯帝表明："张溥实臣至友"，力辨复社"无罪"，且"受诬"；还表明张溥为读书人，复社行为有利于朝纲正气。崇祯帝由此受到感动，不仅不问罪复社及其社魁，反而要求阅读张溥等人的书籍。这件事，张采不仅为复社化解了士林"浊流"的压迫力，而且为复社挣足了面子。

入清后，张采因招致地方不良分子的迫害，被毒打致身残而不能正常生活，隐居而卒。张采著有《知畏堂文存》十二卷、《知畏堂诗存》四卷。后人云："娄东二张，狎主复社盟书。吉士（张溥）身后诏求遗书，通邑大都家守其学。仪部（张采）名岁少逊，然里门作志，留都议礼，考文征献，比于吉士功多。"[7]

陈贞慧（1604～1656），字定生，宜兴人，出身官僚家庭，其父亲陈于廷，进士出身，官至左都御史，是东林中坚。陈贞慧与吴应箕等人主持国门广业之社。崇祯初年，魏忠贤宦官集团倒台后，东林学人一度扬眉吐气。浙江的黄宗羲兴冲冲地前来南京，与陈贞慧周旋数月。陈贞慧与黄宗羲俩人气味相投，见到魏庵余孽阮大铖在南京招摇过市，扶持私党，很看不过去，就联合吴应箕、顾杲等人，一起草拟并张贴《留都防乱檄》，抨击阮大铖。这对振奋人心，起了一定的效果。但是，随后南明福王政权由马士英与阮大铖联手把持，下毒手祸害东林小子，陈贞慧首当其冲，被捕入狱，几遭杀害，幸亏由侯方域等人营救，得到解脱。清兵下江南后，即埋身土室，达十年，不出家门，遂卒。陈贞慧不愧为具有正义感、坚持民族气节的党社人士。

杨廷枢（1595～1647），长洲（今苏州市）人，字维斗，天启年间，组织苏州市民抗拒魏庵逮捕东林翘楚周顺昌，气急之下众人捶死校尉，焚烧驾帖，在道义上赢得了社会舆论的支持。事后，由于有"五义士"出面抵"罪"，杨廷枢仅而得免。魏庵集团垮台后，中举，为解元，考进士却失利。然而积极从事文化活动，收集刻印东林诸君子诗集。入清后，不与新政府合作，躲避在乡下。顺治四年（1647）四月，清松江提督吴胜兆或有意反正，但是，迟迟不下决心，反而被清政府识破被杀；江南巡抚土国宝因此兴大狱。五月，杨廷枢、陈子龙等忠烈被捕。

清政府为了笼络江南士人，特意对杨廷枢示以宽容，只要杨廷枢答应易服剃发，就可以赦免。杨廷枢终不屈而遇害，享年 53 岁。有遗书云："廷枢幼读圣贤之书，长怀忠孝之志，为孝廉者一十五载，生世间者五十三年，作士林乡党之规模，肩纲常名教之重任。惜时命之不犹，未登朝而食禄，值中原之有难，遂蒙祸以捐生，其年则丁亥止岁，其月则孟夏之中，方隐遁於山阿，忽陷身於罗网，时遭其变，命付于天，虽突如其来，亦已知之久矣。生平所学，至此方觉快然，千古为昭，到底终为不没。但因报国无能，怀志不展，终是人臣未竟之事，尚孤累朝所受之恩，留此血衣，以俟异日，舟中矢志，不能尽言。"[7] 此遗言为心声，一派赤诚。

董说（1620～1686），南浔（今浙江湖州市南浔区）人，晚年居吴中，字号甚多，以若雨为著，中年后落发为僧，法号亦多，以南潜为著。董氏为南浔大族，曾祖董份，嘉靖进士，官至工部尚书；父亲董斯张生平契厚，皆各地名士，学问泛览百家，有著作传世。董说继承家学，早年成材，二十岁刚出头就著有《西游补》，文采流溢，思想奇特，受到复社盟主张溥的格外关照，收为门生。董说以师从张溥为荣，张溥去世后，代表众门生作祭文，称"夫子身系朝廷安危、人心世道之邪正。"[15]

董说因幼年丧父，家境并不好，自称"甚贫"，"岁饥给薪米不暇"，（同上）然而疏于营家业，耽于著述，一生中所著书或未成稿几达百余种，成年后弃举子业，不屑于制科艺文，主要是作考据、诗文与禅学。入清后，坚决不与新朝合作，甘心寂寞，为隐逸民。顺治八年（1651）奔吴中灵岩寺，以高僧继起为师。至顺治十三年（1656）秋，正式削发，至老未改。为僧后，他先是从众高僧云游四方，然后归吴中，为退翁嗣，主尧峰宝云禅院，示寂于此。董说与其佛门师友，实际都是隐逸僧，怀瑾抱玉，与明遗民交游频频。一首《读五牧邵兄风雨至勿斋徐先生墓下有感之作次韵》诗言其本志："石库英华忆碧峋，文关忠孝句偏尊。提醒东壁图书府，身是南宗社稷臣。放目湖山空百代，论心洞上得三人。松门风雨敲吟笠，吾道从来本大伦。"[15] 此"吾道"出自于"忠君爱国"的"大伦"，其志明白表出，不容丝毫误读。如退翁和尚，身为出家人，然而于每年三月十九日（崇祯帝忌日）必作纪念。本诗为徐勿斋而题，此人名沨，明人臣，吴中士林领袖人物，也是复社同人，明亡后殉节，英烈榜上著名人士。另一首诗《老和尚有勿斋徐公墓下之作命潜和韵》："磊落阳山骨，高寒一墓专。松门方外礼，仪注野人传。往哲留家法，吴中首此贤。幅巾同学后（自注：昭法皈老和尚，称幅巾弟子。）竖义转澄鲜"。[15]推徐勿斋长子徐枋（字昭法）为"吴中首贤"，也是流行于遗民群的一种说法。

当然，人数众多的复社人士，必定是良莠不齐的，吴昌时就是复社成员中的另类。吴昌时（? ~1643），吴江人，字来之，因过继给伯父，落籍于秀水（今浙江嘉兴），字来之。他早年受业于东林君子周宗建（吴江人）门下，"故与清流通声气。"[16](p.495)他是应社的最初发起者之一，在社内承担《书经》的"选义"事务；后与张溥、吴伟业等人同榜中举、中进士。为官初期，尚无损德，待到周延儒之再起入阁，时任礼部郎中的吴昌时，先是为之奔走效劳，后又入其幕下。"每朝夕，辄便衣直达卧室，与侍者交通，探听阁中消息，随在外招摇市权。"[17](p.235)既而又伸手要吏部文选司，揽事权于一身，拒绝与同僚合作，收受贿赂，据说"赃私巨万"，甚至在周延儒与缇帅骆养性之间，充当"往来传递者"，间有馈物，竟自己隐匿焉。骆养性为此"饮恨刺骨"。[17](p.236)

吴昌时依附周延儒，最终竟因周延儒失宠而遭到牵连，被崇祯皇帝直斥为"吴昌时这厮，亦三百年未有之人。"结果屡用酷刑之后，再弃市。[17](p.240)吴昌时的卑劣行为使复社蒙羞。

本章参考文献：

[1] 吴伟业. 吴梅村全集 [M]. 上海：上海古籍出版社，1990.

[2] 陈子龙. 陈子龙诗集 [M]. 上海：上海古籍出版社，1983.

[3] 黄宗羲. 南明史料 [M]. 南京：江苏古籍出版社，1999.

[4] 陆世仪. 复社纪略（中国野史集成第27册）[M]. 成都：巴蜀书社，1999.

[5] 蒋逸雪. 张溥年谱 [M]. 济南：齐鲁书社，1982.

[6] 张溥. 七录斋论略 [M]. 台北：伟文图书出版社，1977.

[7] 朱彝尊. 静志居诗话 [M]. 北京：人民文学出版社，1990.

[8] 王家桢. 研堂见闻杂录 [M]. 北京：北京古籍出版社，2002.

[9] 谢国桢. 明清之际党社运动考 [M]. 北京：中华书局，1982.

［10］张溥．宋史纪事本末论正［M］．北京：中华书局，1955.

［11］陈济生．天启崇祯两朝遗诗［M］．北京：中华书局，1959.

［12］陈子龙．经世文编［M］．北京：中华书局，1962.

［13］余怀．板桥杂记［M］．上海：上海古籍出版社，2000.

［14］谢国桢．增订晚明史籍考［M］．上海：上海古籍出版社，1981.

［15］董说．丰草庵前集、宝云诗集（丛书集成续编）　［M］．上海：上海书店，1994.

［16］无名氏．松下杂抄（丛书集成续编第96册）［M］．上海：上海书店，1994.

［17］文秉．烈皇小识［M］．北京：北京古籍出版社，2002.

忠君爱国惜往日——论明遗民之典范及警世意义

读一点清朝、民国时期，以及近30年国内人文书籍，很容易注意到这样一个现象：明遗民是我国文史论者，历300年久谈不绝的论题。论者把这一论题当作一条时间长河中的一群漂浮物，不仅自身尽兴地投入此长河中，从各自不同的角度或以各自不同的方式，不断地触摸它，还不断地按照个性阐释各自的触摸点，并向同好传递沟通古今的话语。本论题因有跨越时空的众多论者参与，因有各式各样构架的读本，而体现了自身存在的价值。

本文试图从中触摸一个标本：明遗民的典范。因为，明遗民是一个复杂的群体，应当区别并辨析明遗民内在的差异，掌握明遗民典范、了解明遗民的特征，最终使得明遗民的警世意义凸现出来。

一、明遗民的典范

众所周知，清初，新政府的主要政策是以暴立威，泯灭各地汉族士民的自主精神与独立意识，构成满汉之间的鸿沟。民族矛盾与民族斗争成为清初的时代特征。在"宗庙丘墟，鼎社迁改"的情况下，众多不参加武装反抗的士人纷纷躲避仕途，低吟麦秀、黍离之歌，徘徊林泉之间。有论者称"宗国沦亡，孑遗余民，寄其枕戈泣血之志，隐忍苟活，终身穷饿以死，殉为国殇者，以明为尤烈。"[1](p.375)

明遗民群体之大，似乎成为一个界定模糊的类体，可据五类情况加以区分。

①按出身，分作已仕明朝者；家族有官宦背景，未仕但有功名者；甚或未受些微朝恩者。

②按年龄，分作年龄稍大、半百以上或近半百者；正当青壮之年（20～

45岁）；刚入少年（15～20岁），追随兄长，坚持遗民行为者，如杨无咎、屈大均。

③按行为，分作参加武装抗清后，再作遗民者；基本上不参与武装抗清，但与武装抗清人士有过或保持某些联系者；坚持孤行独立，抵制新朝但不抵抗者。

④按坚持程度，分作始终如一，真隐，无遗议者；大节完好，略有遗议者；全程不一，有违气节者，或始善终不良者，或始不善终良者。（伪隐者不计）

⑤按宗教态度，分作身入释道者；三教合流，以儒为先者；纯儒者。［注一］

就明遗民个人而言，在前后五类情况的所处位置，只能根据其实际表现而论定，类之间并无必然联系，因而无法概括出一定规律。只是，在各类情况中，次项总是比较多的，换言之，中青年、有世家背景、受明朝科名、基本上不参加武装抗清，但与武装抗清人士保持一定联系、大节可保，但有遗议、儒行僧服的遗民，比较多。［注二］

应当注意的是：在当时严苛的社会舆论评判下，不少遗民属于有"遗议"的，诸如屈大均入赘清军将军府、王猷定乞食贰臣、黄宗羲子佺求仕、朱彝尊出仕，很难回避时论。但是，有"遗议"的遗民，仍然可以保留深藏内心的理念，表现出对"真隐"的歌颂与钦佩，并以取法乎上的方式，选择明遗民的典范。其他遗民持有共同的理念，因而所选择的典范，竟有明显的趋同性。

曾经遗民经历的朱彝尊列出的"真隐"名单是："孝廉高蹈者，吴越居多，始终裹足不入城府者，吾郡李潜夫、巢端明及吴中徐昭法，此外不概见。昭法没最晚，故名尤重。"[2](p.587)

遗民杜睿"于世人独重宣城沈眉生、吴中徐昭法，自愧不如。"[3](p.3148)

遗民冷士嵋则以沈耕岩、徐昭法、汪魏美、魏冰叔等人为"一时真隐，无毫发遗议者"，予以歌颂。[4](p.22～23)

遗民吴萧公的楷模名单是："南州王于一、余姚黄太冲、吴门徐昭法、云间蒋太鸿、宁都彭躬庵、魏凝叔、四明李杲堂。"[4](p.127)

遗民黄宗羲对主持吴门清议的周子佩、徐俟斋、李贯溪表示敬佩。[5](p.230) 遗民僧董说推徐枋为"吴中首此贤"。[3](p.3458)

以上见解表明：明遗民典范的确认是相当集中的，反映了明遗民有共同的选择意愿，其思考具有指向性。典范不是一个人，东南地区明遗民公认的典范，也不仅仅是徐枋一个人。当然也不是很多人，只能是如上所述、为数不多的一些人。谈论明遗民问题，其典范最具说服力。

二、明遗民典范之内涵

这一些人之所以成为明遗民典范，不仅仅是言论凿凿，有著述可据；而且是操行无遗议，有事迹可述。综合分析明他们的言论操行，可以把握其所代表的明遗民的内涵。

首先，"正气"是明遗民的立身根本。

所谓："天之生此遗民也，杀戮之所不能及，玺书征辟之所不能移，何为也哉？（王猷定语）"[6](p.503) 就是胸存"正气"。陈济生编辑《天启崇祯两朝遗诗》，借诗存人，以人重诗，以忠义君子为一代风雅之光；陈瑚索忠烈遗作，拟辑《续正气集》；屈大均的诗文，出自"胸中一段不可磨灭之气"。[7](p.414) 归庄、徐枋等人，历尽艰辛，心境仍然磊落坦荡，诗文元气淋漓，忠厚感人；等等。

明遗民的"正气"内含"君臣之伦"与"夷夏之防"两个原则问题。如陈济生自序《天启崇祯两朝遗诗》，云："离骚之作，诡奇沉痛，不可方幅，而忠君爱国，缠绵思慕，至于惜往日，悲回风"。[8] 众所周知，明遗民是认明朝为宗国，以拥戴明君后裔为"忠君"；又以抵制异族侵犯，捍卫社稷为"爱国"。"忠君"事，本文毋庸赘述，"爱国"事，大有申论必要。明遗民对"夷夏之防"与"爱国"，自有其特殊的表达方式。如王猷定云："古帝王相传之天下，至宋而亡；存宋者，遗民也。"此"古帝王"，即自古以来一脉相承的华夏正统王权。可见其借宋亡言时事，要害是不承认清朝统治合乎"正统"。同时，李叔则申言之："宋存，而中国存，宋亡，而中国亡。中国之存亡，千古之大变也夫！"[9](p.204) 直言中国的存亡，乃是华夏民族的存亡。王、

123

李俩人所言皆"爱国"论。

中华民族自古以来就是多民族融合的大家庭。在这大家庭内始终存在着民族之间的差异与矛盾。历史进程的大趋势，是在保持先进文化、经济发展、疆域稳固的前提下，由内部的自我协调，化解矛盾，缩小差异，促进融合。不可否认，历史上长时期的大汉族主义曾经给各少数民族带来伤害，由此引起的民族矛盾与民族斗争，理应给予少数民族多一份同情与理解；而在个别历史时期，某些强悍的游牧民族，由其贵族集团确立粗暴野蛮的政策，企图通过武力与暴行摧残汉族人民，最终达到肆意虐待与野蛮统治汉族人民的目的，当然也是错误的，理应遭到汉族人民的反抗。清初属于后面这种情况。明遗民的"爱国"论，是对新朝暴政的批评，是正确的。

明遗民虽恃"正气"为立身根本，但又实行"有所为，有所不为"的原则。有所为的，一般都停留在内向的、道义的、非暴力的层面上。常见的描述，如"海内三遗民"，"始终裹足不入城府"[10](p.900)；"越中称故老者推为第一"的余增远，聚徒授经、作贱业埋名、拒绝与官宦往来；[10](p.901)"遗民风节播远者，无过于宁人。"其事迹则是寻旧吊古，耕牧读书，成为海内宗师；[10](p.907)康熙粤东三大家，惟陈恭尹立名为真。其终身不出、好古博学，以文章自见；[10](p.901)"湖上三高士"之一的汪魏美，也是矢不入郭、再三拒绝官宦往来、自焚诗文，[10](p.904)等等，全部是内敛性的行为。至于组织队伍、谋划起义、投笔从戎之类事情，恰是明遗民"有所不为"的范围。如"易堂诸子"倚翠微峰之险而居，只是躲避兵火，隐居读书，并非聚众抗清；王猷定曾加入史可法幕僚，但于清军南下之前，已因家事回故乡南昌；南昌之役，王猷定出走避难，以后也没有参与武装抗清，仍不失为遗民翘楚；黄宗羲因养母先行脱离浙东武装抗清队伍，事后有自责之心；但离队后并未重操武事；顾炎武参与昆山士民抗清失败后，遵母训隐居读书，不仕异姓，之后并无参与武装斗争事迹；屈大均少年时曾参与广东士民抗清斗争，事过之后，云游四方，交游不论仕庶，谈文论道，表彰忠节，但并无武事；吴祖锡行迹扑朔迷离，但云武装抗清，不见一件确切的事；王夫之任职于南明桂王政权之时，是明臣，当他离队隐居教授生徒之后，才成为遗民；当遗民之后，他不再参加武事；等等。如果把明遗民当作地下武装抵抗力量，是有违史实的。

其次，文化贡献是明遗民的本业。

明遗民对于整理民族传统文化重要性的认识，有两个层次。现实地看，著述立说，为的是"有补于世道人心"[11](p.182)；从更为深层次地看，著述立说，乃是赋予复兴民族大业的期盼，是明遗民的精神寄托，也是他们"有所为"的主攻方向。

明遗民目睹易代之际，民族历史文化遭受到了浩天大劫，有"真成书种绝，江海重潜然（黄淳耀诗）"[8](p.878)的感觉，因而有吴炎、潘柽章决心肩担"文章"与"仁义"，顾炎武有祭吴、潘二节士诗："一代文章亡左马，千秋仁义在吴潘"；[12](p.835)有顾祖禹贯穿诸史，出以己所独见，著120卷本《天下方舆纪要》，被魏禧推为数千百年绝无仅有之书；徐枋著20卷《居易堂集》、多卷本《读史稗语》、《读史杂钞》；王锡阐精通历法，对比中西天学，潜心测算，著《晓庵新法》；归庄"自负一世奇士，文笔汪洋不穷。画竹有妙理，书法亦称草圣（徐晟语）[注三]"；等等，不胜枚举。清初成为思想家、文学家、历史学家、学问家等等专门大家辈出的时代，明遗民是主要贡献者。所以，明遗民自信："世之蚩蚩者，方以一二逸民伏处草茅，无关于天下之重轻，徒知其身之贫且贱，而不知其道之博厚高明，与天地同其体用，同日月同其周流。自存其道，乃所以存古帝王相传之天下于无穷也。"[7](p.505)

再次，贞节修行是明遗民的生活态度。

诚然，明遗民中也有一些诸如"昏昏无是非"（朱鹤龄诗）[13](p.249)的消极想法，以及自虐，诸如自烧诗文、发病狂的行为，但不是主流。明遗民主导性的生活态度是不甘沉沦，通过修身养性，洁身自好，摆脱浮夸靡丽的陋习，以达到的安贫固志的目的。他们懂得：关键在于怎样"安贫"，有云："人之所以失志节者，不能安贫也。贫之所以不能安者，淡泊不甘也。"[14](p.767)

遗民拒与当朝合作，意味着放弃从新朝领取某些经济待遇的机会。他们的物质生活多半是痛苦不堪，衣食有虞，疾病缠身。像"一年一度过吴阊，腰下百金千金装。今年行李独萧索，布衣白袷秋风凉"（方文诗）[2](p.707)的今昔对比，不仅仅是触景生情，还是一个现实的考验。另外还要直面同路人脱离遗民队伍而作出不同选择之后的不同生存境遇，有些人倚靠新朝捞足个人待遇，反嗤"一意孤行者"，卑劣行径令人齿寒。坚持在明遗民队伍中的人，必须面对这些考验。如五十年甘于"匿影空山"的徐枋，被黄宗羲称作"苦节当世无两。"[15](p.372)徐枋深知考验的严峻且重要。他抱着"贫者，士之常也"的心态，物质生活的困乏，丝毫不动心，"山头薇蕨每自甘，慷慨分忧生死谊"[16](卷十七)在离群索居的情况下，冷漠相看汪琬之类鲜衣甘食，大宇高轩，[注四]他几十年如一日，贞节修行，淡泊明志，藐视浮华，抵制诱惑，坚定地张扬自我意志，没有失去明遗民的尊严。

第四，重儒容教（佛与道）是明遗民的世界观。

论述这个问题不能脱离时代背景。早在明末，大江南北的士林已经盛行释教，连受当时公论的名臣贤士文震孟对时局（农民起义军连年抗争政府军）也有如此言论："朝廷如肯意外行事，吾当举汉月（临济宗高僧）为大司马，天下指日可平。"入清后，众多遗民遁入缁素，确如邵廷采《明遗民所知录》自序所云："至明之季年，故臣庄士，往往避于浮屠以贞厥志，非是，则有出而仕矣。僧之中多遗民，自明季始。"[10]还有似僧非僧的遗民，有着僧侣外表，但其信仰仍然尊奉儒教，行为仍然遵循儒教。如胡星卿着僧服，但于每年三月十九日，聚同志诸子着白衣冠，纸钱麦饭，哭故帝（明思宗）于野地。又如归庄《赠徐枋》诗云："僧装儒行皆相似，绝俗离群我不如。"[11](p.154)可知归、徐俩人皆有僧侣外表，但俩人并不信仰佛道教。归庄云："二氏之书，屏而不观，二氏之人，拒而不与交。"[11](p.309)归庄曾与诸高僧抗论，事后写《与檗菴禅师》书，云"在山中时，言论不合，实为儒释分途。某非不虚心，敢以浅学迂儒，与名德巨公相抗，盖生平笃信一家之学，守之固而不可夺也。"[11](p.326)徐枋比归庄乐与遗民僧往来，且非泛泛之交，尤与其中的熊（字开元，名正志，法号檗庵）、董（字若雨，名说，法号南潜）、沈（字用无，名麟生，法号笃在）等人关系密切。徐枋本人也拜灵岩继起和尚为师，法号昭柄。可见徐枋不以释教为异端。但他恪守儒家为本的理念，始终没有松懈。他认为三教可以融和，互补相济；儒学为根基，释老只能是补充。[16](卷十)

以儒为本，坚持信仰，团结僧侣，贞节修行，是明遗民的共识。所以连好辩的归庄也与禅师达成谅解："以后相见，但须扬榷今古，商略世务，更不必谈及儒释，且今亦不论儒释，但期将来能救济苍生，不为自了汉则已矣。

惟珍重自爱。"[11](p.326) 当然，在这个问题上，屈大均的言论似乎比归、徐更为激进，他认为："今之世，吾不患夫天下之亡，而患夫逸民之道不存。吾党二三子者，身遭变乱，不幸而秉夷齐之节，亦即有年于兹矣。然吾忧其所学不固，而失足于二氏，流为方术之细微。道统失，则治统因之而亦失，故为之说。"[7](p.505) 然而，屏弃佛道的主张，并不是明遗民的主导意见，也难付诸实施，如屈大均本人亦曾为遗民僧。

三、明遗民论题的现实意义

明遗民的历史意义，如上所述，在文化思想领域的贡献、对社会风气好转的努力、凝聚民族精神的成功等方面，已经体现在有清以来的历史进程之中。继续挖掘明遗民论题的现实意义，也是当今论者的责任。

应当强调，明遗民行为或意志能够影响于后世的内涵，与上述的历史意义，并无二致，只是需要采用接近现代的话语，根据现实社会需要，挖掘出有针对性的警世意义。

首先，是士之为士，规范自尊。

明遗民在亡国后，痛定思痛，对明季以来同类（或自身）的表现进行深刻的反思。晚明士大夫平素享受浮华靡丽，如王猷定，"为人倜傥自豪，少时驰骋声伎、狗马、陆博、神仙、迂怪之事，无所不好，故产为之倾。"[17](p.1046) 遇到大的变故，许多人不能忍受贫穷困苦，不能做"陶渊明故事"，坦承"吾辈声色中人，虑久则难持也。"[18](p.6591) 因而不少人对明亡有着内疚的感觉，所谓"大家断送小朝廷，覆雨翻云成画饼。半壁东南烂不支，龙蛇扰扰无宁居。"（叶重华诗）[8](p.684) 入清后，那些平素"繁华靡丽"的遗民，简直是"无所归止"[19](p.1)。虽然，开始时"以隐者自居，俨然前代之逸民。"不过，"既而苦其饥寒顿踣，有能初终一节，老且死殰下不恨者，实无几人。"[3](p.3415)

经过反思之后，明遗民强调"士范"作用与晚节意识。如顾炎武总结晚明国家走向衰亡的教训，认为晚明士风长期萎靡不振、士大夫"无所用心"、风俗浇薄、搞"穷日尽明，继以脂烛"的游戏，皆"前人坠坑之处"；因而提出"士大夫之无耻，是谓国耻"。[20](p.1037) 明遗民要坚持操守、特别是要数十年坚持操守，并非易事。申涵光总结"人生晚节为尤难"。[21](卷上)"老来益当奋志，志为气之帅。有志则气不衰。故不觉其老。[21](卷下)坚守者惟有自勉与互勉，互相砥砺，携手迈向生命的终极，才能保持贞节。

其次，是士民不分，百业可从。

明遗民对有明一朝热捧宋遗民的现象也进行了反思。明朝"驱逐胡虏"，"恢复中华"之后，对宋遗民颂扬声不断。如胡应麟云：宋遗民甚众，"皆有集行世，""气骨咸自铮铮。""诸人率工文词，不但气节之美。"[22](p.671~672)崇祯《心史》出井后，更是明季诗文的热门题材。明遗民以宋遗民继承者自居，有云："今天下视有宋有以异乎？士大夫之不与之俱亡，舍逸民不为，其亦何所可为乎？"[7](p.505)遗民谢翱之恸哭与郑所南之《心史》篇，成为明遗民之模板，但最终目的要恢复"古帝王"之天下，还只有不惜持久的努力。所以，不能追求成名效应，而应当效其坚苦卓绝的精神。

经过反思，明遗民产生士民不分，"不避贱业"的想法。如冯班认为："隐士不避贱业，能自贵也。有才能而自晦谓之隐，无能之人只谓之不肖。"[23](p.18)付诸实际行动的有卖画维持生活的徐枋、有"绕屋种蔲，所需自产"[10](p.904)的巢鸣盛等人。他们虽然是被逼出来的，但对士人起了积极的舆论引导作用。徐枋自辩："见古人立身，常有持之过峻而事穷势极，反致尽失其素者。故不得已而卖画，聊以自食其力，而不染于世耳。"[16](卷二)他认为卖画与卖鞋、卖席无异："仆之佣书卖画，实即古人之捆屦织席，聊以苟全，非敢以此稍通世路之一线也。"[16](卷二)他表示，卖画只不过是权宜之计，迫于现状，只能在"尘外之想"与谋生之间寻找心灵的平衡点。

再次，是是非分明，以儆效尤。

明遗民对清初贰臣现象进行痛心的反思。贰臣或是明遗民的昔日师长，或为往时同人，"末世士风澜倒，变革之际，托于殷士之裸将，管仲之相齐，弃旧君如敝屣者何限？"[11](p.171)易代之际，一批批昔日堂上君子，成为蒙面丧心的无耻小人。一件件匪夷所思的事情，使得明遗民不仅仅痛心疾首，还有剥皮吃肉的心情。遗民诗人邢昉的《读祖心再变纪漫述五十韵》，对变节之徒的无耻行径大加鞭挞，云："白头宗伯老，作事弥狡狯。捧献出英皇，笺记称再拜。皇天生此物，其肉安足嘬。"[13](p.27)

经过反思，明遗民积极引导社会舆论，分清是非，抑制攀附新贵的现象；对行为恶劣的贰臣，口诛笔伐，以儆效尤。由于明遗民能够在清初较长时期内，直接左右民间社会的主流意识，并因此间接地影响到上流社会的某些风气，使得一些贰臣承受着社会舆论的谴责，不得不出现自我纠错态度，用某种自我否定的内疚陈述，表达皈依良知的评判。如阎尔梅因"钱牧斋招饮池亭，谈及国变事恸哭"，作诗："绛云楼外凿山池，剪烛春宵念昔时。鼎甲高题神庙榜，先朝列刻党人碑。邵侯无奈称瓜叟，沈令何言答妓师？大节当年轻错过，闲中提说不胜悲。"[13](p.143) 可见阎尔梅在"谅其心迹"，"记其自责之真"[13](p.144) 的同时，不由心中腾升一股豪气，是对明遗民义正身尊的精神回报。至于周亮工作诗《钱牧斋先生赋诗相送张石平、顾与治皆有和次韵留别》云："失路自怜酒伴少，看山无奈泪痕多"，则是贰臣的同病相怜。

注释：

[1] 表述如下：

项目 \ 类别 \	A	B	C
年龄	老一辈	中青年	少年
与明关系年龄	已仕	有世家背景或受科名	无论朝恩
抗清方式	曾参与武装抗清后放弃者	基本上不参与武装抗清，但与武装抗清人士有过或保持某些联系	坚持孤行独立，抵制朝政但不抵抗
守节程度	真隐	略有遗议	有违气节
宗教态度	身与释道	兼容并包，以儒为先	纯儒

[2] 表述如下：

项目 \ 个人	王猷定	徐枋	屈大均
年龄	A	B	C
与明关系	B	B	C
抗清方式	B	B	A

项目 \ 个人	王猷定	徐枋	屈大均
守节程度	B	A	B
宗教态度	B	B	B

[3] 引自《存友札小引》(《丛书集成续编》第 155 册第 329 页)

[4] 汪琬 (1624~1690),字苕文,号钝翁,又号尧峰,是徐枋表弟,年幼 (11 岁) 丧父,读书励志,行内自重有守,家贫未尝降颜色向人丐贷;后随舅氏徐汧研习学业;其文章为舅氏徐汧所称许,数次绍介苏州文坛友朋。入清后,汪琬于顺治十二年 (1655) 中进士,累官刑部郎中,先后为宦不足十年,康熙十八年 (1679) 以博学宏词召试,授编修;退休后,在家乡两度迎接南巡江南的康熙帝,恩宠无比。汪琬出仕后,积下资金,置房产,购山林,生活丰裕。汪琬一生著述有《诗问》、《古今五服考异》、《拟明史列传》、《尧峰山志》、《读书正讹》、《钝翁类稿》、《钝翁全集》。反观徐枋及其弟徐柯入清后,坚持不出仕,贫寒终生。看三人文集,竟不见清初汪琬与徐枋兄弟交往的事迹。

参考文献:

[1] 孙静庵. 明遗民录 [M]. 杭州:浙江古籍出版社,1985.

[2] 朱彝尊. 静志居诗话 [M]. 北京:人民文学出版社,1998.

[3] 陈田. 明诗纪事 [M]. 上海:上海古籍出版社,1993.

[4] 邓之诚. 清诗纪事初编 [M]. 上海:上海古籍出版社,1984.

[5] 黄宗羲. 黄梨洲文集 [M]. 北京:中华书局,1959.

[6] 王猷定. 四照堂集 (丛书集成续编 177 册) [M]. 上海:上海书店,1994.

[7] 翁大均. 翁山佚文辑 (丛书集成续编第 125 册) [M]. 上海:上海书店,1994.

[8] 陈济生. 崇祯天启两朝遗诗 [M]. 北京:中华书局,1958.

[9] 潘承玉. 清初诗坛:卓尔堪与遗民诗研究 [M]. 北京:中华书局,2004.

[10] 邵廷采. 明遗民所知录 (丛书集成续编第 127 册) [M]. 上海:上海书店,1994.

[11] 归庄. 归庄集 [M]. 上海：中华书局上海编辑所，1962.

[12] 王蘧常. 顾亭林诗集汇注 [M]. 上海：上海古籍出版社，1983.

[13] 钱仲联. 清诗纪事明遗民卷 [M]. 南京：江苏古籍出版社，1987.

[14] 朱用纯. 毋欺录（丛书集成续编第77册）[M]. 上海：上海书店，1994.

[15] 黄宗羲. 黄宗羲全集 [M]. 杭州：浙江古籍出版社，1985.

[16] 徐枋. 居易堂集（四部丛刊三编第75册）[M]. 上海：上海书店，1986.

[17] 李元度. 国朝先正事略 [M]. 长沙：岳麓书社，1991.

[18] 张廷玉. 明史 [M]. 北京：中华书局，1974.

[19] 张岱. 陶庵梦忆 [M]. 南京：江苏古籍出版社，2000.

[20] 黄汝成. 日知录集释 [M]. 上海：上海古籍出版社，1985.

[21] 申涵光. 荆园语录（丛书集成续编第77册）[M]. 上海：上海书店，1994.

[22] 胡应麟. 诗薮杂编（丛书集成续编第172册）[M]. 上海：上海书店，1994.

[23] 张舜徽. 清人笔记条辨 [M]. 沈阳：辽宁教育出版社，2001.

恸哭遗民总白头——吴中明遗民刍论

清初，从全国范围来看，存在着一个极其庞大的明遗民群。孙静庵《明遗民录》辑录其中知名者 800 余人，自述："宗国沦亡，孑遗余民，寄其枕戈泣血之志，隐忍苟活，终身穷饿以死，殉为国殇者，以明为尤烈。"[1] 他所辑录的明遗民，大多数是在东南区域活动的。邓之诚先生著《清诗纪事初编》，因江南人文之盛，前篇首列吴中著名明遗民诗，因诗及人，可观吴中明遗民群之盛。

第一节　明遗民生存的社会历史条件

一、明遗民的思想基础

1644 年，清朝取代明朝，建立起全国性的政权。清延续了周秦以来的封建国家制度，励精图治，颇具气象；但是，清毕竟是以满贵为核心，积弊积怨颇深。明末后金部队多次南下，对北方各地极尽骚扰、劫掠之能事，留下野蛮暴行的记录；再加上清初军队南下过程中，残害各地士民，用"剃发易服"之术、配合以暴立威政策，企图泯灭汉族士民的自主精神与独立意识，如明遗民朱明镐所述："吴人轻名节而重毫发，始则望风纳款，继乃爱惜颠毛，遂各称兵旅拒。……吴郡县七州一，崇明悬处海外，六邑五受伤夷，惟一州为鲁灵光之独存。……三县合计，所屠之户不下二十万人，凡厚赀强有力者先遁荒野，遇害间有一二，大率中下户居多。"[2](p.1452) 因此足以构成满汉之间的鸿沟，民族矛盾与民族斗争成为清初时代特征。

面对清军淫威，各地士人，有的毅然投笔从戎，组建一个个不同规模的武装反抗集团；而更多的士人则是纷纷躲避仕途，寻找林泉，逃入岩穴，不与清合作，形成了极其庞大的不合作群，即明遗民群。

明遗民的思想基础是"忠君爱国"的气节。如陈济生云："离骚之作，诡奇沉痛，不可方幅，而忠君爱国，缠绵思慕，至于惜往日，悲回风"。[3]毫无疑问，古代的"忠君爱国"，是有局限性的。但是，我们必须尊重历史，在当时的情形下，"忠君爱国"思想构成民族之魂。

从意识层面看，为臣忠于君主，是古代政治思想的核心。先秦儒家经典著作，就渲染"普天之下，莫非王土；率土之滨，莫非王臣"、"君待臣以礼，臣事君以忠"的政治伦理观念；经后代儒家不断强化与灌输，在全社会形成了主流意识，人生的所有信条，莫大于臣下忠诚于君主的信条，即"伦莫大於君臣"；[4](p.2758)并且是普天下皆共之的信条，所谓"父子君臣，天下之定理。无所逃于天地之间"。[5](p.48)明遗民认同明朝为宗国，都以捍卫明社稷、拥戴明君后裔视为"忠"。

从行为规范看，爱国，本是天经地义的事。清初，满族贵族集团确立粗暴野蛮的国策，企图通过武力与暴行摧残汉族人民，最终达到肆意虐待与野蛮统治汉族人民的目的，当然也是错误的，理应遭到汉族人民的反抗。"夷夏之别"成为此时爱国思想的别样表述。

二、明遗民的生存空间

就明遗民的大多数而言，其稳定期，不过十余年时间，之后大量明遗民出现分化，仅有少数明遗民坚持了二三十年左右，真正一辈子拒绝与清廷合作的明遗民所剩无几，造成这种态势的主观原因，一方面在于个人的意志品质（此点显而易见，于此姑且不论）；另一方面，也是最重要的是社会历史原因，就是清廷政策的调整。

仅就"忠君"的抽象概念而言，清廷早就接受儒家思想的指导，高高举起"忠君"的旗子。顺治年间"已恩恤在北殉义诸臣，复奉旨确议东南抗节者，而淹没稍稍得著。善乎邹漪之言曰：'声其罪未始不悯其心，杀其身未尝不高其义也.'"[6](p.748)但对明遗民的忠君行为以及对现实政治的冲击,清廷不可能无动于衷、听之任之。清廷制定了文治武攻的基本国策,一方面是试图缓解民族矛盾,如利用汉族传统理念来解释改朝换代的合理性。《入关即位诏》云:"我国家受天眷佑,肇造东土。列祖创兴鸿业,皇考式廓前有,遂举旧邦,诞膺新命";还号召:"统一天下,满汉一家,同享升平"[7](p.卷三十一)。另一方面是继续实施民族歧视政策,作为压制汉族的主要手段。所以,对待明遗民,清廷实际处理的原则不外二条:一是不许侮辱满清"承受天命"而损害局势稳定,二是分别情景与时机灵活处理,有的加以打击,甚至重惩;然而对一部分有代表性的遗民不无示好举动,甚至曲意褒奖,以求缓和矛盾、稳定局势的效果。

但是,制定政策不等于执行政策。政策的最终效果还是取决于清廷内部强权集团的举动。顺治初年,清强权集团的主要倾向是抓住民族歧视的政策毫不松手,而对那些试图强调缓解民族矛盾的大臣(如陈名夏、陈之遴这些贰臣),反而予以严惩;从顺治后期开始,随着清政府统治在全国范围内逐渐稳定下来、并吸取各方面的经验教训之后,清强权集团积累起了一定的执政经验,逐渐克服偏顾一面的严重缺点,开始比较熟练地操持文治武攻的基本国策,力求保持两面性政策的平衡;自康熙亲政之后,又提出了对付东南山林人士,"文治先于武攻"的策略。因而,明遗民不是消失于强暴政策猖獗之时,而是在文治武攻政策真正得以实施之后,挤压了明遗民的生存空间。

三、明遗民的选择

自顺治后期开始,明遗民面前的道路出现了三个方向的延伸。每一位明遗民必须作出选择。

第一种是坚持操守,只要清政府不完全放弃民族歧视政策,决不与之合作,为了维护民族尊严,保留复国的意念,养精蓄锐,寻找时机;或隐遁蹈迹,终老林泉;或传承人文,石经心史。如徐枋、陈济生、归庄等人。他们所代表的人格精神,最使后人感动。

首先,是维系民族精神,以强烈的爱国意识感染后人。抗战初年,傅抱石先生编译《明末民族艺人传》一册，自序云："阅读明之末叶数册，深感诸名贤伟大之民族精神，实我国数千年来所赖以维系之原素，因选译之。至兹编之作，其质稍变，欲以行事先艺术，完全以民族性为主，故钱谦益、王铎之流不录也。"[6](p.761)

其次，是强调人格熏陶。《逸民心略》作者吴班父自序云："先友气节，足贯星月，不可泯没者，略纪其心志以志心史之意。如顾子方、陈定生、沈耕岩、梅惠连、张芑山、刘伯宗、沈昆铜、阎古古、黄宗羲诸先生，共九人，高风劲节，或为洛邑之顽民，或作西台之痛哭，或亦慕义身死，未得明目张胆与天下共见。然其激烈悲凉之状，有不敢言不忍言者，予故录其梗概苦心，各作一传，使后世知诸君子留天地之正气，虽不能如先生慷慨捐躯，巢覆卵危，而其心亦良苦矣。"[6](p.816)

再次，是表现出完美的人性修养。所谓"人生晚节为尤难"。[8] "老来益当奋志，志为气之帅。有志则气不衰。故不觉其老。"[8] "人之所以失志节者，不能安贫也。贫之所以不能安者，淡泊不甘也"。[9](p.767)

最后是提倡高质量的人文品味。他们不以常人的功利眼光看待个人问题，不计较个人物质享受、甚或生存条件，甚至甘于固穷，枯槁一生，生命价值全用于兑现"忠君爱国"的理念。由于这些遗民能够在较长时期内直接左右民间社会的主流意识，并因此间接地影响到上流社会的某些风气，使得一些前明官员或遗民仕清后，行在朝廷，言望草野；不少贰臣悔恨降清，直到临死前，一直内疚不已。

第二种是放弃原来立场，转换操守，公开与新政府合作。这些人，入清伊始，未必不把清政府视作民族的大敌、民族历史文化的大敌。他们也曾经表现出英勇的行为，竭力阐扬爱国精神；但从顺治后期开始，他们出于一些新的判断，开始转变自己的看法。他们的新判断无非两点：一是总结明朝灭亡的原因。认为明朝政治的腐败、士人的浮躁、民心的涣散、军事指挥的无能，不得不接受"亡国的天意"；所以对复国丧失信心。二是承认清廷国策的转变。从儒家政治学说中寻找理论支持，转而承认清廷能够以天下一统为大局，以民族历史文化得以延续为命脉，合乎天命，是对明政府合理的替代。这些人开始称颂清廷的所谓清明政治，希望践行儒家出仕为民的理念，入朝辅佐"圣君",出朝治理地方。如吴伟业、朱彝尊,不仅走出明遗民圈子,还成为清朝仕人。

后人对他们本无可厚非。他们只是随着清政府执行国策的变化情况,而作出顺应时势的选择。他们中间的很多人是带着愧疚感走出去的,这份感情赢得后人的同情或谅解。

第三种是妥协于双方,既松动了遗民立场,又不出仕。他们仍着布衣,虽与新朝有接触或开展某些合作。他们的思想基础是"亡国而不能亡天下",(说见下章顾炎武节)因而以传承民族文化历史为己任;同时仍怀念故国,留恋旧物,不能割舍那份遗民情绪。

如一生布衣的顾祖禹,曾经参与清政府组织的《清一统志》的编写;"顾守先人之训,高不事之节"的姜实节对自己的守节意识时有动摇,见其《喜钟有锡成进士》诗,云:"聿数前朝籍可凭,先人与令祖同登。惭予子侄难为继,羡尔簪缨已克绳。丰度入班推玉笋,才华分饼艳红绫。白头忝属通门谊,及见成名喜不胜。"

应当说,这些人的基本面还是属于遗民,只是时而走出遗民圈子。他们中间的佼佼者,由于接触社会实际,敏于思索,所取得的文化思想成就,往往比苦节全隐者还要大得多,因此赢得后人更多的赞许。

三种选择,三个方向,形成三条路。在当时的情形下,吴地明遗民分别选择其中的一条路,三条路都有人走。

明遗民分化了,总体来看,其分化的整个过程长达五六十年,坚定地选择苦节全隐的人似乎还是少数。

第二节 明遗民代表——徐枋

一、家庭背景

徐枋是吴地明遗民当之无愧的杰出代表。

徐枋（1622～1693），长洲（今苏州市）人，字昭法，号俟斋，又号秦余山人。他出生于官宦世家，彭定求作《徐府君墓表》道出徐氏族谱："我苏瓜泾徐氏，自前明成化乙未进士，仕至山东巡抚、中丞公讳源，治绩懋著，载在王文恪公所撰尧峰赐茔之碑。再传为嘉靖壬辰进士、仕至广东参政公，讳祯，克绳祖武。暨崇祯戊辰进士、仕至宫詹勿斋公，亦出自中丞公五传，更以忠节著。"[10](p. 卷十)

徐枋六世祖徐源，进士出身，官至山东巡抚。诗文博雅，书法米氏。《同治苏州府志》有其传。

徐枋曾祖徐祯，绝去吴下纨绔之习，淡泊以励其学。进士出身，出知滦州等地，官至广东参政。《同治苏州府志》有其传。

徐枋祖父徐铨，字云涧处士，以经学名家。[11](p. 卷十七)

徐枋伯父徐养纯也是学养有素的人，乃弟徐汧年幼时跟从其勤奋求学。[3]

徐枋父亲徐汧（1597～1645），字九一，号勿斋，早年与海内时俊杨廷枢、万年少、张采、李待问、阎尔梅等人交游，曾会于京师，拟集燕台之社，以继"七子"之迹；适徐汧、张采等人中进士，另有些人落第回乡，因而社事未成。（但返乡的杨廷枢等人，通过张溥、陈子龙推行社事，竟成复社、几社班底。）

崇祯元年，徐汧中进士，俨然以东林后人自居，竭力维护"清流"中坚倪元璐、黄道周的威望，不惜触怒崇祯帝。《明史》本传云："帝诘责汧。徐汧曰：'推贤让能，盖臣所务；难进易退，儒者之风。间者陛下委任之意希注外廷，防察之权辄逮阉寺，默窥圣意，疑贰渐萌。万一士风日贱，宸乡日移，明盛之时为忧方大。'帝不听。汧寻乞假归。"[12](p. 6887) 以后，徐汧复职，累迁。南京建国，任詹事府少詹事兼翰林院侍读学士。徐汧知事不可为，不之官。清军南下至苏州之前，徐汧致书亲族云：

> "前月六日之夕，弟将引决于庄舍，为庄奴所觉，志不能遂。今绅士欲郊迎贝勒，乃弟临大节之时也。存此不屈膝、不被发之身，以见先帝于地下，见先人于地下。其在后之人，则三位长兄与吾以发表兄善视之。"

至是闻剃发之令，又贻书友人云：

"先有数行呈诸兄，其时以郊迎为不可也。今贝勒未至，而剃发之令已行。嗟乎！屈膝不可也，被发其可乎？江万里吾师也，特予不入城，虽有园亭止水，而不能不死于路耳。惟诸同志为弟明此志焉。"[13](p.561)

是日，从山中移舟虎丘，月下沽酒独饮。饮毕，从容赴水死。事发后，郡人赴哭者数千人。[12](p.6887)徐汧通籍总二十年，而前后立朝不满七载。著有《二株园集》。陈济生撰《天启崇祯两朝遗诗》立有《徐文靖公小传》。

明亡之后，一批忠贞之士殉节，激荡人气，清初崇尚气节之风，由此养成。其中，徐汧之死，有一定的影响。《天启崇祯两朝遗诗》录有陈子龙、文从简、陈玉立、包惊几、刘城、刘永锡、丘民瞻、李之椿等八位同人的赠诗，是隆重悼念先烈的方式。[3](p.773~1688)

二、人生选择

徐枋出生在这样的官宦世家，其父亲十分重视儿辈的学养修行，不让儿辈染成纨绔习气。在父亲的安排下，徐枋多拜名师，多交益友。幼年既从叶襄学；年十二，得从陈子龙游[11](p.卷十七)；年十五从郑师敷读经[11](p.卷六)；年十六从师朱集璜五年；另外，与朱隗、缪惠远、陆寿名、汪琬等结为好友。[14](p.731)徐枋于崇祯壬午年（1642）中举人，不久即遇国亡家难。

父亲徐汧殉节后，徐枋投奔姐夫吴祖锡，避居吴江芦墟，曾为逻者抓住，幸得以展转而归；复与陈子龙（1608~1647）同避难于荒江陬，俩人"既得再相见，握手频呷呦。"[11](p.卷十七)（陈子龙后因牵连"吴胜兆案"被捕而自殉。）

家父殉节，长子徐枋四处逃难，一个大家庭迅速衰落。"乙酉之变，破家剿类，故业俱堕，所仅存者吴趋里第耳，木主在庙，遗像在堂，虽貌孤已长往山林，而茕茕未亡，尚守丧于此"。"老稚四十余口于焉栖托者"。[11]徐枋胞弟柯留居苏州城内吴趋里二株园故居，多年后也被迫放弃，弄得无家可归。

徐枋决心坚持操守，忠君爱国，绝不与新朝合作。他不入城市，隐居山林，不从新仪，服饰依旧，长年与僧侣为伍，得以结交高僧，与灵岩老和尚退翁交往十七年、与五牧邵圆和尚良琚交二十余年[11](p. 卷七)、又交法林庵凌雪禅师达二十年。[11](p. 卷七)徐枋自云："世网日密，新法愈苛。而枋祖蜡非王，衣冠犹旧。幸与樵牧为伍，略能自䣔。"[11](p. 卷一)长辈好意劝入城与胞弟徐柯同居，被徐枋一口拒绝了[11](p. 卷一)。

徐枋将隐居乡间的乐处赋诗云：

"卜宅闻君在上沙，共言此地最清嘉。山田秋敛家藏米，园户春深人采茶。杯蚁绿时浮竹叶，树鸡黄处落松花。逃名鹿豕为群久，过客休题高士家。"[15](p. 3565)

那毕竟是诗。实际上，长期隐居，不是一件容易的事。徐枋对明遗民姜垛说：

"天下之乱亦已十年矣。士之好气激尚风义者，初未尝不北首扼腕流涕伤心也。而与时浮沉，浸淫岁月骨鲠销于妻子之情，志概变于菀枯之计。不三四年，而向之处者出已过半矣。欲如先生卓然不汙时议，十年如一日者，岂易一二哉？"[11](p. 卷六)

与其看作徐枋赞姜垛，不如说是徐枋遗民意识的自我防固。他做到了无论情况如何恶劣，坚持操守五十年不变，真不容易。有云："吴越孝廉多守志，而始终裹足不入城府者，嘉兴李天植、巢鸣盛及枋三人。枋没最晚，故名尤重云。"[16](p. 900)连黄宗羲也赞其"苦节当世无两。"后人全祖望的评语更高，称"虽陶公（渊明）尚应拜先生（徐枋）之下风，非过也。"朱缵有"卓卓为海内逸民之首"说。近人张舜徽称：其"坚贞不渝，视（顾）炎武殆犹过之"。[17](p. 3)

三、思想基础

徐枋坚持操守，是在忠君爱国思想的基础上，产生的自觉行为。虽为遗民，徐枋的本质是积极入世的。他看重自己的的门第，诗曰："余家全盛日，人才重山斗。声华被海内，天下率奔走。争侍虎皮坐，共叹龙门陡，华堂开文社，盛事诚稀有。"[11](p. 卷十七)在当时历史背景下，其官宦世家的门第还是有积极意义的，使得他能够对反清复明势力产生一定的号召力，方便联络长江东南地区的抗清斗士。他得以与远自江西、皖南的朋友（如魏禧、巢端明），或来自附近的朋友（如朱致一、黄宗羲、归庄），发生不同形式的来往，形成一个不小的遗民圈子。择其主要者叙述如下：

黄宗羲迟至1664年初夏，才与徐枋直接见面。黄宗羲、宗炎兄弟与徐枋等人，聚集在苏州城外灵岩寺，由退翁和尚接待，于寺内天山阁，畅谈七昼夜，是为"灵岩之会"。黄宗羲作诗，云："艳说古吴名胜地，松风五月隔兵尘。应怜此日军持下，同是前朝党锢人。霜雪蒙头羞佛火，兴亡昨梦到虮臣。狂言世路难收拾，不道吾师狂绝伦。"[18]

又有《与徐昭法》诗：

"人传徐昭法，可闻不可见。我今上灵岩，钟鼓集法眷。相看尽陈人，不参以时彦。徐子最后来，布袍巾幅绢。储公览拙文，珍重压端砚。徐子翻读之，喟然而称善。谓是震川后，叙事无人荐。虞山加粉泽，可谓不善变。落此一瓣香，百年如觌面。出其论文书，并与他著撰。体裁既整齐，字句亦工练。夜坐天山堂，诸家评略遍。人言子寡言，子言如竹笕。乃知世知子，犹为子之美。"[18]

归庄与徐枋交情笃好。徐枋云："（归庄）性放达，嗜饮酒，自号镶鏊钜山人，每过草堂，为酒令征古事人物之极隐僻者，应迟即罚酒。酒尽，玄恭辄出囊中钱，沽之。尝夜半扣酒家门，沽来罚如数，乃已。"作诗云："镶鏊山人时命驾，淋漓歌哭人争讶。百六征书絮未休，十千沽酒罚无赦。高士例须怜麴蘖，衔杯每欲穷晨夜。时人尽道此公狂，坐客时遭祢衡骂。"[11](p.卷十七)

归庄则赞许徐枋："徐子诗文书画，遂有兼长，得毋以多艺掩其人乎？徐子之风节不可掩也。"[19](p.286)

徐枋与其姐夫吴祖锡的交往更是动人。吴祖锡（1618～1679），晚年亡命更名鉏，字佩远，别号稽田，吴江人。据《吴江县志》云："崇祯十五年副贡，父昌时为文选郎中，与周延儒比，祖锡力谏不纳。昌时诛，两都相继陷，祖锡……从陈子龙、徐孚远等谋恢复。子龙使侦事杭州，旋为仇家缚至土国宝军门。时子龙死，孚远遁入海，国宝乃薙祖锡发，纵之去。鲁王闻其名，授职方郎中，永明王立，官如故。王死，祖锡益郁郁，不知所为。后客居胶州大竹山，会庄烈帝忌辰，哭之恸，呕血而卒。"

徐枋作《吴子墓志铭》，称："呜呼！自吴子殁而天下绝援溺之望。……呜呼！吴子痛吏部公之难，思有以大雪之。凡其所为于三十年之久。出万死不顾一生。欲有所成立于天下，而卒奔走以死也。"[11](p.卷十四)

全祖望认为："乃若稽田，其生平踪迹，颇与先生相反，而实为同德。盖二公故郎舅也。稽田包刘琨、祖逖之志，而又欲雪其王褒之耻，故终身冥行，不返家园，而先生终身不出庭户，其道交相成也。"[4](p.281)

徐枋看重伦理道德学养，清《国朝耆献类征》[20](p.213)收录徐枋碑传最全，其中论者一致赞扬徐枋扶植世教的精神。

四、非常生存

徐枋经历了数十年的遗民生活，其中的艰难险阻非常人所能忍受。但是，他以为"贫者，士之常也"，困乏的物质生活，不能动摇其决心，诗云："山头薇蕨每自甘，慷慨分忧生死谊"，不仅仅是对遗民群的高度认同，还是他对自我人生意志的自诩。

为了谋生，徐枋必须劳动。他的劳动观与众有所不同。早在元宋时期，江南就已经存在书画市场。买方固然三教九流都有，也无人议论。但对卖方，社会舆论有所监督。仕宦人家公然卖自己的书画，还是有着很大的顾忌。徐枋作为纯正的遗民，出身仕宦人家，本应当与世无争，不入市场，不做书商画贾。但是，徐枋不能。他不得不靠卖画维持生活。

值得注意的是，他认为自己卖画与劳动者卖鞋卖席无异。他说："避世之人，深不欲此姓名复播人间也，则仆之佣书卖画，岂得已哉？仆之佣书卖画，实即古人之捆屦织席，聊以苟全，非敢以此稍通世路之一线也。"[11](p.卷二)针对社会上出现的一些非议，徐枋自辩卖画正是守节之必须。因为"见古人立身，常有持之过峻而事穷势极，反致尽失其素者。故不得已而卖画，聊以自食其力，而不染于世耳。"[11](p.卷十七)他还认为卖画只不过是权宜之计，还清历年积赊之后，"仍当课童竖勤耕作，捆屦织席，为圃灌园以自资，而竟谢笔砚。此吾心也。"[11](p.卷二)可见他的心目中，卖书画仅仅是不得已而为之，并非第一选择。孰不知，随着时代的推移，徐枋的顾虑成了多余。

徐枋尊重现实，承认物质的重要性以及人贪图物质享受的自然属性："人
之不好货，孰有？"但是，他更强调的是人的尊严，所谓"道不可诎，身诎何
伤；彼纵能诎吾身，而不能诎吾之道。"他作自我调节，在林泉之中，寻找乐
趣。他嗜好书画，画中景色迷人，所作画记，文字撩人。如："竹林茅屋，远
山古树，小桥流水。回绕吾庐，见者翛然有尘外之想。"[11](p.卷十一)简直把所居
与画境混为一体，由此体现出隐居者的良好心态。

五、光照后世

徐枋的言行影响很大。黄宗羲称道："吴门故为清议所主。危言核论，不
避公卿。东林顾、高之时，相为激扬者，忠介与文文肃，姚文毅；嗣诸为徐
勿斋、杨维斗。钟石毕变以后，子佩、俟斋、贯溪，巍然晚出。"[21](p.230)

实际上当时有不少议论家在与徐枋一同倡导学风、士风由浮向实的转变，
如朱用纯著《朱子家训》、陆世仪著《思辨录》、陈瑚著《求道录》、张履祥
著《言行见闻录》、魏禧著《日录》、顾炎武著《日知录》等。他们的做法在
客观上又是与清政府政策相配合的。清朝地方官吏也煞费苦心，劝导风气由
奢向俭的转变，如汤斌在江苏巡抚任上，三番五次下令，止淫祠、禁淫词小
说、毋社饮，等等。所以，清政府乐观徐枋、朱用纯等遗民的思想与行为，
不仅不加禁止，反而将之宣扬推广。

康熙三十三年（1694）九月，徐枋去世，年七十三。徐枋去世后，引起
世人哀痛，为其作传者、撰文作诗者，络绎不绝。仅清李桓《国朝耆献类征》
就收录了各时期贤达所撰传文，如叶燮（1627—1703）撰"墓志铭"；王峻
（1694～1751）撰"传"；吴德旋（1767～1840）撰"闻见录"；潘耒
（1646—1709）撰"祠堂记"；全祖望（1705～1755）撰"祠堂记"；朱绶
（1789～1840）撰"重修祠堂碑记"；江沅（1767～1838）撰"右跋书札后"；
等等。[20](p.213)

徐枋的墓室还有一段佳话。山阴人戴易（1621～1702），字耒仲，号南
枝，顺治中乐苏州山水，茸茅侨居，常与徐枋过从。徐枋殁，家贫无以窆，
戴易决心完成此事。于是，他粥书街衢，隶古一幅博百钱。溽暑挥汗，共卖

字至五百余幅，所得钱俱用于徐枋葬事上。[16](p. 909)

徐枋墓室保留至今，尚为完好。《同治苏州府志》云："高士徐枋墓在青芝山珍珠坞。"墓存今吴中区（原属吴县）光福镇珍珠坞，曾于1960年被公布为吴县文物保护单位，刊有墓地照片。[22](p. 53)

徐枋作为明遗民代表，对后代仍有着教育意义。学者王欣夫先生作《吴县胡先生传略》云："（抗战时期，胡先生）忽浩然而归，卜宅光福镇虎山桥，其地为高士徐枋所徘徊不去；踞此五六里，即四世传经惠氏之东渚故居也。"[23](p. 4)

徐枋著作，所成书有《通鉴纪事类聚》三百余卷，《廿一史文汇》数卷，《读史稗语》二十余卷，《读史杂钞》六卷，《建元同文录》一卷，《管见》十一篇，等等。[6](p. 905、995)

六、其他遗民代表

吴地明遗民中，因出身、经历与徐枋相仿而齐名的，还有杨无咎与朱用纯，"皆以先人死忠，以名节相砥砺"；[24](p. 28) 被称作"吴中三高士。"

杨无咎（1634～1712），号易亭，字震百，忠烈杨廷枢仲之子。"方廷枢殉难时，甫十二岁。既长，曰先君大故恨，未能从死。自是杜门隐居，历八十年不改初服。与涧上徐枋、昆山朱用纯皆励首阳之节。时称'三高士'云。年八十九卒。私谥正孝"。[25](p. 180)

朱用纯（1627～1698），字致一，号柏庐，忠烈朱集璜之子。[注一] 朱用纯终身以民间教书谋生，著《治家格言》（又名《朱子家训》），为清代著名启蒙读物，另有《愧讷集》十二卷传世。

还有陈济生，也是遗民典型。

陈济生（1618～1664），字皇士，号定叔，长洲（今苏州市）人，娶昆山顾氏同应之女为妻（顾同应是炎武生父），复社成员。父亲陈仁锡（1581～1636），字明卿，天启壬戌赐进士第二，授编修，累迁南国子监祭酒。仁锡在明末士林中享有名声，所谓"文庄以不肯撰魏珰铁卷文落职，可谓不负科名。"[26](p. 553) 仁锡性好学，喜著述，编有《石田先生集》等书，自著有《无梦园集》三十四卷传世，仅为其生平著述一部分。

陈济生以荫历官太仆寺丞，在京与正在参与会试的嘉定黄淳耀交好；北京被李自成大顺军攻下，济生仓皇出逃，作日记体《再生纪略》，记城陷时事及自己逃难事实。至福王即位，济生供职南京，次年又一次出逃南京；以后，绝意仕进，不与清廷合作。他参加民间的惊隐诗社，组社的有吴江叶继武、吴炎、潘柽章等，参加的有朱鹤龄、王锡阐、归庄、顾炎武、钱肃润、陈枕等，皆忠贞人士。通过交往，陈济生把家藏文献历史资料交给吴炎、潘柽章，以利于他们编写《明史》。他怀念旧朝，特地安排画匠传写有明三百年来的忠臣义士画像，装桢成册，以便观览，用以纪念。他对晚明东林诸君子、清初黄淳耀、徐汧等忠贞人士的捐躯赴义、陷胸绝胸，由衷的景仰。他对忠贞所遗诗篇比作"离骚之作"，从顺治十年（1653）起，"裒辑近代诗数百家，凡若干首。大抵启祯以来贤人君子之作也。"在好友归庄、徐柯、顾炎武等人的鼎力帮助下，经多年收集整理工作，于顺治十六年（1659），终于编成《天启崇祯两朝遗诗》[3]。全书十卷，存其遗诗者为天启间死珰祸者（卷一）、崇祯甲申死难暨再任、在籍先后死者（卷二）、乙酉以后殉节者（卷三、四）、先达理学经济，品节文章，暨天启忤珰逮黜者（卷五、六）、启祯来高士名贤（卷七、八）、近年贞人烈士（卷九、十）。另附170余篇小传，"以人为重，以节气为主"，反映了明末清初的重大政治斗争，同时为明末的"清流"以及清初的忠贞人士树碑立传，为后人留下珍贵资料。书成后，他请多人写序，作序者皆德高望重人士，首列吴甡，是崇祯时期五十位首辅大臣之一，且在新朝隐居不仕，家居终老者。[注二] 吴甡序云："为诸臣存忠节，使天下后世惓惓于君父大义，而凛凛知有纲常名节之重。其志殊远，而其功亦最伟矣。"[3](序) 该书是在极其困难的条件下，私人编辑印刷出版的。成书后，迅速流传。归庄后来说："诸诗中多有感慨时事，指斥今朝者，固选者失检点，亦以顺治间禁网疏阔叶。康熙初，为国史事，杀戮多人，自此文网渐密。"[19](p.518) 康熙五年（1666），有奸民居以为奇货，可以乘机勒索财物，或邀取赏金，遂告发此书，结果遭到清政府的严厉查禁，与出书有关联的人受到通缉，陈济生已死，免掉生劫。济生是顾炎武姐夫，《遗诗》收录炎武家族祖孙三代人的遗诗，炎武又与归庄一起，帮助搜访编辑；所以，炎武在多年之后还为此遭到清政府的迫害，幸当时清廷政策宽松，才免于大劫。

在《遗诗》编辑的同时，济生又与徐崧合作，编成《诗南初集》十二卷，收录五百家不仕清之明遗民诗人作品，虽有以诗名世之大家，如钱谦益、陈之遴辈，皆不入选；参校与作序者，都是当时苦节守义人士。此书应看作是《遗诗》的续集，又是明遗民以诗存史的成果，恰与皆收仕清新贵诗作的《国门集》，[注三] 形成强烈的对比。

徐崧（1617~1690），吴江人，明遗民，还著有《百城烟水》九卷，考订苏州、吴县、长洲、常熟、昆山、嘉定、太仓、崇明等地之胜迹，系以名人题咏，表幽阐微，寄托故国之思。

第三节　遗民文化

清初腥风血雨，让明遗民担心本民族的文化典籍又遭大劫，黄淳耀《痛哭》诗云："真成书种绝，江海重潸然。"[3](p.878) 所以，吴地明遗民用不同形式为保留民族文化做出各自的贡献。

在经史著述方面，有成就的代表人物是顾炎武、吴炎、潘柽章、顾祖禹、王锡阐、陈瑚、陆世仪、朱用纯等人。他们从历史学、音韵学、哲学、历史地理学、文学等方面丰富了本领域的著述。（顾炎武是各方面大家，下文将专章述说。）

一、天文地理

顾祖禹（1631~1692），字景范，老家无锡，生于常熟，自署常熟人，后迁居无锡宛溪，晚年人称宛溪先生。祖禹受乃父影响，成年后不仕清朝，一生布衣，博览群书，尤其熟谙经史之书，好远游，不断积累史地知识。30岁左右，开始撰写著名历史地理名著——《读史方域纪要》一书，历时30余年，终告完成。在这期间，受邀参加《清一统志》馆的编撰事务。

王锡阐（1628~1682），"字寅旭，一字昭冥，号余不，亦号晓庵，又号天同一生，吴江人，地方志称其"生而颖异，多深湛，文峭劲有奇气，博极群书。"他守义树节，参与惊隐诗社，他"与潘柽章友善，及柽章没，爱护亡友幼弟潘耒甚厚，谆谆规以出处之义，善诱博喻，丁宁周挚。劝其收敛才华，遵养时晦。令人读之，增友朋之重。盖其一生以恬淡自处，亦以恬淡期之知好。其风义固非庸常所可及。"其文集内"亡国之戚，伤时之情，溢乎言表。盖其终身之隐痛，平生之志事，略与顾炎武同趣"。[17]顾炎武有《太原寄王高士锡阐》诗，云："贵此金石情，出处同一贯。"[27]（卷五）

王锡阐读儒家经典，讲濂、洛之学，精通历法，能够对比中西天学，潜心测算，遇天色晴霁，辄升屋卧鸱吻间，仰观景象，竟夕不寐，务求精符天象。他著《晓庵新法》六卷，能够考古之误而存其是，择西说之长而去其短，并独立发明了计算金星、水星凌日以及计算日月食的方法。顾炎武说："学究天人，确乎不拔，吾不如王寅旭。"[27]（卷五）

二、经学

陈瑚（1613～1675），字言夏，号确庵，又号无闷道人，太仓人，明举人，少与陆世仪为挚友，治学博大精深，以经世为己任，入清绝意仕进，隐居昆山蔚村，游其门者，多英伟之士，又能导乡人治理水道，颇有成效。他著有《确庵先生诗文钞》、《顽潭诗话》等书。

陆世仪（1611～1672），字道威，号刚斋，晚又号桴亭，太仓人，明诸生，与同里陈瑚等，以道义相砥砺，研究古今政治经济制度因革源流，传世有《论学酬答》等；入清，隐居修行，远近士人争相归之；诗歌非其所长，有所作，体意近离骚；为文多道德文章，其学归于程朱，传世有《思辨集》、《诗集》等。

三、诗学

在诗学与诗歌创作方面，明遗民特别流行思怀诗。这一文学现象的历史背景是，钟石毕毁之时，骨肉分离，家园荡失，所谓"荼毒攒心，无天可诉。"他们追怀旧友、眷恋故国的心情，绵绵长长，屡断屡续；一旦积久待发，不用诗不足以表达这些心情。明遗民诗人的代表人物有常熟冯氏兄弟。

冯舒（1593~1649），字己苍，号默庵，明诸生，入清不仕，因细故入狱，被杀于狱。冯舒家富藏书，亲自校勘经史典籍，尤擅长诗论，曾选明末人诗为《怀旧集》，自作诗文被后人收入《默庵遗稿》十卷，所作诗多涉时事，激楚之音，惊心动魄。如《雪夜归村中即事》："前年扰扰惊北兵，城南万室成蓁荆。先人敝庐二百载，劫灰一旦无留赢"；"忆昨前年七月半，杀人不异屠牺牲。"[28](p.72)揭露清军到江南时推行暴政，滥施淫威。又如《吴农叹》："岂期五月初，预征急于火。""银铛入县署，县吏冠而虎。吮剥竭膏血，蹂躏若俘虏"；"卖船并机杼，留釜难留锄，鬻豚兼鬻犊。转展未足偿，分张及儿女。心伤血泪迸，舌拃不得举"。[28](p.73)知其不畏强势，有心实录时事，为后人描述一份历史真相图。

冯班（1602~1671），字定远，号钝吟，又号双玉生，明诸生，入清不仕，与兄舒齐名，时称"海虞二冯"。为人落拓，性不谐俗，歌哭无恒，因排行第二，时人又称为"二痴"，为钱谦益门人，著有《钝吟全集》二十三卷，内诗十一卷，谦益作序称其诗"沉酣六代，出入于义山、牧之、庭筠之间"。[28](p.74)

冯班才学为当时陆敕先、朱鹤龄、钱曾等人所推服。钱曾忆旧文云："昔吾友冯定远以诗世其家学，得乎三百篇者深。尝语予曰：'六义中，兴为意兴之兴；而宋儒作兴起之兴，岂不可笑乎？'因抵掌极论之。嗟乎！斯人今也则亡，其声音笑貌，显显然犹在目中。每寻味其绪言，为酒澜不能已。"（见《读书敏求记》）后有赵执信，见班所著，怀"私淑门生"名刺来常熟谒其墓。

其论诗力诋严羽，著《严氏纠谬》，尤不取江西宗派，而好李商隐与西昆体，主格调，遣词用语，锤炼精雕。然而，班之诗作与乃兄舒迥然不同，几乎不涉易代之际；如《听鹂和朱长孺》："何处听嘤嘤，东风已满城。带飞如欲断，乱啭岂无情。得意当三月，惊眠犯五更。乔柯春日美，应念谷中鸣"；[29](p.807)仿佛太平之世。仅有一些诗，如《毛子晋五十寄贺》、《和牧翁红豆花诗八首》、《江南杂感》[29](p.813、814、819)等，尚关人事，有些寓意。像"席卷中原气太麓,小朝终见作降俘。不为宰相真闲事,留得丹青夜宴图"与"典午当途总是尘,一番迁革一番心。阮公至慎陶公醉,当日名人尽爱身",[29](p.819,820)不无斥责新贵之意;还有《代友人和钱太保葺城诗》云:"柳星只在天南畔,莫挽长条忆武昌",[29](p.809)亦有微讽乃师钱牧斋之意。

其论文,指斥宋儒甚厉,引起后人不平之鸣。[注四]曾寓居常熟的朱鹤龄(1606~1683),十分了解冯班,有诗《同冯定远夜话》,云:"学海人推大小冯,君今才老更称雄。玉台艳制亲骚雅,石洞仙经礼碧空。锉冷但知吟好句,筇轻便欲御清风。湖南啸咏真行乐,细雨疏櫩听未穷"。[30](p.211)此诗不是一般歌颂,言"玉台",是称冯班以《玉台新咏》论诗宗旨教人;语"石洞仙经",则是透露冯班信奉道术,朝拜"碧空",又"御清风";冯班自己在《和牧翁红豆花诗八首》也说:"洞府春秋世不知,浓香淡色发来迟。莫言沧海扬尘日,只是仙人罢奕时"。[29](p.814)

另外,冯班不免声色迷离,诗集中不乏伎席作、赠歌者。有称冯班悲愤于时世,不得已借雪花风月聊以借忧。这是遁词。冯班染上晚明文人的不良习气,无法摆脱迷离昏乱生活,是难逃其咎的。

归庄则是明遗民诗人中的重量级人物。

归庄(1613~1673),一名祚明,字玄恭,其他字号甚多,昆山人,出生在一个农村耕读人家,其曾祖为明代著名古文家归有光,但是归家累代耕读,少有人中进士为官宦;其父为农村教书先生,家境不富裕。其兄弟四人,长兄早卒,庄为季,仲兄尔德为明诸生,崇祯末年六月赴扬州,入史可法幕僚;叔兄尔复六年中举,然而屡次会试不第,于南明福王政权通过谒选得长兴县学教谕;庄早年聪慧,年十四补诸生,年十七入复社,与同社少年顾绛齐名,有"归奇顾怪"之目。庄于书无所不窥,兼工行草诸体,于画亦在行内高手间,廿岁出头,已作体制不一的诗文三百余篇,所谓"取法先辈,力挽颓风之作也"。[19](p.220)以后,逐渐变格,"大抵议论激昂,气势磅礴,纵横驰骤,不拘绳墨之作也"。(同上)传世早年诗文中有《读心史七十韵》、《哭张十翰林四十六韵》、《寿钱牧斋先生三十六韵》、《与某侍郎书》,皆反映出青年归庄的性灵才学。

明清易代,庄家所受难惨重,仲兄殉节于扬州城,叔兄遇难于职所,俩位嫂嫂，一位遇害，一位遇难成重伤致死，侄辈男女五人离散，后找回一侄，余皆不知所在，父亲因此连病带气致死，家产散荡干净；还有很多亲朋好友成为遇难者。庄本人曾参与抗清武装斗争，旋告失败，被迫僧装，号普明头陀，四处亡命，无以为家。后，庄妻回娘家，子走散后一直无下落，直剩得孤身一人，北走淮上，南避太湖，时而各处主馆，时而游荡江湖，时人称："玄恭乃今复以文特名，年几五十，家徒壁立，无担石之储，二籍文以糊其口；又往往遭谤。"[19](p.588)晚年归庄在孤愤、穷困中，以佯狂终身。

与顾炎武相比，庄所学不及炎武之博深，所行不及炎武之远，所成著述不及炎武宏富，而其经历则远比炎武痛苦复杂，其志节更是有过之而无不及。

归庄著述虽不能与顾炎武等量齐观而成为大家，但还称得上清初著名的诗文家。其文如其人，傲然不群，难得涂饰，凭其诗文功力，汪洋恣肆。如散文《看花诸记》，自述："乱离时逐繁华事，贫贱人看富贵花"，实当为古代杰出的游记文。其所撰写的清初人物传或墓志铭，可真有惊天地、泣鬼神之作，如《两顾君大鸿仲熊传》、《归氏二烈妇传》、《路文贞公行状》，或热烈地歌颂英烈的英勇事迹，或哭诉至遇难者死后多年犹不能散发的哀痛。钱谦益评价归庄为当时东南古文家晚辈中的杰出代表。[19](p.588)

归庄诗最为闻名，一首《万古愁》，被魏禧称为："呵帝王，笞卿相，践籍古之文人，恣睢相佯狂，若屈原、李白沈冤醉愤无聊之语。"[19](p.593)归庄作诗，有激奋昂扬的、有哀痛深切的、有嬉笑诙谐的。钱谦益八十一岁那年，作有《赠归玄恭八十二韵戏效玄恭体》诗，内有"思君诚无度，抚己良有耻"的感慨，述归庄之有"四善"（善学、根基、奇志、激昂），己却有"四不善"，[31](p.595)虽为牧斋老人过分的谦虚话，或为一种善颂的方式；但是，从中可以看出，谦益极其看重归庄的诗文创作。

有称：

"归高士恒轩先生，与亭林顾氏同里齐名，世并称曰归、顾。然亭林著述宏富，名满寰区，国史儒林，岿然居首，百世瞻仰，不谛泰山北斗矣；归先生文章气节，不让亭林，徒以避迹韬光，声华久秘，故世不尽知。幸所交游，皆一时贤豪隐逸，其姓名行事，时时见于诸家之著作，不致湮没无闻。"[19](p.595)

四、藏书出版

在藏书与出版方面，则有毛晋、钱曾等人为典型。

毛晋（1599～1659），字子晋，号潜在，晚号隐湖，明诸生，以布衣自处。乃父以务农起家，家产颇丰。自毛晋起发奋读书，博览群书。毛晋当家后，斥家资，购古籍。各地书贾闻讯而来，而毛晋正好不惜财力，收购大量古籍善本；并出访各地，寻购古籍善本。中年构汲古阁，藏书八万余册，多宋元善本；然后，多雇匠手，校书、刻书、抄书；还亲自校雠，常废寝食。经其刻印了善本《十三经》、《十七史》、《六十种曲》、《宋名家词》、《津逮秘书》等古籍，特别是抄录孤本秘籍传世，有功于民族历史文化事业。毛晋常年游于钱谦益之门，诗文皆有根柢，自著有《和古今人诗》、《野外诗题跋》、《虞乡杂记》、《隐湖小志》、《毛诗陆疏广要》、《香国》等作品。后人深感毛晋，利于当代，有功百世。

钱曾（1629～1701）字遵王，号也是翁。明贡生，家富藏书，又得其族曾祖钱谦益帮助，购纳绛云楼烬余秘籍，复与知名藏书家毛晋辈交往，抄校图书，所获善本益多，另构"述古堂"以藏善本，所撰《读书敏求记》为我国古代最早的图书善本提要，一书一条目，识其源委，述其要害，诚为图书藏家之宝。书成后，钱曾秘不示人。朱彝尊暗地以重金赂钱曾侍从，才得以抄录，逐渐传世，后采入《四库全书》。钱曾本不以诗而名世，但他的诗，称为虞山诗派翘楚。其《秋夜宿破山寺绝句》为钱谦益所激赏，取为《吾炙集》之冠。其本人的全本诗集有今人谢正光所辑《钱遵王诗集笺校》，另著有《也是园藏书目》、《述古堂书目》等书籍。

注释：

[1]《辞海》云：朱用纯（1627～1688），误。按光绪六年《归顾朱年谱合刊》、《清碑传全集》卷一百一十八理学类彭定求撰《朱先生用纯墓志铭》、与北京书目文献出版社1999年版《北京图书馆藏珍本年谱》第78册朱用纯年谱，卒年应为1698年。

[2] 中华书局1959年版温睿临《南疆逸史》附录有："国变之后，在朝在野存者十

有九人，南北死难者三，为'贼'绑掠死者四，入仕本朝者二，起兵保乡郡者一，诈降者一，仕闽、粤者三，而家居终老者五"。

[3] 陈祚明（1623～1674）与韩诗辑，所录皆京城名流诗，传见《清诗纪事》（第736、2242 页）。

[4]《钝吟杂录》卷四："读书不可先读宋人文字。"卷一："宋儒视汉人如仇。"卷一："宋儒有四大病。"皆清儒不愿见；确实言过其实。（详见辽宁教育出版社 2001 年版张舜徽《清人笔记条辨》卷一。）

本章参考文献：

[1] 孙静庵. 明遗民录［M］. 杭州：浙江古籍出版社，1985.

[2] 吴伟业. 吴梅村全集［M］. 上海：上海古籍出版社，1990.

[3] 陈济生. 天启崇祯两朝遗诗［M］. 北京：中华书局，1959.

[4] 朱铸禹. 全祖望集汇校集注［M］. 上海：上海古籍出版社，2000.

[5] 朱熹. 近思录［M］. 上海：上海古籍出版社，2000.

[6] 谢国桢. 增订晚明史籍考［M］. 上海：上海古籍出版社，1981.

[7] 集体. 清实录［M］. 北京：中华书局，1985.

[8] 申涵光. 荆园语录（丛书集成续编第77册）［M］. 上海：上海书店，1994.

[9] 朱用纯. 毋欺录（丛书集成续编第77册）［M］. 上海：上海书店，1994.

[10] 彭定求. 南畇文稿之徐府君墓表［M］. 光绪刻本

[11] 徐枋. 居易堂集（四部丛刊二编）［M］. 上海：上海书店，1986.

[12] 张廷玉. 明史［M］. 北京：中华书局，1974.

[13] 黄宗羲. 南明史料［M］. 南京：江苏古籍出版社，1999.

[14] 陈子龙. 陈子龙诗集［M］. 上海：上海古籍出版社，1983.

[15] 陈田. 明诗纪事［M］. 上海：上海古籍出版社，1993.

[16] 邵廷采. 明遗民所知录（丛书集成续编第127册）［M］. 上海：上海书店，1994.

[17] 张舜徽. 清人文集别录［M］. 北京：中华书局，1963.

[18] 黄宗羲. 黄梨洲诗集［M］. 北京：中华书局，1959.

[19] 归庄. 归庄集［M］. 北京：中华书局，1962.

[20] 李桓. 国朝耆献类征第20册［M］. 扬州：广陵古籍刻印社，1990.

[21] 黄宗羲. 黄梨洲文集［M］. 北京：中华书局，1959.

[22] 唐云俊. 江苏文物古迹通览 [M]. 上海：上海古籍出版社，2000.

[23] 胡学缙. 许虏学林 [M]. 北京：中华书局，1958.

[24] 杨钟羲. 雪桥诗话三集 [M]. 北京：北京古籍出版社，1992.

[25] 乾隆元和县志（中国地方志集成江苏府县志辑）[M]. 南京：江苏古籍出版社，1991.

[26] 朱彝尊. 静志居诗话 [M]. 北京：人民文学出版社，1990.

[27] 王蘧常. 顾亭林诗集汇注 [M]. 上海：上海古籍出版社，1983.

[28] 邓之诚. 清诗纪事初编 [M]. 上海：上海古籍出版社，1965.

[29] 冯班. 钝吟集（丛书集成续编第123册）[M]. 上海：上海书店，1994.

[30] 朱鹤龄. 愚庵小集 [M]. 上海：上海古籍出版社，1979.

[31] 钱谦益. 有学集 [M]. 上海：上海古籍出版社，1996.

忍死遗民鲜伦比——陶渊明与徐枋之比较研究

陶渊明，不为五斗米而折腰，挂冠隐去，是古代文士人所敬仰的精神偶像；徐枋晚出 1200 年，为清初"海内三遗民"之一，五十年甘于"匿影空山"。黄宗羲赞其"苦节当世无两"。[1](p.372)全祖望评语更高："虽陶公（渊明）尚应拜先生（徐枋）之下风，非过也。"[2](p.316)

说徐超出陶，似乎过矣。但全祖望非普通文士，且言之凿凿，笔者认为有必要对陶、徐作一番比较研究。

一、高士内涵之异同

自古文人高栖违行，疾物矫情，比比皆是。"二十三史"中，有十七部专辟"隐逸传"，（其中十一部名"隐逸传"，其余名称稍异，称"逸民"、"高逸"、"处士"、"逸士"、"一行"、"卓行"。）《史记》没有"隐逸传"，但不乏隐者记载。《史记·伯夷传》称："尧让天下於许由，许由不受，耻之逃隐"是以许由为隐者之祖。《史记·游侠传》颂儒家弟子季次、原宪，"闾巷人也，读书怀独行君子之德，义不苟合当世，当世亦笑之；……死而已四百余年，而弟子志之不倦。"是《史记》已点明了隐逸人士的某些特征，貌似身晦泥汗，实为志陵青云。《后汉书》始辟"逸民传"，不违司马迁原旨。尔后诸史又对隐逸人士加以甄别，一方面，对有德有学的真隐高逸称赞有加；另一方面，对身隐心违的匆匆山客进行微讽规劝，如《晋书·隐逸传》，对动辄冠以高逸的做法提出质疑："亿兆之人，无官者十居其九。岂皆高士哉？"

陶、徐俩人避世归隐，且有德有学，称作高士是没有问题的。但是，俩位高士的内涵还是同中有异。

1. 归隐的初始原因不同

从陶、徐俩人的常用称谓来看，有逸民与遗民之不同。陶渊明为隐逸诗人，徐枋为遗民。称谓的不同，反映了陶、徐俩人归隐的初始原因是不同的。清归庄认为："凡怀道抱德不用於世者，皆谓之逸民；而遗民则惟在废兴之际，以为此前朝之所遗也。"[3](p.170)这里强调逸民是"怀道抱德"且"不用於世"者；遗民则不仅仅是"怀道抱德不用於世"，且效忠前朝，与新朝不合作者。

根据这个界定，陶渊明应当兼称逸民与遗民。陶渊明成年之后的人生旅途，可分作三个阶段：①他初仕，已近而立之年。所以，初仕之前，为第一阶段。其间，他躬耕陇亩，养志待时；②初仕之后到弃仕归隐，为第二阶段。其间，他几度求仕，周旋于将军幕府与州官之间，所任皆为卑职小吏，终于彭泽令；③彭泽弃官之后，为第三阶段。其间，他先是甘作逸民，压下立功扬名的欲望，勤于赋诗，言不及世事；似乎"无求用于世，惟求无愧于世。"[4](p.4478)尔后刘宋立朝，他成为遗民，行文惟云甲子，不书年号，寓意已为晋臣，耻事二姓。但是，历来对陶渊明的称谓大多是以逸民相称，很少有人称其为遗民，甚至对其在刘宋以后的所谓"忠节"忽略不计。至少可以理解为：陶渊明归隐的初始原因与朝廷废兴无关，纯属陶渊明对社会政治的扬弃与对个人生活的定向所致。

徐枋的人生旅途似乎只有一个漫长的阶段，他从人生的初始阶段，就选择终生做遗民。1644年（甲申），明王朝灭亡，徐枋年仅22岁；次年（乙酉），南明政权垮台，他父亲徐汧殉节。徐枋云："枋纵不能学从亲止水之江镐，独不能学终身不西向之王裒乎。"[5](卷一)他决心以明孝廉之身，承受家国之痛，埋首岩穴，老于林泉，誓不与新朝合作。在这样的人生旅途上行走，必须忍受百般痛苦。1684年，他年过六旬，回首往事："四十年中崩天之敌，稽天之波，弥天之网，靡所不加，靡所不遭，而再益之以饥寒之凛栗，风雨之飘摇，世事之诖误，骨肉之崎岖，靡所不更，靡所不极。……而吾之心未尝有毫厘之移，未尝有须臾之间。"[5](卷一)可见，徐枋的归隐是由甲、乙两年，家国之难所激成的。对徐枋遗民的称谓，表明各家对他效忠前明、不臣满清行为的认同。

2. 反抗的内涵不同

姚察说："世之诬处士者，多云纯盗虚名，而无适用，盖有负其实者。若诸葛璩之学术、阮孝绪之薄阅，其取进也！岂难哉。终于隐居，固亦性而已矣。"[6](p.741) 此类评价常见诸六朝人士言论中，一方面是为隐士辩诬，另一方面，似乎对隐士的认识还比较肤浅。文士归隐的初始原因，固然大不一致；但是，都有迫不得已的理由，绝非天然所致，或个性所致。陶、徐俩人的归隐，都有反抗现实社会政治的意义。

陶渊明所处的社会历史背景，有民族斗争，但与陶的生活并不密切，在陶的所有文字中，不占重要位置。导致陶弃仕归隐的社会原因，主要是陶渊明作为文士的代表，反抗当时社会政治的黑暗势力——军阀政治。

从东汉后期开始动荡的古代社会，一直到东晋后期，始终没有得到很好的恢复与整顿，反而因南北世族争斗不休，以及中央与地方军阀势力交战不止，使得东晋晚期的社会政治黑暗，局面混乱。武人集团控制了从中央到地方的实际权力，他们耀武扬威，对文人投以鄙视的目光，称："学士辈不堪经国，唯大读书耳。"[7](p.1927) 游离于武人集团之外的文士只能从小吏做起，即使提升为地方官员，也必须整日忙于武人集团的种种索需，尤其是对征战的供给应接不暇。此时，不仅仅是几度出仕的陶渊明，几乎整个文士阶层，逃仕归隐，成为风尚。所谓："魏晋以降，其流逾广。其大者则轻天下，细万物；其小者则安苦节，甘贱贫。或与世同尘，随波澜以俱逝；或违时矫俗，望江湖而独往。"[8](p.2908)

陶渊明曾几度出仕，长期追随将军幕府帐下；但是，不能如愿，反而受桓玄等军阀的牵连，坏了仕途前程。弃仕归隐之后，他醉心诗文，操笔代戈，一方面感叹"猛志逸四海"而不能得以实现；另一方面，对飞扬跋扈的军阀政治鞭笞不已。

徐枋则不同。他所面临的是历史上汉族与异族之间的最后一次大内争。众所周知，清朝是由满族贵族执掌政权。虽然，满贵迅速接受汉文化，明制清用；况且，清初几位君主励精图治，颇有揽天下英才，团结满、汉、蒙、回、藏等各族的气象。但是，经两千年的儒家文化熏陶，华裔之别、忠君保国的观念已在士民心目中根深蒂固；再加上清军南下过程中，伤害各地群众，杀戮忠良，剃发易服，泯灭各地士民的自主精神与独立意识，已经构成了满汉之间的鸿沟。满汉之间的民族矛盾与民族斗争成为清初的时代特征。各地不满清政府民族歧视与以暴立威政策的士人，纷纷逃山遁水，拒与清廷合作。清末民主志士孙静庵辑录清初遗民，收入知名者800余人，因称"宗国沦亡，孑遗余民，寄其枕戈泣血之志，隐忍苟活，终身穷饿以死，殉为国殇者，以明为尤烈。"[9](p.322)因此，徐枋所代表的遗民气节，不仅仅具备一般逸民"高尚其事，不事王侯"的意义，也不仅仅具备前朝遗民守节固穷，洁身明志的意义，还突出表现了保教卫道，辨华别裔的意义。

3. 门第意识不同

避世之人不应求名，但是，陶、徐俩人都有门第意识，反映在各自的诗文中。陶渊明自称出身于仕宦家庭，曾祖陶侃为晋名臣、大将，祖父陶茂为武昌太守，外祖孟嘉为大将军幕府长史，父亲也曾几度出仕，从父陶夔官太常。这份陶谱全部出自陶诗自述，没有其他史文佐证。实际上，陶渊明幼年丧父，陶父连名字也不传，陶家的社会地位与物质条件并不好。所以，单就陶渊明夸耀家族门第的作法而论，与其弃仕避世的隐士形象很不一致。陶渊明的门第意识，成为隐者陶渊明的异质，削弱了陶渊明形象的积极意义。

徐枋的门第意识也很牢固。他夸自己的门第，诗曰："余家全盛日，人才重山斗。声华被海内，天下率奔走。争侍虎皮坐，共叹龙门陛，华堂开文社，盛事诚稀有。"[5](卷十七)其父徐汧早年参与反对魏阉的斗争，受江南士人的爱戴；崇祯元年进士，官至詹事府少詹事兼翰林院侍读学士；徐汧关注时政，激清扬浊；换代之际徐汧毅然殉节，为东南士民所景仰。正是徐汧的教诲与社会影响，激励徐枋定下了人生目标。由此看来，徐枋的门第意识，由于时代背景的关系，产生了一定的积极意义，对当时反清复明的潜伏势力有着一定的影响力与号召力。

二、思想立场之异同

阮孝绪著《高隐传》，排列隐士等第，以"言行超逸，名氏弗传"为上品；"始终不耗，姓名可录"为中品；"挂冠人世，栖心尘表"为下品。[6](p.741)他以"名氏弗传"为上品的标尺,与后人的看法不相符合。历来对待高逸,有德便有好口碑;有了好口碑,名氏岂能弗传?所谓"凿坏而遁名难晦,采蕨为粮世共贤。"[10](p.1376)陶、徐俩人为后人敬仰,主要是他们的思想观念达到或超出同时代一般人士的水准。

1. 三教合斥方面

东晋尚为儒、道、佛三教相互渗透、相互消长的早期。佛教逐渐加快传播速度,陶渊明所处的庐山地区成为长江中游地区的佛教重镇,但以陶渊明为代表的隐逸士循着入仕以儒,出世以道的路线,在守住儒家立场的前提下,存在向老、庄的倾斜,同时主动排斥早期佛教。

从表面来看,陶渊明诗文的道家意识浓烈,《拟挽歌辞》:"少无适俗韵,性本爱丘山";"千秋万岁后,谁知荣与辱。"《桃花源诗》:"春蚕收长丝,秋熟靡王税。荒路暧交通,鸡犬互鸣吠。俎豆犹古法,衣裳无新制。童孺纵行歌,斑白欢游诣。"[11](p.141、165)史家陈寅恪认为:"渊明之为人,实外儒而内道,舍释迦而宗天师者也。"[12](p.205)

但是,笔者认为陶渊明的儒,还是"内"而不是"外",他是以儒家为本的。少年"游好在六经",[11](p.86)自不必多说;归隐后,仍然不忘时务,"义熙尚有关心事,岂便羲皇以上人。"[10](p.1224)朱熹说:"陶渊明诗,人皆说是平淡,据某看,他自豪放,但豪放来得不觉耳。其露出本相者,是《咏荆轲》一篇,平淡底人,如何说得这样言语出来。"[13](p.412)至于对"小国寡民"的描绘,这不是道家独有的;先秦多家学派都有这个想法;"靡税"或"轻徭薄赋",更是各家共有,而以儒家为主;另外,陶亲民、爱民、护民的人格形象鲜明,《五柳先生》说的是一个普通的人,《桃花源诗并记》愿民众有一个平安、不受干扰的社会与自然环境,与其说是道家,不如说是儒家与道家共同的美好理想。

徐枋所处的时代则不同。明末释教盛行于江南士林,至清初,遗民遁入伽蓝者甚众。徐枋认为:佛教"既入中华,如海汇百川,灯分千焰,炽昌盛大,不可思议。遂与王者分民而治。……夫儒者以全道为重,故重其在我。每以处优于出;而佛法以行道为亟。故利存狗物,每以出优于处。"[5](卷六)徐枋的五十年生涯,半为山民,半为隐逸僧。他同隐逸僧的往来,并非泛泛之交，尤与其中的熊（字开元，名正志，法号檗庵）、董（字若雨，名说，法号南潜）、沉（字用无，名麟生，法号筇在）等人关系密切；另外，他还拜高僧为师，自称"白衣僧"。但是，徐枋仅仅把佛教作为人生信仰的有益补充。他恪守儒家为本的理念，始终没有松懈。

徐枋的本质是积极入世的，他避世又不轻言避世，有诗曰："艰难契阔人间世，未许闲情别讨寻。"[5](卷十八) 他有着强烈的干预时务的欲望，不仅仅坚之于理念，在《病中放歌》中唱道："登山必登万山最高峰，奋身直上空九垓。筋力虽衰不为阻，神凝志一何壮哉？"[5](卷十七)；还赋之于行动。他积极联络长江东南地区的抗清斗士，有远自江西、皖南的朋友（如魏禧、巢端明），也有来自附近的朋友（如朱致一、黄宗羲、归庄）；他崇尚坚定不屈的斗争意志，一首"送远诗"发出气贯长虹的誓言："吴仲天下士，志愿苦未伸。鲲鹏小九州，吾道贵经纶。移山志不改，填海力逾神。"[5](卷十七) 他积极扶持就义赴难人士的幼孤，收潘耒为门下；即使在佛门，他敢于主持公道，维护僧道尊严，严斥趋势附炎的僧侣。[注一] 黄宗羲称道："吴门故为清议所主。危言核论，不避公卿。东林顾、高之时，相为激扬者，忠介与文文肃，姚文毅；嗣诸为徐勿斋、杨维斗。钟石毕变以后，子佩、侯斋、贯溪，巍然晚出。"[14](p. 230)

徐枋排列三教的位次，是以儒学为根基，释老为补充。他批评隋初李士谦扬佛抑儒的说法："佛，日也；道，月也；儒，五星也。"他认为："三皇五帝，春也，以其如物如萌，渐次滋生也；三王周孔，夏也，以其品汇齐出，发皇盛大也；老子，秋也，以其反观内视，敛华就实也；释迦，冬也，以其空诸所有，真常独存也。"[5](p. 卷十) 因此，归庄称徐枋"僧装儒行"最为恰当。[3](p. 154)

2. 伦理道德方面

六朝隐逸传作者都致力于渲染隐者的道德净化功能。所谓"夫可以扬清激浊，抑贪止竞，其惟隐者乎！自古帝王，莫不崇尚其道。"[6](p. 741)《晋书·隐逸传》记戴逵言论："常以礼度自处，深以放达为非道。"《梁书·处士传》记沈凯为人，"读书不为章句，著述不尚浮华。"早期的陶诗爱好者看重陶渊明的，也是德化作用。萧统《陶渊明集序》就是典型："尝谓有能读渊明之义者，驰竞之情遣，鄙吝之意祛，贪夫可以廉，懦夫可以立，岂止仁义可蹈，亦乃爵禄可辞！不劳复傍游太华，远求柱史，此亦有助於风教尔。"

徐枋也看重伦理道德。清《国朝耆献类征》收录徐枋碑传最全，其中论者一致赞扬徐枋著书立说，扶植世教，弘扬忠孝。[15](p. 213)一部《居易堂集》，文笔流畅的散文当属碑传之作；所记人物，不论其功绩昭著，还是乡里行谊，都以道德衡之，敦薄立懦，亟力去掉明末轻浮之习气。徐枋的这些做法，也是与清初的社会需要相配合的。当时不少议论家都倡导士风与世风由浮向实的转变，如朱致一（著《朱子家训》）、陆世仪（著《思辨录》）、陈瑚（著《求道录》）、张履祥（著《言行见闻录》）、魏禧（著《日录》），等等；各地方面大员也煞费苦心，劝导风气转变，由奢向俭，如汤斌（清代仅有享文庙配祀三人之一）在江苏巡抚任上，三番五次下令，止淫祠、禁淫词小说、毋社饮，等等。

但是，陶、徐俩人在伦理道德的自我约束方面，还是有些不同。

陶渊明的"逸情赋"在古代颇受非议，（萧序："白璧微瑕者，唯在闲情一赋。"）后来倒不成什么问题。只是陶渊明不拘生活细节，常常受到后人的非议。白居易说："篇篇劝我饮，此外无所云。我从老大来，窃慕其为人。其它不可及，且效醉昏昏。"[16](p. 107)连徐枋也有微词："阮籍、陶潜. 吾尚不能以酒訾之。而能以财累蠹乎？"[5](卷七)对陶渊明的乞食，也有人批评；"近有陶潜，不肯把板见督邮，后贫，乞食。诗云：叩门拙言词。是屡乞而多惭也。尝见，安食公田数顷，一惭之不忍，而终身惭乎？此亦人已攻中，忘大守小，不鞭其后之累也。"[17](p. 337)其实在黄钟毁弃，瓦釜雷鸣的年代，隐逸之人自好而不洁身，违时绝俗，为诡激之行，是较为普遍的。不必苛求于古人。

徐枋在这方面比较严谨，行为循规蹈矩。[注二]他承认物质的重要性以及人贪图物质受的自然属性，说："人之不好货，孰有？"但是，他更强调的是人的尊严，所谓"道不可诎，身诎何伤；彼纵能诎吾身，而不能诎吾之道。"[5](卷八、卷七)

他能够在林泉之中，寻找乐趣。隐居前期，他勤奋写作，矻矻穷年，孜孜不倦，所成书有《通鉴纪事类聚》三百余卷，《廿一史文汇》数卷，《读史稗语》二十余卷，《读史杂钞》六卷，《建元同文录》一卷，《管见》十一篇等；后期，他嗜好书画，周围环境一一入画，画中景色十分迷人，所作画记，文字也十分迷人。如："若以梅花为香国，回环百里皆梅，与山水相间，此天下之山之所无也。"他甚至把所居与画境混为一体。孰画孰生，简直难分："竹林茅屋，远山古树，小桥流水。回绕吾庐，见者翛然有尘外之想。"[5](卷十一)

3. 劳动观念方面

陶徐俩人与众不同之处还在于俩人都有劳动谋身的观念。陶渊明不耻躬耕，讴歌劳动，畅言农家之乐，留下不少千古佳作，是陶渊明诗文中最耀眼处。这些为众所周知，毋需在此赘言。

徐枋劳动谋生观有所不同。值得注意的是，首先，他认为自己卖画与劳动者卖鞋卖席无异。他说："避世之人，深不欲此姓名复播人间也，则仆之佣书卖画，岂得已哉？仆之佣书卖画，实即古人之捆屦织席，聊以苟全，非敢以此稍通世路之一线也。"[5](卷二)早在元宋时期，江南就已经存在书画市场。买方固然三教九流都有，也无人议论。但对卖方，社会舆论有所监督。仕宦人家公然卖自己的书画，还是有着很大的顾忌。徐枋作为纯正的遗民，出身仕宦人家，本应当与世无争，不入市场，不做书商画贾。但是，徐枋不能。他不得不靠卖画维持生活。

其次，针对社会上出现的一些非议，徐枋自辩卖画正是高节之必须。因为"见古人立身，常有持之过峻而事穷势极，反致尽失其素者。故不得已而卖画，聊以自食其力，而不染于世耳。"[5](卷二)

再次，他认为卖画只不过是权宜之计。他说：还清历年积赇之后，"仍当课童竖勤耕作，捆屦织席，为圃灌园以自资，而竟谢笔砚。此吾心也。"[5](卷二)可见他的心目中，卖书画仅仅是不得已而为之，并非第一选择。孰不知，随着时代的推移，徐枋的顾虑成了多余。

三、历史影响之异同

隐逸之风盛于乱世。避乱者以为"大树将颠，非一绳所维。何为栖栖不遑宁处？"[18](卷六十六)当然，也不乏进取者，他们疾呼"大保全一身，孰若保全天下乎？"[18](卷六十六)从陶徐俩人归隐之后的主要行为来看，陶渊明偏向前者，徐枋则偏向后者。但是，陶渊明的历史影响，时空跨度大，远远超出徐枋。

陶渊明经历过由隐而仕，又由仕而隐的人生阶段，与其相类似的文士众多。无论仕隐，都有同好。陶渊明又是古代文士的代言人，他的思想观念并没有多大的高明或发明，都是普普通通的、转述先哲前贤言论而已，但是，他把这些众人皆可接受的理念外化为优美的诗文，体意俱佳，被后人爱不释手，奉为圭臬。杜甫说："焉得思如陶谢手，令渠述作与同游。"[19](p.810)白居易说："常爱陶彭泽，文思何高玄。"[16](p.128)宋代苏轼的赞誉则是承前启后："吾於诗人无所甚好，独好渊明之诗。渊明作诗不多，然其诗质而实绮；癯而实腴。自曹、刘、鲍、谢、李、杜诸人，皆莫及也。吾前后和其诗凡一百有九篇，至其得意，自谓不甚愧渊明。"[20](p.70)

但是，陶渊明也有明显的弱点。当盛世来临，陶渊明的人生形象，显与热情进取的时代精神很不适宜。杜甫的成见是："陶潜避俗翁，未必能达道。观其著诗集，颇亦恨枯槁。"[19](p.563)黄庭坚也说："血气方刚时读此诗如曙枯木。"[21](p.10084)近人闻一多更是批评道："陶渊明时代有多少人过极端苦闷的日子。但他不管，他为他自己写下了闲逸的诗篇"[22](p.413)

徐枋的历史影响远远不抵陶渊明。一是因为徐枋的五十年隐逸生涯，绝不是大众可学的；其一生不入仕途，也不是广大文人的最佳选择；因而他的生平不能得到最广大的文士的真正认同；二是因为徐枋固然有才艺，但没有跨越大时空的佳作。当然，徐枋有一点贡献为陶渊明所不及。那就是徐枋积极参与社会政治，敢于牺牲，敢于斗争，五十年的不同寻常的经历，感召了后人。清史家全祖望专门收集东南文献，褒奖清初反清复明的志士，因而对徐枋称赞有加，不足为奇。至清末，陈去病称："《读史稗语》卓绝鲜与伦比。"[24](p.338)其他反清斗士感叹："二百年来仇未复，普天犹自奉胡雏。"在陶、徐俩人中间，自然是格外纪念"忍死遗民"，而"才人惯，算逃禅底事？本是谐诙。"[24](p.55、76)

结语

遗民（逸民）是可以细分的。有不同的背景、不同的情操、不同的归属。

不同类群各有杰出的代表人物。陶、徐俩人在各自所代表的类群中无疑是杰出的代表。陶渊明所处的类群大且普通，外化为优美的诗文，时空跨度大，历史影响远超出徐枋；但是，陶渊明的弱点恰为徐枋之优点。所以，在特殊的社会背景下，徐枋的作用不亚于陶渊明，甚至在局部或个别情况下，徐枋的形象更容易成为谈论家的热点话题。

注释

[1] 详见陈垣《清初僧诤记》卷二。（中华书局 1962 年版第 41、54、59 页）

[2]《清诗别裁集》卷七"徐柯"："字贯时，江南吴县人。此文靖公次子、俟斋逸民弟也。始则风流跌宕，继归和光同尘。诗半入温柔乡语，与俟斋各行其是。"（上海古籍出版社 1984 版第 289 页）

参考文献：

[1] 黄宗羲. 黄宗羲全集 [M]. 杭州：浙江古籍出版社，1985.

[2] 黄云眉. 鲒埼亭文集选注 [M]. 济南：齐鲁书社，1983.

[3] 归庄. 归庄集 [M]. 上海：中华书局上海编辑所，1962.

[4] 宋濂. 元史·隐逸传 [M]. 北京：中华书局，1976.4.

[5] 徐枋. 居易堂集 [M]. （四部丛刊 75 册三编集部） [M]. 上海：上海书店，
  1984.（因本集无页码，故本集引文，仅标卷次）

[6] 姚思廉. 梁书 [M]. 北京：中华书局，1973.

[7] 李延寿. 南史 [M]. 北京：中华书局，1975.

[8] 李延寿. 北史 [M]. 北京：中华书局，1974.

[9] 孙静庵. 明遗民录 [M]. 杭州：浙江古籍出版社，1985.

[10] 沈德潜. 清诗别裁集 [M]. 上海：上海古籍出版社，1984.

[11] 陶渊明. 陶渊明集 [M]. 北京：中华书局，1979.

[12] 陈寅恪. 金明馆丛稿初编 [M]. 上海：上海古籍出版社，1980.

[13] 郭绍虞. 中国历代文论选 [M]. 上海：上海古籍出版社，1979.

[14] 黄宗羲. 黄梨洲文集 [M]. 北京：中华书局，1959.

[15] 李桓. 国朝耆献类征（20） [M]. 扬州：江苏广陵古籍刻印社，1990.

[16] 白居易. 白居易集 [M]. 北京：中华书局，1979.

[17] 李贽. 初潭集 [M]. 北京：中华书局，1974.

[18] 李贽. 藏书 [M]. 北京：中华书局，1959.

[19] 杜甫. 杜诗详注 [M]. 北京：中华书局，1979.

[20] 苏轼. 苏东坡全集（下）[M]. 北京：北京市中国书店，1986.

[21] 吴文治. 宋诗话全编 [M]. 南京：江苏古籍出版社，1998.

[22] 闻一多等. 鉴赏文存 [M]. 北京：人民文学出版社，1984.

[23] 陈去病. 五石脂 [M]. 南京：江苏古籍出版社，1999.

[24] 柳亚子. 柳亚子诗选 [M]. 广州：广东人民出版社，1981.

风雨飘摇未尝移——评徐枋的"绝对命令观"

清初，散布在东南沿海各地的明遗民坚持操守，忠贞不贰。从表面来看，他们的忠君之举，似乎为明朝亡国之君而尽忠，不实际，也很迂腐；但是，从具体的历史背景考察，他们的行为是有历史意义的。他们中的杰出代表是徐枋。对徐枋的忠君观念，可以当作"绝对命令观"来考察，辨析其积极意义，并要批判其内含的消极因素。

一

徐枋，出生在一个官僚家庭。其父徐汧，崇祯元年进士，仕至少詹事兼翰林院侍读学士。徐汧早年参与反对魏忠贤宦官集团的斗争，换代之际，毅然殉节，为东南士民所景仰。徐枋少承家学，拜多位贤士为师，崇祯十五年（1642 年）中举；又三年（1645 年），父亲殉节，师朱集璜先生就义。家国俱亡，徐枋选择了终生做遗民的道路。

徐枋的确做到了。62 周岁那一年，他说："四十年中，崩天之敌，稽天之波，弥天之网，靡所不加，靡所不遭，而再益之以饥寒之凛栗，风雨之飘摇，世事之诖误，骨肉之崎岖，靡所不更，靡所不极"；然而，"吾之心未尝有毫厘之移，未尝有须臾之间。"[1](自序) 又 10 年，他逝世了。他做了 50 个年头的遗民，成为明遗民的代表人物。黄宗羲称徐枋的"苦节当世无两"。[2](p. 372) 稍后，朱彝尊云："孝廉高蹈者，吴、越居多，始终裹足不入城府者，吾郡李潜夫、巢端明及吴中徐昭法，此外概不见。昭法没最晚，故名尤重。"[3](p. 587) 以后，全祖望说："先生风节之高，具见于诸家志传，不待予之文而著，而予得一言以蔽之者，以为昔人处此，虽陶公（按：指陶渊明）尚应拜先生之下，非过也。"[4](p. 58)

　　徐枋能够在50年的漫长人生里程中，饱尝强暴之害、贫穷之难、丧子之痛、病魔之虐，仍然不变初衷，不苟从来自政府、社会、亲友的种种劝说抑或诱惑，不屈不饶地把遗民做到底。靠的是什么？靠的是一种信念，就是"忠君"，或称作"绝对命令观"。

　　"绝对命令观"引自西方哲人康德。[5](p.174)康德把无条件的行为原则叫做"绝对命令"。"绝对命令"是奉行者在任何时候都必须遵守的、普遍的道德规范或立法原则。在我国古代社会的主流意识中，儒家的忠君思想，就是一种"绝对命令"。

　　"伦莫大於君臣。"[4](p.2758)为臣忠于君主，是儒家的核心思想。从先秦儒学到宋明理学无不如此。《论语》反复说明君臣上下规则；历经后代儒家整理补充，到《近思录》，已经确立了臣下无条件忠诚于君主的信条，曰："父子君臣，天下之定理。无所逃于天地之间。"[6](p.48)

　　然而，历朝历代的"忠君"，所指"君"的对象、"忠"的内涵，是不尽相同的。徐枋的"绝对命令"，有着特定的内容。徐枋认为自己身受明朝恩典为孝廉，领了朝禄，就是与明朝相关联了；再论家族世系，往前数，先六世祖徐源、曾祖徐祯、父亲徐汧均为朝廷大臣，本家族已经受明朝大恩大惠，报效朝廷，天经地义。所以，他不管怎样艰难，就是要忠于明朝，誓死不做贰臣。如果，徐枋的"绝对命令观"仅仅停留于此，其历史意义是有限的。由于徐枋所处的时代，不同于通常的改朝换代；其"绝对命令观"具有特殊的内涵。

　　众所周知，满汉之间的民族矛盾与民族斗争成为清初的时代特征。徐枋此时坚持的"绝对命令观"，具有民族主义的内容。表面来看，他忠的是明朝的君，一个是崇祯帝；一个是福王。实际上，这里的"君"，成为一种符号，象征本民族的国家政权、生存空间、悠久文化。徐枋对故君的抒情感旧，体现了遗民的集体人格；他不与清朝合作，体现了不屈外侮、保持遗民的独立人格；他缅怀民族文化追随本民族的英烈，体现了民族意识，具有爱国主义的内涵。

二

徐枋执行"绝对命令"的方式有：

一是自身不与清政府合作。他隐居后绝不入城府，既是担心与政府发生被动性的联系，也是表明拒不承认政府的态度；他的字号与斋名：俟斋、昭法、居易堂，表达"明法统"，"居易而俟天命"之意；他拒绝政府的赠馈、不接受政府的征召；值得强调的是：他不容许儿子谋公职。当时，有些遗民容许儿侄辈出仕，所谓"甲申之后，吾友之出试者，绝少；而子弟则稍稍出试矣。"[7](p. 172)徐枋却在长子十八岁那年，作近万言的《诫子书》，特别嘱咐"毋荒学业"；"毋习时艺"；"毋预考试"。[1](卷四)他还告诫："忠孝大义，惟人自立。"[1](p. 卷十)徐枋的种种举止，被同人当作遗民的规范。

二是支援抗清复明人士。徐枋居无定所，搬迁频繁；连家弟徐柯也抱怨："花径不曾为客开，数间茅屋枕江隈。再迁莫作三迁去，二仲何如一仲来。"[8](卷三)（《过东朱草堂戏题家孝廉新居也》）很久才定居于涧上草堂。从表面看来，是徐枋在躲避清政府的侦讯或迫害；实际上，考查其形迹，这是为了方便他所从事的支援抗清复明人士的秘密活动。当时苏州城外灵岩寺，因主持和尚弘储全力支持抗清人士，成为东南抗清人士的联络据点。卓尔堪云："释弘储，字继起，号退翁，扬州通州人。开法灵岩，志士诗人，多与交游，常具供给不倦。"[9](p. 122)徐枋忆弘储诗云："有时良筵会，酒酣涕泪零。涕目咽笑语，四座怀酸辛。"[1](卷十七)黄宗羲亦与其弟拜谒弘储，恰成为一次仁人志士的聚会："余上灵岩，退翁集徐昭法、周子洁、文孙符、邹文江、王双白于天山堂，纵谈者七昼夜。余诗'谁知此日军持下，尽是前朝党锢人'，记此事也。"陈垣先生作《清初僧诤记》，特别引用此段材料，用意良深。[10](p. 41)徐枋作为弘储的"布衣弟子"，实质上就是这一联络点的骨干份子。各次联络行动，都由徐枋牵头穿针引线。

徐枋挚友吴祖锡是反清复明志士。他"往来燕赵间，复之豫、之楚、之粤之间，穷边绝徼，溪峒海噢，足迹几遍，垂三十年而卒，亦无所遇也。"[11](p. 17)徐枋云："与吴子为肺附戚，称兄弟，俯仰五十年中，同制患难，几于骈首。…… 伤其心，悲其遇，而痛其志之不遂。"[1](卷十四)全祖望的《涧上徐先生祠堂记》语："乃若稽田，其生平踪迹，颇与先生相反，而实为同德，盖二公故郎舅也，稽田抱刘琨、祖逖之志，而又欲雪其王褒之耻，故终身冥行，不返家园；而先生终身不出庭户，其道交相成也。"[4](卷58)《清史稿》作者也关注徐吴关系："徐枋为之（指吴祖锡）传曰：'自吴子殁，而天下绝援溺之望。'亦可悲矣！故以附於明末遗臣之末。"[12](p.3760)

三是与遗民故老交游，砥砺修行，坚持操守。数十年坚持遗民操守，不是一件容易的事。清初有过庞大的遗民群。后来不断的缩水，除了生老病死之外，大部分是在清政府的利诱威逼之下，逐渐退出的。谢正光先生认为在"遗民之中，真正坚苦守节、对清朝官吏采取决绝态度的，像湖南的王夫之、安徽的沈寿民和江苏的徐枋，为数实在不多"[13](p.221)徐枋道出其中缘故："天下之乱亦已十年矣。士之好气激尚风义者，初未尝不北首扼腕流涕伤心也。而与时浮沉，浸淫岁月骨鲠销于妻子之情，志概变于菀枯之计。不三四年，而向之处者出已过半矣。"[1](卷六)所以，遗民之间的互相交往，不是一般的人事应酬，而有砥砺修行，坚定操守的意义。

不知情者把徐枋描述成穴居不出户的隐士。如钱谦益写道："徐文靖之自沈也，……文靖有子昭法托于木门，顾独与无补父子游。"[14](p.1166)意思说徐枋交往不广，独与杨无补、焰父子游。实际上，徐枋与东南各遗民群体均保持着较好的联系，与其交往的人士甚广，据初步统计，不下八九十名。如三吴地区外的万年少、姜埰、姜垓、黄周星、魏禧、曾灿、姜奉世；浙江的黄宗羲、韩纯玉、戴易；本地的李模、周茂兰、吴祖锡、归庄、葛芝、陈瑚、朱用纯、陈济生、杨震百；入隐逸僧行列的熊开元、董说；等等。遗民群的坚守者惟有自勉与互勉，互相砥砺，携手迈向生命的终极，才能保持不变节。

四是不徒以名节行世，作有益于社会的事。徐枋著书立说，弘扬民族文化，褒奖忠贞之士。他在致友人信中云："以弟向来三十余年之艰苦，而骤加以近者四十日内之残酷，实难存活。然犹未至即颠殒者，一则以立言之志未尽酬，妄冀以未尽之年，卓然大有所成；一则今小儿能体乃父之志，将来其文墨不必言，尤其至性过人。今实赖以延吾视息也。"[1](卷三)徐枋著作，所成书有《居易堂集》二十卷、《通鉴纪事类聚》三百余卷、《廿一史文汇》数

卷、《读史稗语》二十余卷、《读史杂钞》六卷、《建元同文录》一卷、《管见》十一篇等。[15](p. 656)

学者谢国桢先生说：

"昭法长于文学，工书画，为位平易近人，语语从肺腑中出，不为矫饰之语。其所交如陈卧子、杨维斗、葛瑞五、沈寿民、杨无补等皆奇节之士，书疏往还，兼志其行事，故其集中之文即可以当史读。……至其所为杨伯雨、杨无补、姜如须、沈寿民诸家之传记，则无异《后汉》之'党锢'、'独行'传也；又其所著文震孟、吴焕、华允诚、沈寿岳等人之墓志，则等于郑所南之《心史》也。"[16](p. 905)

如此看来，徐枋可当魏禧所称的"尤贤"："窃私论人之贤不肖，当观其大节。大节既立，其余不足复较。然不深究其生平，则贤与尤贤无以见。有当死生患难，不夺其所守，而事功无可称；或节与功并著，立身居心不无遗议者。……是以论人者，必先大节，而其不徒以节见者为尤贤。"[17](p. 286)

在文学方面，徐枋的诗文创作以怀旧思亲为主要题材，表达怨、恨、怒、叹、惜、爱、忍，等等复杂交织的感情。由于，他怀念旧友、眷恋故国的心情，绵绵长长，屡断屡续；一旦积久待发，不用长诗不足以表达这些心情。徐枋晚年写出近 3000 字（连诗带自注）的长诗《怀旧篇》，诗中提到 31 位人物，除了明末身陨的张溥等人之外，其余入清的人物皆为忠节高士，有殉国的父亲徐汧；就义的陈子龙、朱集璜、杨廷枢；遗民归庄、姜垓、姜垛兄弟、吴祖锡、万寿祺、熊开元、薛寀；隐逸僧继起、剖石、觉浪；等。诗中最为快意的是总结坚贞不二、问心无愧的一生，他唱出："岁寒后凋意自勉，硕果不食心相期。中原遗民竟谁在，独立宇宙能委蛇。偶然苟全幸无恙，敢云独抱凌霜姿。"[1](卷十七)

在书画创作方面，他以"绝对命令"为宗旨，宣传不二的精神。为邵僧弥墨菊题："因书郑所南先生题画菊诗以颜之：花开不并百花丛，独立疏篱趣未穷。宁可枝头抱香死，何曾吹落北风中。"[1](卷十一)又如《题画芝》："郑所南先生尝自题其墨兰，……虽数语直与离骚同其哀怨。余每读而悲之。乙巳小春，偶画墨芝，捉笔黯然。以其时考之则可矣。"[1](卷十一)乙巳年为 1665 年，逢其父徐汧殉节二十周年，亦即南明覆亡二十周年，故其悲也。

<h2 style="text-align:center">三</h2>

　　徐枋执行与宣传"绝对命令观"，在当时的遗民圈内，得到了强烈的共鸣。《归庄集》中有多篇文字写到徐枋。其中一文说："徐子诗文书画，遂有兼长，得毋以多艺掩其人乎？徐子之风节不可掩也"；[18](p. 卷286)并有诗颂道："为望同云住半途，连朝晴旭丽高衢。知君素有回天志，急扫吴山飞雪图。"陈瑚赠诗："一夜寒香万树开，相逢花下且衔杯。穷途兄弟难成醉，故国风烟易入哀。雪满山中苏武窖，云横江上谢翱台。寸心不尽斜阳晚，湿遍青山首重回。"[19](p. 284)郑敷教作《徐昭法五十寿说》："……自甲申至辛亥，其于君臣父子夫妇昆弟朋友之伦，富贵贫贱夷狄患难之遇，无艰不试。口含瓦石，齿嚼荼蘗，而顾荡荡然无畔援、无诡激，曰：居易俟命而已矣。"[20](p. 15)

　　徐枋的"绝对命令观"，在当时的社会舆论中也有着积极的回应。黄宗羲赞许道："吴门故为清议所主。危言核论，不避公卿。东林顾、高之时，相为激扬者，忠介与文文肃，姚文毅；嗣诸为徐勿斋（徐汧）、杨维斗。钟石毕变以后，子佩、俟斋（徐枋）、贯溪，巍然晚出。"[21](p. 8)连清臣也佩服不已。陈田《明诗纪事》记录："俟斋高节，全谢山谓以汤文正之贤，欲致一丝一粟且不可得。……余见俟斋涧上草堂图，墨笔山水，草屋数间，后有遗像，……草堂图前后二十余页，有王兰泉、潘三松、伊墨卿、阮云台、孙渊如、梁山舟、洪北江、袁才子诸人题跋。"[22](p. 3173)潘廷壎作"徐俟斋祠"："羊肠岭畔幽栖处，一水当门泻作渠。薇蕨西山心自印，藻蘋南涧奠还虚。相忘桑海逃名后，不接贤豪俟命余。此日行人罕凭吊，烟云惟护逸民庐。"潘廷壎是徐枋门生潘耒之孙，字雅奏。故沈德谦注："雅奏没，祠恐复废，读其诗，有望于潘氏之兴也。"[23](p. 1299)

　　值得注意的是，徐枋的形象，直到以后的特殊年代，还有着感召力。清末，曾被用作反对封建专制主义的旗帜；南社民主志士每以明遗民的精神为激励因素，徐枋等人常挂嘴边，写在文中。陈去病称赞徐枋的作品："卓绝鲜与伦比，而於洪承酬之徒，尤指斥不遗余力"。[24](p. 338)其他反清人士直抒：

"二百年来仇未复，普天犹自奉胡稚。"[25](p.55)抗日战争时期，一些爱国老人，虽已不能亲自奔赴抗日第一线，仍以效法徐枋等先贤为自我激励。王欣夫先生作《胡学缙先生传略》："（先生于抗日时期）忽浩然而归，卜宅光福镇虎山桥，其地为高士徐枋所徘徊不去；踞此五六里，即四世传经惠氏之东渚故居也。（按：亦为惠周惕执经受学于徐枋之地。）"[26](p.3)

徐枋的"绝对命令观"，如此张扬，却没有遭到清政府的打击，一些地方官还主动靠近徐枋。清诗评论家杨钟羲对此的解释是："国初诗人性情深厚。无论已仕未仕，当易代未久，多有故国之思。"[27](p.115)我们认为清政府没有禁止徐枋的举止与宣传，自有其目的。

一是可以利用遗民作文章。清政府对待遗民始终有着两套方案，一方面对不出山的士人予以打击；如胡介《吴梅村被征入都》："幕府征书日夜催，宫开碣石待君来。归心更度桑乾水，仗枥重登郭隗台。花萼春回新侍从，风云气隐旧蓬莱。暮年诗赋江关重，输却城南十里梅。"[22](p.3480)常熟赵士春入清不仕，数为清吏龋龊，有《癸巳生日诗》："侧闻走荐剡，几家弹冠起。又闻捕反侧，几家欧刀死。堪嗟林下贤，紫陌异青史。"[28](p.33)另一方面，对坚守操节的遗民又予以褒奖。清政府对贞士不强求任职，宽容他们自主选择；不追究武装抗清人士的行为，宽容他们非武装之后的生活选择；所谓"凡顺治五年以前犯者，勿以叛论罪"[22](p.2940)；并屡屡下令地方政府推举"山林隐逸"。

二是清政府自身的需要。清初，从满贵掌握中央政权之日起，清廷中枢机构就在试图说明清政府的合理合法性质；无非是这样三个理由：承天命、报君父之仇、为民生。他们努力地使忠君的新解既有利于清朝政府的威信，同时又有利于舆论的转向；因为对待吴三桂、李成栋等降臣的反复无常行为，是清政府不愿看到的。

这些说明徐枋的"绝对命令观"，在理论层次上与清政府的褒忠之举是一致的，并无冲突。

另外，应当指出徐枋的"绝对命令观"存在愚忠的性质。它美化君的形象，夸大君的优点，为君回避缺点。徐枋与其他遗民一样，长时期地反思明亡的原因。这里问题很多。徐枋说："呜呼！小人之祸人国，莫宦官朋党若矣。有一于此而不至灭亡者，未之有也。国朝至光熹之际，尚忍言哉。逆庵蓄窥伺之心，为攘窃之计，其不为新莽武氏者，几希矣。故杀戮忠良，毒流缙绅，不可解，而余奸遗孽，复扬其波以斫削国脉。当是之时，宦官之祸千万于常侍军容；诛戮之惨，什百于黄门北寺；而朋党之奸，又倍蓰于斥元祐黜道学也。则合汉唐宋之所以亡者而亡吾国。虽有五帝三王，尚能善其后哉？吾故俯仰数十年间，未尝不流涕而痛哭也。"[1](卷五)他把明亡的原因归结于宦官与小人，却又在为崇祯帝开脱责任。实际上崇祯帝的问题不少于前几位皇帝，特别是用人政策方面。

尽管崇祯帝除掉了魏忠贤宦官集团，为"东林党人"昭雪。（徐汧且为崇祯元年进士。）尽管崇祯初年，社会舆论对国事满怀乐观心情；徐枋追忆："列皇初骧，时称太平，京都辇毂，风华文物，天下所聚，而尤尚风素重儒"。[1](卷六)但是，崇祯帝的用人政策出了大问题。他既独断专行、刚愎自负，又猜忌成病，厌逆喜顺。独首辅温体仁能在阁八年，因温体仁善于察言观色，巧施谗言。君臣二人惯于残害忠良，国政与边事日坏。贤士良吏难以进言。如刘宗周言："陛下求治太急，用法太严，布令太烦，进退天下士太轻。诸臣畏罪饰非，不肯尽职业，故有人而无人之用，有饷而无饷之用，有将不能治兵，有兵不能杀贼。"[29](p.255)又如徐汧曰："推贤让能，盖臣所务；难进易退，儒者之风。间者陛下委任之意希注外廷，防察之权辄逮阉寺，默窥圣意，疑贰渐萌。万一士风日贱，宸乡日移，明盛之时为忧方大。"但是，崇祯帝听不进去。徐汧干脆乞假归。"[29](p.6887)

清廷总结明朝灭亡原因，假用《明史》，云："（崇祯）帝承神、熹之后，慨然有为。即位之初，沈机独断，刬除奸逆，天下想望治平。惜乎大势已倾，积习难挽。在廷则门户纠纷；疆场则将骄卒惰。兵荒四告，流寇蔓延。遂至溃烂而莫可救。可谓不幸也已。然在位十有七年，不迩声色，忧勤惕厉，殚心治理。临朝浩叹，慨然思得非常之才，而用匪其人，益以偾事。乃复信任宦官，布列要地，举措失当，制置乖方。祚讫运移，身罹祸变，岂非气数使然哉？"[29](p.335)其中微词可见。然而，徐枋反而一味地歌颂崇祯帝，说："烈皇为天下求贤孜孜若不及"；[1](卷十二)并以莱阳"二姜"为"愚忠"的榜样，反复强调忠君的规范。这就说明徐枋遵循儒家的"绝对命令观"，对君主不但

171

没有合理并准确的要求，还缺乏监督机制与纠错机制；逢圣君，竭力美言君之功，讳言君主之过。逢昏君，仍然是单边颂扬，对亡国之君，亦百般遮掩，否则，将是不厚道、非道德的。这些可是传统政治观的最大弊端。

其次，"绝对命令观"在思想上的模糊性，它不能在事关古代社会的三个极为重要方面，即君与国、国与政府、本国各民族之间与国内外各民族之间，标出明确的界限。因此，"绝对命令观"的意义受到局限，内涵相当含糊，不能一味叫好，也不能盲目推广；需要对其内涵有准确的表述、有针对性的加以利用；尤其进入近代社会之后，更要求改变其愚忠的实质，加强对中央决策层的审视、批评、甚至是改革。

当然，这些应当是对后人的要求，如果要求徐枋做到，是一种苛求。他毕竟不是思想家，他仅仅是活跃在清朝早期社会的一位明遗民。

参考文献：

[1] 徐枋. 居易堂集（四部丛刊三编之75册）[M]. 上海：上海书店，1984.

[2] 黄宗羲. 黄宗羲全集 [M]. 杭州：浙江古籍出版社，1985.

[3] 朱尊彝. 静志居诗话 [M]. 北京：人民文学出版社，1990.

[4] 全祖望. 全祖望集汇释本 [M]. 上海：上海古籍出版社，2000.

[5] 辞海编辑委员会. 辞海 [M]. 上海：上海辞书出版社，1980.

[6] 朱熹. 近思录 [M]. 南京：江苏古籍出版社，2001.

[7] 陈确. 陈确集 [M]. 北京：中华书局，1979.

[8] 徐柯. 一老庵遗稿（丛书集成续编之第125册）[M]. 上海：上海书店，1994.

[9] 钱仲联. 清诗纪事之明遗民卷 [M]. 南京：江苏古籍出版社，1987.

[10] 陈垣. 清初僧诤记 [M]. 北京：中华书局，1962.

[11] 徐柯. 一老庵文钞（丛书集成续编之第125册）[M]. 上海：上海书店，1994.

[12] 赵尔巽. 清史稿 [M]. 北京：中华书局，1998.

[13] 谢正光. 清初诗文与士人交游考 [M]. 南京：南京大学出版社，2001.

[14] 钱谦益. 有学集 [M]. 上海：上海古籍出版社，1995.

[15] 江苏艺文志苏州卷 [M]. 南京：江苏人民出版社，1995.

[16] 谢国桢. 增订晚明史籍考 [M]. 上海：上海古籍出版社，1981.

[17] 四部精华 [M]. 上海：世界书局，1934.

［18］归庄.归庄集［M］.北京：中华书局，1962.

［19］沈德潜.明诗别裁集［M］.上海：上海古籍出版社，1979.

［20］郑敷教.桐庵存稿（丛书集成续编之第37册）［M］.上海：上海书店，1994.

［21］黄宗羲.黄梨洲文集［M］.北京：中华书局，1959.

［22］陈田.明诗纪事［M］.上海：上海古籍出版社，1993.

［23］沈德潜.清诗别裁集［M］.上海：上海古籍出版社，1984.

［24］陈去病.五石脂［M］.南京：江苏古籍出版社，1999.

［25］柳亚子.柳亚子诗选［M］.广州：广东人民出版社，1981.

［26］王欣夫.许廎学林目录［M］.上海：中华书局上海所，1958.

［27］杨仲羲.雪桥诗话续集［M］.北京：北京古籍出版社，1991.

［28］邓之诚.清诗纪事初编［M］.上海：上海古籍出版社，1984.

［29］张廷玉.明史［M］.北京；中华书局，1974.

生命自由自长啸——徐枋长诗《怀旧篇》解读

清朝初年，在太湖东侧的光福邓尉山、木渎灵岩山周围散居着一群群隐逸民、隐逸僧。称他们为群，是因为他们隐居而又务时事；散居而又来往频仍，声气相应。他们以良好的精神状态、个人的文化优势，创作了许多精神文化作品。而今读来，感受到那个时代、那些士人的使命。

一、怀旧长诗的写作年代

康熙二十三年（1684），与往年一样，有人心情好，有人心情不好。

康熙帝在这一年，心情应该好。上一年，收复了台湾。本年开了海禁，在沿海设了四处对外通商口岸；康熙帝还亲自巡行江南，视察天朝帝国治下的首富之地。

对一位遗民来说，却没有什么好心情。前几年，挚友吴祖锡（1679）与好友魏禧（1680）相继去世；跟随自己一辈子的老伴去世（1682）。本年五月，作《敬书先六世祖大中丞公贵人叹后》（实为家谱线索）；七月，自定文集序例，嘱弟子潘耒编次为《俟斋文集》；该做的做了，已是十月，没有什么可忙的了。他似乎没有察觉当今皇上要到本地，也不想去了解；但是，第一位清帝的到来，毕竟是件头等大事。同地的官绅士民早早就忙坏了，还能没有一点点风声刮到他的耳边？

他就是号称"海内三遗民"之一的江苏长洲人徐枋。

徐枋出身于仕宦人家。其父徐汧早年参与反对魏阉的斗争，受江南士人的爱戴；崇祯元年进士，官至少詹事兼侍读学士；徐汧关注时政，激清扬浊；同时教育徐枋兄弟抵御江南士子的靡丽之风，敛迹修行。换代之际徐汧毅然殉节，为东南士民所景仰。正是父辈的教诲，激励徐枋定下了人生目标：誓不与新朝合作，终生做遗民。

徐枋的确做到了。本年（1684），徐枋63岁了，回首往事，他感叹"四十年中，崩天之敌，稽天之波，弥天之网，靡所不加，靡所不遘，而再益之以饥寒之凛栗，风雨之飘摇，世事之诖误，骨肉之崎岖，靡所不更，靡所不极"；他因而自豪："吾之心未尝有毫厘之移，未尝有须臾之间。"此时，他想想去世的亲友，听听南巡的鼓乐，百感交集，徘徊于月下池畔，呕心沥血，一声长啸，写出一百韵长诗，自定名："怀旧篇长句一千四百字"，载入徐枋文集——《居易堂集》卷十七。（全诗附后）

二、怀旧长诗的历史背景

徐枋是一位擅长书画的遗民，在清书画史上有着不可忽略的一页，写诗仅仅是画余之事；再加上清初诗界人才济济，各家总论这段历史时难免忽略一些人物，对徐枋的诗创作注意得不够。平心而论，徐枋确实留下了一些好诗，《居易堂集》存有二卷诗。"怀旧篇长句"，应是代表作；并就思怀长诗而论，称作清初遗民诗创作的绝好作品，似乎也不为过。

以思怀为题材的长诗，在清初文人圈内是很流行的。若以篇幅在500字以上为考察范围的话，仅《清诗别裁集》就收录了数十篇长诗；《清诗纪事初编》选诗原则与时间段迥乎《别裁》，也收录了数十篇；《清诗纪事》（遗民卷）二册内，更是收录了数百篇。不过，长诗的篇幅以500～700字数为多；字数在700～800字的已经少多了；千字以上的则属凤毛麟角。若以个人诗集为考察范围的话，思怀长诗见诸于陈子龙、钱谦益、吴伟业、顾炎武、归庄等各家诗集。其中，归、钱为长篇高产作者。另外，散见于各家诗集中的长诗，亦不乏善者。

清初思怀长诗产生的历史背景，不言而喻，不仅仅是与朝代更替有关；更为密切的原因是与满清入主中原有关。历次朝代更替，造成兵火遮日，钟石毕毁；传统割断，骨肉分离。因此，诗人难免黍离之叹、麦秀之歌。然而，明清之际的变更，激烈程度异乎寻常，所谓"宗庙丘墟，鼎社迁改，荼毒攒心，无天可诉。"

175

众所周知，清政权以满族贵族为核心，统治全中国。虽然，清政府迅速接受汉文化，明制清用，况且，清初几位君主励精图治，颇有气象；但是，经两千年的儒家文化熏陶，夏裔之别、忠君保国的观念已在人民群众心目中根深蒂固；再加上清军南下过程中，伤害各地士民，剃发易服，泯灭各地士民的自主精神与独立意识，已经构成了满汉之间的鸿沟。民族矛盾与民族斗争成为清初的时代特征。各地不满清政府以暴立威政策的士人，纷纷躲避仕途，寻找林泉，逃入岩穴，不与清廷合作，形成一个极其庞大的遗民群。

清初的遗民在行为方面，自觉弃仕归隐；在信念方面尊奉朱明为正统，景仰义士忠臣，唾弃变节贰臣，并由此演变成为民间社会的主流意识；遗民的诗文创作也成为清初民间文坛的主流，怀旧思亲又成为清初民间文学创作的主要题材。他们以史、诗、文、歌等体裁来表达怨、恨、怒、叹、惜、爱、忍等等复杂交织的感情，是很自然的事；而他们怀念旧友、眷恋故国的心情，绵绵长长，屡断屡续；一旦积久待发，不用长诗不足以表达这些心情。这种情况后人应当理解，引起重视。

三、怀旧长诗的思想意义

诗言志。《怀旧篇》集中地反映了遗民意识的特征。

遗民意识特征之一是恪守出处，藐视贰臣。

所谓遗民，即是指易代之际，怀道抱德，保持前朝旧臣所守，不与当朝合作的草野人士。因此，遗民的最大关节点就是恪守出处，藐视贰臣。遗民的长诗往往表述这些意识。清初遗民诗人邢昉作诗，多念乱伤离之作，一首《读祖心再变纪漫述五十韵》，为 500 字长诗。诗中对"甘死如饮酖"，"气作长虹挂"的忠臣贞士大加张扬；而对变节之徒的无耻行径大加鞭挞，称之为"白头宗伯老，作事弥狡狯。捧献出英皇，笺记称再拜。皇天生此物，其肉安足嘬。"

徐枋在《怀旧篇》说到的 31 位人物，除了先于易代而身陨的张溥等人之外，其余入清的人物皆为忠节高士，有殉国的父亲徐汧；就义的陈子龙、朱集璜、杨廷枢；遗民归庄、姜垓姜垛兄弟、吴祖锡、万寿祺、熊开元、薛寀；

隐逸僧继起、剖石、觉浪等。

诗中充分表达了对这些亲朋故友的景仰之心。郑敷教与李模皆为江南士林泰斗，诗称二老"须眉皓白衣冠伟"。二老能够做到"轻身岁岁必经过，终始周旋三十载。"诗云："天上灵岩一退翁，蔚然忠孝开宗风。"赞的是高僧继起，他的父亲为明末志士。易代之后，继起虽出家，尤感其父之大节。当时，东南之士濡首焦原，吴中为最冲，继起皆相结纳。违朝命者赖此暂避。

另外，徐枋还作有《五君子哀诗》、《怀人诗九首》等思怀诗，也充满了对恪守出处的同道师长、好友的敬意。

遗民意识特征之二是物我两忘，淡泊名利。

遗民追念故朝旧君，拒与当朝合作，意味着既丢失了前朝的物质生活待遇，又放弃了从新朝领取某些经济待遇的机会。他们的物质生活多半是痛苦不堪，衣食有虞。徐枋也是如此。他五十年甘于"匿影空山。"时人徐晟在其《存友札小引》称："徐昭法著书键户，比于袁闳无愧色云。予尝谓：'不闵穷，不畏死，吴门一人。'"（《丛书集成续编》第155册第330页）黄宗羲赞其"苦节当世无两。"

当然，遗民群体在面临生活困境时，各自的精神状态表现各异。有的寻找到坚守精神文化家园的动力，如徐开任的《感事书怀五十韵》："拟种千竿竹，归耕五亩田。朝吟诸葛表，夕咏少陵篇。兰死香犹恋，石移藓自妍。埋忧杯酒足，寄兴寓言全。种菜园中老，藏书井底传。"语意中鲜明地表达了遗民足以自豪的、道义先于名利的精神文化优势，以及料理隐逸生活的积极内涵。

有的强调向内的精神追求，对物质匮乏表现出更多的无奈。如朱鹤龄的《感遇十三首》说："青林改白道，故社成新墟。万物皆随运，吾生何独悲？策杖争绝景，徒为后世嗤。不如守衾枕，昏昏无是非。"表达时艰世险，遗民必须安于危行言孙，物我两忘，淡泊名利，千万不可一失足成千古恨。"昏昏无是非"的想法，一般来说是消极的人生观；但是，结合当时的社会背景来看，还是有着洁身自好的意义。当时，不少贤达不能做到这一点，留下了"徒为后世嗤"的遗憾。

有的愤恨前后强烈的反差，怒其不公，暴躁自虐。当然需要说明的是，自虐型的遗民，仅仅是个人生活态度，抑或精神状态的外向化，不涉及遗民本质的否定。有这种状态的遗民，如具备一定的文化成就，仍不失其特有的风采。

徐枋毕竟经历了数十年的遗民生活，其中的艰难险阻非常人所能忍受。徐枋非圣贤，孰能无过？徐枋的精神状态可以说是时有变化的，有时表现为动力型的，有时表现为自守型的，偶尔也有自虐表现。总的看来，徐枋不可动摇的是重精神轻物质的遗民意识。他承认富与贵，士之所欲也；但是，更重要的是人的尊严，鱼与熊掌不可兼得时，宁取其一而不失常态，所谓"道不可诎，身诎何伤；彼纵能诎吾身，而不能诎吾之道。"他信服"贫者，士之常也"，物质生活的困乏，丝毫不能动摇他隐居的决心。

徐枋创作《怀旧篇》之时，已过知命、耳顺之年。他的精神状态早已稳定下来。诗中对自我人生无怨无悔的表述与重义轻利的倾向十分明显。诗云：

"忽然丧乱倾家国，痛哭天崩复地坼。

先公殉国汨罗游，止水无从居土室。"

讲的是突遭家国之难，家产荡尽，自甘"居土室"，以吃苦受难来抵消"止水无从"的精神折磨。诗云：

"避地当时亦屡迁，数椽茅屋天池边。

买山空囊苦羞涩，卜邻喜得逢名贤。"

又以喜得贤邻的快乐冲淡了避地屡迁与"数椽茅屋"的生活艰辛。诗云：

"山头薇蕨每自甘，慷慨分忧生死谊"；

更是对遗民群的高度认同。此时诗人必定是洋溢出得意的微笑，对人生一种游离于社会主流意识之外的个人意志扩张的自诩。

遗民意识特征之三是忠贞不贰，无愧人生。

徐枋在诗中最为快意的是总结一生，无论数十年来如何艰辛，自己做到了忠贞不贰，可以问心无愧。他唱出：

"亲朋凋谢岁月驰，怀人揽景宁能追。

当时垂髫今白首，俯仰欻忽成吾衰。

岁寒后凋意自勉，硕果不食心相期。

中原遗民竟谁在，独立宇宙能委蛇。

偶然苟全幸无恙，敢云独抱凌霜姿。"

数十年坚持遗民操守，不是一件容易的事。清初有过庞大的遗民群。后来不断的缩水，除了生老病死之外，大部分是在清政府的利诱威逼之下，逐渐退出的。坚守者惟有自勉与互勉，互相砥砺，携手迈向生命的终极，才能保持不变节。

徐枋自遭家国之难之后，一直是体弱多病，老年后尤甚。一次病中，他作《病中放歌》，自我激励："丈夫立志死不休，肯复途穷少颠坠。""精金自然过百炼，高松必定经千霜。"徐枋就是靠这种精神力量，支撑自己继续坚持认定的人生价值。

当好友姜垓因病去世后，徐枋作哀辞赞道："当拂乱而益坚，时撄困厄而逾壮。""今先生洁身固节，全而归之，不堕家声，不愧师传矣。"这是对好友褒奖，也是一种自勉。

同样，徐枋的同道合作者也不断勉励徐枋，徐枋也从中获取了精神能量的补充。1678年，清政府开博学鸿词科，征举名儒；次年应试者143人，取中50人。其中不乏徐枋亲近或熟悉的人物，如陈维崧、朱彝尊、汪琬、汤斌、施闰章、尤侗、潘耒等。同年秋，隐逸僧南潜访徐枋，赠诗一首：

"涧上闭双扉，灵岩青在眼。吾不来七年，樵道登如栈。

入门向忧患，往返复书柬。一声呼先师，泪下不可绾。

人间忽师法，云烟荡无限。以君金石心，一令浮薄赧。

吴中诸高贤，凋落去如铲。"

诗意既是对所谓"吴中诸高贤"的蔑视，同时也是对怀有"金石心"的徐枋的鼓励。

另外，遗民诗人韩纯玉赠诗给徐枋："初服不随沧海变，高情长与白云深。"遗民大儒黄宗羲褒奖徐枋："吴门故为清议所主。危言核论，不避公卿。东林顾、高之时，相为激扬者，忠介与文文肃，姚文毅；嗣诸为徐勿斋、杨维斗。钟石毕变以后，子佩、俟斋、贯溪，巍然晚出。"这些都应是友人对徐枋的鼓励与一种遗民间的互勉。

由于遗民意识在清初的较长时期内能够直接左右当时民间社会的主流意识，并因此间接地影响到上流社会的某些风气，使得一些前明官员仕清后，

"行在朝廷，言望草野"。这些"贰臣"在社会舆论的压力下，不仅收敛起为虎作伥的得意与嚣张，还不得不追悔"变节"的行径。清初的"江左三大家"即是。钱谦益悔恨投降北上，吴伟业临终前遗诗哀哭，龚鼎孳愧对江左父老。遗民与贰臣孰悲孰喜，由此终见分晓。

直到乾隆朝，清一统天下已经 60 余年，清初遗民的气节与毅力仍然受到学界的追捧。像全祖望，他专心致志于整理东南文献，表彰志士仁人，弘扬忠君报国、"无求生以害仁，有杀身成仁"的民族传统道德，表现出古代士人所必须依托的精神支柱。

四、怀旧长诗的一般历史意义

清初遗民的怀旧长诗各有特色，有的具备历史意义。钱秉镫的《哀江南》有 1600 字左右，共 18 章，再加上自序与自注，全诗在 2000 字以上。序文："江南死事者多人，以予所知者，四方或未尽知，各赋一章，备异事野史采择焉。"第三章就是记徐汧殉国的壮举。

再如阎尔梅的《惜扬州》，是近 600 字的长诗，自序："扬州之惨，则深有可惜者"。诗中追忆当年"史公督师入彭城，两河义士壶浆迎。"但是，"左右有言使公惧，拔营退走扬州去。两河义士雄心灰，号泣攀辕公不驻。"诗人认为史可法的一进一退，在危局中举措失当，"长江全恃两淮篱，篱破长江今已矣。与其退守倖功难，毋宁决战沙场里。"因此，认为"公退扬州为公羞，公死扬州为公愁。"阎尔梅的看法或许有臆想的味道。但是，由此可知，清初遗民在总结南明速亡的教训时，必定议论到江淮督师不利的种种原因；对史可法的功过有一些讨论。本篇长诗的另一叙事重点是谴责清军对繁华扬州的大劫掠，是扬州的财富（而不是恼于抵抗）使得占领者大开杀戒，因而揭露了易代之际对南方社会经济的严重破坏；使本篇长诗带有诗史的作用。

再如陈璧的长诗《挽留守相公稼翁夫子七十韵》，尾句称："聊挥三斗血，漫草百言诗。"读其全诗，诚非虚言。诗人与诗中主人公瞿式耜为同邑晚辈，论学业传承，前者称后者为师；前者又与后者同仕於南明弘光、永历两朝，应是患难同人。诗人对瞿公的悼念，慷慨激昂，叙事中隐含永历朝故事，对瞿公的极为高度的赞美，同时又对误国败类的无比愤慨。

《怀旧篇》记载的人物，不仅仅对诗人本身影响深刻；并且对易代之际的江南同样有着重要的社会影响力。所以，《怀旧篇》对于清初的江南社会政治、文化面貌还是有提示备忘的作用，具备一般的历史意义。

徐枋作为遗民，一直在山林草泽存身，不入城市，与世隔绝；交往无非同类遗民、隐逸僧、还有一些乡民。徐枋与他们一起含辛茹苦，忍辱负重。如，"更有布衣一村叟，捐金解厄称吾友。回首当时跨八厨，东京名士亦何有。"此四句所反映的是一位民间人士慷慨解囊，在徐枋面临朝廷拘捕的紧急关头，毅然挺身而出，慷慨解囊，不图回报的帮助徐枋度过难关；表明了民间对抗清义士的同情与支持。

又如，"论交欲得意气真，交满天下无多人。延州后人称国器，咄哉琨逖斯其伦。时推俊杰才弱冠，身投湖海常垂纶。矢心欲醒天帝醉，出没生死忘酸辛。胡天沉酗不愁遗，使我涕泪徒霑巾。"说的是挚友吴祖锡的坎坷曲折，不屈不饶的斗争经历。吴祖锡可谓抗清斗士。他为抗清，散尽万贯家产，先后参加几个系统的武装抗清活动，屡蹶屡起，终生念念不忘恢复故国。徐枋与吴祖锡论私谊为内亲（吴为徐姐夫），谈道义，为生死之交。吴祖锡去世后，徐枋自哀："呜呼！自吴子殁，而天下绝援溺之望。余不佞无生人之乐矣。"所以，全祖望评价徐枋与吴祖锡："其（吴子）生平踪迹，颇与先生（徐枋）相反，而实为同德。"

又如，"镵鏊山人时命驾，淋漓歌哭人争讶。百六征书絮未休，十千沽酒罚无赦。高士例须怜麯蘖，衔杯每欲穷晨夜。时人尽道次公狂，坐客时遭祢衡骂。"自注："昆山归玄恭处士庄性放达，嗜饮酒，自号镵鏊钜山人。每草堂为酒令，征古事人物之极隐僻者，应迟即罚酒。酒尽，玄恭辄出囊中钱沽之。尝夜半扣酒家门沽来。罚如数乃已。"讲的是归庄的事。徐、归两人为患难之友，相见恨晚。归赞"徐昭法孝廉，高风亮节，余甚重之。每至山水，杯酒流连，时出其诗、古文、绘事相示"。又称："徐子诗文书画，遂有兼长"。归赠徐的诗有五首见存，应是较多的。俩人相交的基础应是"山家惟有徐子贤，乱余与我共蹭蹬"，"把酒论文皆磊落，剪灯话旧自悲辛！""辩论文史致足乐，唱酬词翰良亦称。"当然，归庄把酒论文的方式方法，比较乖僻。

如果不看徐枋的自注文，还不能知道归庄的这些交游行为与生活细节。徐枋如此回忆，不表明他不敬重归庄。见记载："归玄老向寓尊斋，时有待雪诗，亦齿及不肖者，其句惊人，已刻行矣。弟亦恳其改刻，玄老性素倔强，然甚见叹许，即时改去，可见胜流自是不同耳。"可知徐对归仍是衷心佩服，尊敬之至。

不过，《怀旧篇》内向自求，仅仅反映出与诗人自身相关的隐逸群落的内容，忽略更大范围或更多层面社会性内容，不能不严重削弱《怀旧篇》作为史诗的意义。

另外，《怀旧篇》对一些与诗人关系密切的人物没有提及，恐怕不是失忆，而是不愿意提起。像嫡弟徐柯，在书画方面也有一定的造诣，入清后当隐逸民，杜门不出；但是，其行为踪迹与徐枋迥然不同。徐柯有贵公子之风，隐居在家，居然四方宾从，文酒宴会；文字创作方面，"始则风流跌宕，继归和光同尘。诗半入温柔乡语，与俟斋各行其是"。徐氏兄弟很有可能为家务事啧有烦言。不仅《怀旧篇》不提徐柯，在《居易堂集》也几乎是忽略不计。还有汪琬，论学业，同出一门；论亲缘，为姑表兄弟；论功名，汪贵为大吏，徐乃是遗民；论文章，汪是清初著名散文家，徐文在当时默默无闻。但是，徐枋绝对不会去攀缘这位贵人，原因是道不同不相谋。

然而，《怀旧篇》对另一类与诗人密切相关、且为同道的人物，像魏禧、董说、潘耒、葛芝、陈瑚、朱用纯、黄宗羲诸人未见记入，恐怕确实是一时失忆；或许是因为在其他诗篇中已经提起过的缘故。当然，《怀旧篇》作为个人思怀之作，难免疏忽，对此，我们不能苛求。

总之，诗人历尽艰辛，到晚年，心境仍然磊落坦荡，淡泊名利，坚守精神家园，无愧无怨无悔为此付出的一切坎坷磨难险恶，由此痛苦地呼吁人生价值的诚实、快乐地讴歌生命自由的真谛，一声长啸，流传至今。

附录《怀旧篇》全文：
平居怀旧意惝怳，五十年间似反掌。
耆旧於今无一存，音容历历犹堪想。
余年十四歌采芹，蜚声早擅青云上。

郑庄有客大父行，张楷造门皆父党。
经学渊源从申公，圻父尊严亟私奖。
安车枉过吴趋里，品题一及人矜仰。
次年十五始观场，金陵文战争秋爽。
三试秋闱年廿一，名场得俊驰尘鞅。
渭滨垂钓获钜鳌，天水甲族称人豪。
吏绩时推天下最，一朝扫迹栖蓬蒿。
忽然丧乱倾家国，痛哭天崩复地圻。
先公殉国汨罗游，止水无从居土室。
人师独羡紫阳尊，婴城亦继彭咸则。
当年贻诗勖忠孝，临风读罢还悲泣。
稚齿即多长者遊，况今避世荒江陬。
曾下常悬仲举塌，曾卧百尺元龙楼。
云间给谏最相爱，忘年降分为朋俦。
胡然兵解骑箕尾，欲归天上驱旄头。
横渠虎皮昔抠侍，关西鳣堂从讲求。
并叨国士无双誉，共拟襄贤第一流。
逝水娄江不可返，遗音皋里空千秋。
缟素一时同会葬，舟车千里争相投。
湖渍崖广往一哭，风悲雨泣余荒丘。
桐菴夫子真寿岂，桃坞先生自魁磊。
往来二老诚风流，须眉皓白衣冠伟。
问年八十相后先，岁寒朋情终不改。
轻身岁岁必经过，终始周旋三十载。
襆被携尊每极欢，围棋赌墅频争采。
草堂题署墨犹新，至今仿佛闻謦咳。
明农通隐周年华，颂言初度敷天葩。
激赏因言为御侮，松楸勿翦交情赊。
时推黄阁能传笏，共道青门好种瓜。

草堂宾从尝屣履，素交频来矜旧雨。
周袁交我纪群间，杨万求於翰墨里。
嶷如断山千载人，卧雪高风百世士。
山头薇蕨每自甘，慷慨分忧生死谊。
乱后心期称最深，伯仁邵公真莫比。
樊泾遗言心惄如，隰西绝笔吾师矣。
古人交情十二年，千里同心书一纸。
季江视我同雷陈，仲海因之亦孔袮。
同被恒矜孝友偏，联床常妬埙篪美。
流连风景悼兴亡，寄托离骚同怨诽。
两贤前后赴修文，敬亭竺坞垂青史。
镳鏊山人时命驾，淋漓歌哭人争讶。
百六徵书絮未休，十千沽酒罚无赦。
高士例须怜麴糵，衔杯每欲穷晨夜。
时人尽道次公狂，坐客时遭祢衡骂。
避地当时亦屡迁，数椽茅屋天池边。
买山空囊苦羞涩，卜邻喜得逢名贤。
徐摛年老爱泉石，落木菴中启禅窟。
竺坞天池称比邻，征诗问字相络绎。
澄江尚书莲社贤，开封太守髡华颠。
尚友每寻高士传，登仙独上孝廉船。
居士现身栖宝地，头陀说法皈金仙。
大圆镜中续无垢，堆山米汁真逃禅。
争言万法还归一，逗我禅心耽寂灭。
天界遥闻大导师，邓山更有弥天释。
一笠披云出石头，一叶浮杯来震泽。
再宿湖庄惠话言，十年湖畔踰阡陌。
紫云仙人不可求，黄面瞿昙兮再出。
慈心为结人外契，时时清盼成莫逆。

山中丘壑启津梁，烟云供养披昕夕。

天上灵岩一退翁，蔚然忠孝开宗风。

弥空慈云覆世界，亘古正气蟠心胸。

欲令大地出火宅，欲令长夜闻晨钟。

顾我尤深知己感，一言一笑心无穷。

挥戈炼石有精意，隻履双树垂芳蹤。

嶒嶒黄山气无上，徽音无忝明师匠。

昔在朝端现凤麟，后归法苑称龙象。

过余土室何殷勤，自谓当仁诚不让。

论交欲得意气真，交满天下无多人。

延州后人称国器，咄哉琨逖斯其伦。

时推俊杰才弱冠，身投湖海常垂纶。

矢心欲醒天帝醉，出没生死忘酸辛。

胡天沉酣不憖遗，使我涕泪徒霑巾。

更有布衣一村叟，捐金解厄称吾友。

回首当时跨八厨，东京名士亦何有。

姓字依稀三影间，歌吟惆怅四愁后。

天道无知剧可怜，孤坟片碣期不朽。

亲朋凋谢岁月驰，怀人拊景宁能追。

当时垂髫今白首，俯仰欻忽成吾衰。

岁寒后凋意自勉，硕果不食心相期。

中原遗民竟谁在，独立宇宙能委蛇。

偶然苟全幸无恙，敢云独抱凌霜姿。

嗟我生平多坎坷，更伤骨肉多崎岖。

遂令衰迟益老丑，不觉憔悴增堕颓。

龙钟鲐背同耄耋，霜髭雪鬓何 peisai。

阳和亦凛冰霜惨，丰岁长茹草木滋。

无酒自怜真独醒，闭门不厌遭长饥。

每笑井边无半李，谁肯墙头过一卮。

前年悼亡五十九，天胡厄我丧吾偶。

居恒怅怅若无之，闺中又失一良友。

枵然一室称老鳏，今年已是六十三。

低徊形影自相吊，无端老泪尝潸潸。

静中八九数往事，宁能一二开欢颜。

回首沦亡悼知己，余生倔强自世间。

生平友朋为性命，那知造物偏无悭。

情深一往不能已，缅怀邈若悲河山。

黄公酒垆山阳笛，人生有情泪沾臆。

诸公往矣那复得，草堂寂寂无颜色。

参考书目：

[1] 徐枋. 居易堂集（四部丛刊本）[M]. 上海：上海书店，1984.

[2] 沈德潜. 清诗别裁集 [M]. 上海：上海古籍出版社，1984.

[3] 孙静庵. 明遗民录 [M]. 杭州：浙江古籍出版社，1985.

[4] 邓之诚. 清诗纪事初编 [M]. 上海：上海古籍出版社，1984.

[5] 钱仲联. 清诗纪事 [M]. 南京：江苏古籍出版社，1987.

[6] 黄云眉. 鲒埼亭文集选注 [M]. 济南：齐鲁书社，1983.

[7] 归庄. 归庄集 [M]. 北京：中华书局，1962.

大节难随九鼎沦——通儒顾炎武简论

17 世纪的中国，风云激荡，人才济济。众所周知，"顾、王、黄"作为清初的三位通儒，便是其中的一种类型。

顾炎武在易代之际，保持了民族气节，并找到了一条报效祖国的途径；他勤奋好学，知行结合，超越历史发展；他是清代学术史上一位继往开来的大师，是古代儒学的又一位集大成者，开拓有清一代治学朴实、求证钻研的良好学风，践行了由其本人提出的教化天下的主张。

第一节 积极有为的人生

一、积极入世的人生态度

顾炎武（1613～1682），本名继绅，更名绛，字忠清，乙酉后，更名炎武，字宁人，号亭林，别号蒋山傭，昆山人，出生于官宦世家，曾祖章志为嘉靖进士，官至南兵部侍郎；生祖绍芳为万历进士，官至翰林院编修兼制诰；生父同应为诸生，七试乡试不中，中年去世；炎武自幼过继给从祖（嗣祖）绍芾为孙，绍芾为太学生，以书法鸣世，日抄古籍善本，积累甚多；嗣祖家产颇丰，然而，嗣父早卒，嗣母王氏虽未婚，但秉从一而终古训，"嫁"到顾家，育炎武成人。

成年后，炎武为诸生，多次参加乡试，不售；年十七参加复社，结交归庄等社友，然而还没有崭露头角。甲申五月，南京福王政权建立后，炎武以贡生荐授兵部司务，只是闲职，不必上任。乙酉五月，福王出逃，钱谦益等人签名降表，拱手交出南都，清军旋下江南诸府县，闰六月清政府下达"剃发令"，激起江南各地人民群众的强烈反对，清政府实施高压政策，迫使江南人民反抗。炎武参加过昆山武装反清的群众行列，立即被镇压下去。炎武侥幸脱逃，而避居常熟农村的嗣母竟以绝食致死，临终前，"遗命炎武读书隐居，无仕二姓"。[1](p.85)

以后的若干年，顾炎武似无宁居处，行迹不详。据炎武自述"出入戎行"，[1](p.86)与朋友回忆："复叙国变初，山东并'贼吏'"[2](p.341)；又见其时而海上，时而淮上，足迹遍布大江南北的线索，令人觉得，炎武应该是在各股武装抗清势力之间秘密串联，充当反清复明队伍的骨干。不过又有准确的材料证明，顺治初期若干年，炎武潜心读书，学养大为长进。炎武隐居读书地，在太湖东山与常熟语濂泾等地。总起来说，清初，炎武参加了一些武装抗清集团的外围活动，但以乡隐读书为主。

顺治七年，炎武剪发，重新开始公开活动。同年，与归庄一齐参加成立于吴江的惊隐诗社，社友是吴越各地不仕清朝的隐逸之士。以后，炎武以商隐的形式行事，"抱布为商贾"[1](p.143)，走旧都南京拜谒明太祖陵，寄托对故国的哀思；还渡江走淮上，联络新老朋友，同时，炎武不误商务。[注一]

经过几次出游，炎武遂有长期远游的行动计划。顺治九年，炎武邀王猷定、万寿祺、归庄、陈济生、王锡阐等21位好友署名，作《为顾宁人征天下书籍启》，内云："宁人……读书山中八九年，取天下府州县志书及一代奏疏文集遍阅之，凡一万二千余卷。复取二十一史并实录，一一考证，择其宜于今者，手录数十帙，名曰《天下郡国利病书》，遂游览天下山川风土，以质诸当世之大人先生。……"[1](p.164)作此准备之后，并未立即行动，仍然只是在本地区范围内游学；尔后，因杀家仆陆恩事入狱，被迫停止远行。（关于杀仆原因，大致有二：一是里豪叶方恒利用陆恩，企图吞并顾家祖产；二是陆恩告发炎武抗清往事。）顺治十三年，狱解，十四年以后，便远行山东、河北等地。几年后，与炎武"同乡同学又同心"[3](卷五)的归庄有诗云："故人北去已三年，北望钟山信杳然。破尽万金一身在，青齐漂泊又幽燕。"[3](卷一)归庄还说："余踯躅羁旅，十余年来，踪迹同萍梗，顾仅仅南渡钱塘，北涉江淮。南方文弱，所交与率书生，不能如大咸，结纳齐鲁奇节之人，燕赵悲歌之士；

间以诗歌发愤抒情，其得江山之助，亦不能如大咸之多也。"[3](卷三) 本文，归庄在说咸大咸，实际上不无炎武形象。然而，贫困一生的归庄是不可能"破尽万金"远游的。

二、悄然的变化

在北方的数年后，炎武思想悄然发生变化。他以"教化天下"说取代了原来的"复国"说。他对自己的行为目标作了新的审定，从原来的与清朝势不两立的立场，灵活地改变成为顺势而为的处世态度，并按照儒家政治伦理，重新解释清朝的合理存在。对清朝的合理政策，采取默认并有某些间接合作的态度。顺治十六年，炎武之甥徐元文（1634～1691）中状元，炎武不仅没有排斥元文，反而进京，与元文会面，以"必有体国经野之心，而后可以登山临水；必有济世安民之识，而后可以考古论今"[1](p.253) 勗语规劝；以后，炎武另外两个外甥徐乾学（康熙九年探花）、秉义（康熙十二年探花）名列巍科，炎武也不断往来；炎武又与北方时贤硕彦、地方官绅，如程先贞、施闰章、梁清标、曹溶、孙承泽等人频繁往来，并与旧仇新贵叶方恒言和。这些新做法，炎武有其深思熟虑。

炎武想的是通过保存民族历史传统文化，来保全百姓生存的"天下"，其本人必须做到不与清朝发生直接的合作，但不能也不可能阻止他人重建清明政治。这种想法固然越出"完贞"藩篱，但还不失个人的气节。（不能说炎武的意志不坚定，晚年的炎武仍然坚拒大吏举荐。）时贤不乏此想法，如黄宗羲教子侄应试、陈子龙殉难之前关照门生择路而行，都是如此。后人不必因此为贤者讳。从"完贞"的立场看问题，炎武气节比徐枋等人有差，不无道理；但是，炎武等人并没有过错，通过他们"教化天下"的人文行为，还是为"天下"、为本民族立下了千秋功业。

从顺治十四年（1657）到山东起，至康熙二十一年（1682）去世，长达四分之一世纪，炎武长期居住北方的山西、陕西各地，"九州历其七，五岳登其四"，中间只有短暂的回乡。炎武在那里，行万里路，读万卷书，广泛涉猎经史子集群书，连金石考古、文字音韵、方志地理，都有深厚的造诣。他发愤写作，著述宏富，完成了他一生中绝大部分的著述，其中有《天下郡国利病书》、《日知录》三十六卷、《二十一史年表》十卷、《音学五书》三十八卷、《历代帝王宅京记》二十卷、《肇域志》、《诗文集》等六十余种。[1](p.562)炎武从原来的"一江南富人之有文才者"，[3](卷五)逐渐成为"名满天下"的思想家、文史学家。炎武不仅仅是位学人，还是一位理财高手。近人汪辟疆先生如是说："昆山顾氏，以通儒而兼王佐之才，……自少至老，无一刻离书，即据鞍之暇，垂暮之年，犹默诵诸经注疏，似为佔毕之儒矣！然观其治田章邱，垦牧华阴，随宜小试，动致巨万。则其学又不仅空言而已"。[4](p.942)至于还有人认为炎武在山西期间成就了钱庄业，只能是疑信两存了。[注二]

第二节　"经世致用"的治学宗旨

后人将炎武与王夫之、黄宗羲，并称为清初三位"通儒"。与王、黄相比，炎武以博识为长，稍逊于思辩。炎武之博识，可见《日知录》，该书是作者平生精读经史，融会贯通后抽绎其心得写出的精彩札记，可以称作炎武用毕生心力精心结撰的作品，"平生之志与业，皆在其中。"[5](p.1)康熙九年（1670），初成八卷本在江苏淮安付刻，之后作者不断加以完善，扩充为30余卷。顾炎武去世后，弟子潘耒（1646～1708）将书稿加以整理，成32卷，共1131个条目，于康熙三十四年（1695）在福建建阳刊刻。至此，《日知录》始成完书。全书包括：中国历代政治制度史和社会制度史；中国上古社会史和中国上古文献史；地理沿革史；文艺评论；文字、声韵训诂、版本、目录、校勘、辑佚等内容。该书是清初"实学"的典范，为日后崇尚实证的"乾嘉学派"指引了道路。

炎武的思辩或许不及"王、黄"，但是，他提出的"经世致用"的风气，对我国古代社会晚期的学术发展，起到了极其重要的作用。"经世致用"，必须以六经为立说根本，即"仁政德治为本"。士人的"忧天悯人之志"必须"事关国计民命"[6](p.24)。这些观点不出儒家"仁政德治"的范畴。如，炎武对曹操的"唯才是举"提出尖锐的批评："孟德既有冀州，崇奖跅弛之士，观其下令再三，至于求负污辱之名，见笑之行，而又治国用兵之术者。于是权诈迭进，奸逆萌生"。他认为士风趋善不易，举例东汉初期"以经术之治，节义之防，光武、明章数世为之而未足。"然而，士风向恶不难，"董昭'太和之疏'，已谓当今年少不复以学问为本，专更以交游为业，国士不以孝悌清修为首，乃以趋势求利为先。至正始之际，而一二浮诞之徒，聘其智识，蔑周、孔之书，习老、庄之教，风俗又为之一变。"所以，他对曹操作出的评价是："毁方败常之俗，孟德一人变之而有余。"最后，他把观察历史的目光又投向现实中，呼吁"后之人君，将树之风声，纳之轨物，以善俗而作人，不可不察乎此矣。"[6](p. 1011)

炎武还提出"经世致用"的治学方法，一是要通古今变化之原委。他认为"百家之说，粗有窥于古人"，"非好古而多闻，则为空虚之学"。在《音学五书》自序直言："此书为三百篇而作也。"《日知录》亦云："惟君子为能通天下之志，盖必自其发言始也。"可见他以恢复古音，作为保持民族历史衣冠礼仪之一部分，从而体现该书"经世致用"的意义。炎武把纯属技术性的音韵学，都赋予政治内涵，不能不说他始终不忘立身之本，亦即"经世致用"的最终目的。所以，炎武倡导的文风，在本质上是要求紧密联系现实的、不脱离社会的，所谓"文须有益于天下"，[6](p. 1439)哪怕"一卷之文，思有裨于天下"。何为有益之文，必须是"明道"、"纪政事"、"察民隐"、"乐道人之善也"；相反，"凡文不关六经之指、当世之务者"、即与研究历史与现实无关的文字，坚决不为。对那些言"怪力乱神之事，无稽之言，剿袭之说，谀佞之文"，炎武通斥之为"有损于己，无益于人，多一篇，多一篇之损矣"。[6](p. 1439)对那些为炫耀才学而作的文人，称"吾见其日从事于圣人，而去之弥远也"。[1](p. 361)

二是强调学人的"博通"与"践行"。他云："愚所谓圣人之道者如之何？曰'博学于文'，曰'行己有耻'。自一身以至于天下国家，皆学之事也；自子臣弟友以至出入、往来、辞受、取与之间，皆有耻之事也。"[1](p. 361)应当说，反对空疏之学，是有明以来通达人士的共识，如张溥、陈子龙等人也是这样倡导的；但是，申明"博学于文"、"行己有耻"，则是炎武惩于明季文风、学风之弊，提出的警示，对后代学人有着普遍性的意义。从炎武本人的治学途径来看，不仅仅是"博通"，诸如持之以恒、"不可自小，亦不可自大"、诵抄结合、不图虚名、"能文不为文人，能讲不为讲师"，等等。他强调"践行"。人皆佩服他，精研文献资料、通古今之变；最为人所敬佩的是，他非常重视实地考察，诸如"骑驴走天下，所至荒山颓阻，有碑版遗迹，必披榛菅、拭斑薛读之，手录其要以归"（李光地语）[7](p. 3096) 的描述甚多甚详。在践行的基础上，炎武再反复比照，潜心研究，使其著述精益求精。炎武的学风对于后世朴学家的影响力极大。

第三节　有所创新的政治伦理

　　炎武的"经世致用"观，积极用于自身的现实政治态度厘定方面。

　　首先，看重气节。炎武体现出"竞竞严出处、去就、辞受、取与之辨"的特征[8]。他说："人生无贤愚，大节本所共。蹉跎一失身，岂不负弦诵。"[2](p. 1084) 因此对晚明以来，一批士大夫蒙面丧节的行径嗤之以鼻。这些情况向为学者熟知。

　　其次，有所不为有所为。分析时局，炎武提出有"亡国"与"亡天下"之区别，赞同"仁义得天下"的概念，有着矫正"愚忠"行为的意义。他说：历史上的"易姓改号，谓之亡国"。换言之，这是政权更替，还不是绝境；"仁义充塞，而至于率兽食人，人将相食，谓之亡天下"。换言之，世人无活路，才是绝境。他还说："易姓改号"，事关国脉，肉食者必须谋划，臣忠君，君保国；而"人将相食"，事关天下万民，匹夫有责。[6](p. 1014) 此后，"天下兴亡，匹夫有责"，成为警世名言。分析其言，他认同的"国"，相当于"邦"，既有姓号之别、又有夏夷之分；"天下"则是夏夷共存之地，只有真假"仁义"之别。综观出走北方之后的炎武言论，他是对经整肃之后的顺、康朝，"行仁义，得天下"有默认的意思。进一步可知，炎武不是不讲"夷夏之防"，而是反对空谈而无标准的族类区别。对"非我族类"，炎武论定的主要标准是观察其对待百姓的态度，论其曲直是非。如"外国风俗"条云："宋余靖言：燕蓟之地，陷入契丹且百年，而民亡南顾心者，以契丹之法简易，盐麹俱贱，科役不烦故也。是则省刑薄敛之效，无所分于中外矣"。[6](p.2179) 在实践方面，他通过三个外甥，体现了"匹夫有责"的内涵。如"（徐）乾学在康熙时，一门鼎贵，位极人臣。凡国家有大编述，乾学为之发凡起例，以总其成"。[8]其中，不能没有乃舅炎武协助之功。

再次，强调"士范"。炎武总结晚明士风长期萎靡不振，国家因此病入膏肓，最终走向衰亡的教训，提出"故士大夫之无耻，是谓国耻"。[6](p.1037)何谓"士范"，他认为：士要有"救民于水火之心"、尽"救民"之责。一种是"救民以事"，由仕者承担；另一种是"救民以言"，由众士承担。[注三]这些似乎是在参照传统的"邦有道，危言危行；邦无道，危行言孙"的说法；但有意思的是，他把用言论训育民众，作为士夫之责，当然是把自己看作维护"天下仁义"的人。这就是炎武后半生以"教化天下"为己任的信仰依据。

最后，引导社会风俗。炎武提出士夫，应当引导社会风俗的改善。他十分气愤地批评晚明士大夫"无所用心"，却带头搞"穷日尽明，继以脂烛"的赌博游戏。他也批评江南风俗至薄，"前人坠坑之处"，炎武在道德伦理方面的规范，引起后人的注意，如邵廷采认为"民风节播远者，无过宁人。盖其性挚，而才足以发之，宜乎后人瞻望而兴起也。"[9](p907)

第四节　文学创作与文学批评观

炎武的诗歌创作成就，实居清初诸通儒之首；不过，其诗歌创作在当时的影响范围与力度，恕难高估。与其同时期的知名学者皆已交口称赞炎武为"通儒"、"博学"，称其诗仅仅是"事必精当，词必古雅"、"清景当中，天地秋色"[10]之类的套话。然而，进入雍、乾年间，炎武诗创作引起学人的更多关注。乾隆初年，沈德潜编《明诗别裁集》，立下"因诗存人"的原则，结果遴选由明人清、进入康熙时期的诗人时，特将炎武置于首席，选诗最多，评价最高。尔后，有清一代学者对炎武诗创作的评价逐代攀高，以至于称为清诗开山。显然，炎武诗创作本身就有丰富的内涵，才能使后人从中不断地挖掘出符合各自所处时期社会心态的阐释。

读其《诗集》，可知炎武前后三个创作时期各异的风格。

其早期（甲申之前）诗篇，因结交皆东南举子，复社同人占多半，气味相合，自明七子人，心摹手追古诗；叙事沉稳，遣词沉凝，富于情感，不轻用典，重视艺术技巧；内容方面，危机意识浓郁，发人深省。

中期（远行山东之前）诗篇，因结交皆抗清英烈与遗民俦侣，内容纪易代之事，存万民之痛，表亡国之恨；词语激楚慷慨，韵律宽紧适中。作者言后死之憾，吟者生痛愤之情。从而激励起民族精神，振奋爱国热忱，其诗救世功能在于此。如《陈生芳绩两尊人先后即世，适皆以三月十九日，追痛之作，词旨哀恻，依韵奉和》有："人寰尚有遗民在，大节难随九鼎沦"。[2](p519)

后期（远行北方各地）诗篇，因结交颇杂，从形式看，与前不同，摹状山川胜景，凭吊诗渐多，托物寄兴，吊古伤今，巧用故事，词语典雅，于弘扬民族历史与传统文化，出力甚多。从内容看，诗为心声，炎武内心深处犹有恢复汉家社稷的愿望，一露无遗；但又有更为现实的追求清明政治（教化天下）的想法。如《又酬傅处士次韵》有："三户已亡熊泽国，一成犹启少康家"。"待得汉廷明诏近，五湖同觅钓鱼槎"；[2](p803)与《五十初度，时在昌平》："远路不须愁日暮，老年终自望河清"。[2](p764)此期有些诗，语气转为平缓，如《答徐甥乾学》："孤单苦忆难兄弟，薄劣烦呼似舅甥。今日燕台何邂逅？数年心事一班荆"。[2](p699)

总的看来，论炎武诗，"宗法杜甫，沉郁苍凉，有强烈的爱国精神与艺术感染力，卓然大家"（钱仲联语）[11](p115)的评价，恰当公允。林昌彝说："胸罗列宿贯三壬，一首诗歌一字金。当代风骚谁领袖，开山独让顾亭林"。[12]若从诗教功能方面观察，也不为过。炎武的诗歌的确起到了"教化天下"的导向作用。不过，诗本是以形象取胜的韵文艺术，不独思想内容，还有艺术表现力共同决定诗存世的历时性。炎武的诗创作，不像通常的古代诗人，用艺术悟性将事理融入具体的事物之中，托物言志，缘事抒情，使读者非亲历也可以触觉到其物其事；而是通儒的诗，说理性强于触觉性，因而极大地局限了其诗的影响力。

炎武的散文创作贯穿"经世致用"的精神，不重辞藻华丽，反对模拟古人，重厚崇实，在精读经史典籍之后，从中勾勒归纳故实，达到发明创新的结果。如《生员论》[13]，笔锋犀利，论述透辟，充满反思态度，洋溢着批判精神。文学性的散文不多，但是，佳作不少，如《山阳王君墓志铭》[13]，炎武细腻地叙述亡友潘柽章一家悲惨遭遇，身为富商的王略给予无私帮助，体现出"仁而爱人，乐善不倦"的高尚气质。该文娓娓而谈，无一谀语，又无一语不是在歌颂民间义侠。

炎武的文学批评独具匠心。他特别看重诗文的内容，在形式方面，他不讲究严谨，切忌"诗有杜"而不知自我作为，"文有韩"而忘乎创新，提倡"未尝不似而未尝似"；作诗歌，提倡"韵律之道，疏密适中为上"，[14](p38)反对束缚内容的形式化的韵律模式，以快畅流利表达情感为宗旨。这无疑是正确的。但是，他甚至以一个严谨学者的眼光，看待文学性的诗文创作，以"崇实信"，"黜虚诞"的尺子，衡量诗文成就的高下，对有明以来浮躁文风，似乎有矫枉过正的做法；另外，他提倡"重厚"的另一面，还有一种保守成分，如对于民间文学创作或男女爱情诗歌，有过分的批评或防范，告诫诗歌"弗畔于道"，判断《国风》中的《桑中》、《溱洧》为"淫诗"，此类观点尚可商榷。

余论

炎武告诫学人："人要先除三见：门户之见，方隅之见，书生之见"[5](p5)；并且亲身躬行于此，所以，炎武做出了了不起的学术成就。但是，人无完人，炎武受历史的局限，难免缺点。前文已有所涉及，补叙如下：

在社会分工方面，他认为："今日致太平之道何由？曰：君子勤礼，小人尽力"。[6](p2117)在人民群众与士大夫之间划出一条清晰的界限。他对乡绅所代表的强宗豪族颇具好感，《斐村记》说清初北方"州县之能不致于残破者，多得之豪家大姓之力，而不尽恃乎其长吏"[13]；所以希望给乡绅更多的支持。在改制议论方面，他提出"行均田"、反对"以银为赋"，改"纳实物"（以米绢代银）的做法，于世无补，患食古不化之病。在治学方面，他偏重于个人修行，而对民间讲学的批评不免偏颇。炎武所有的不足之处，都无碍后人对其人其学泰斗般的景仰。

注释:

[1] 曾有这样的解释:认为炎武并非真的经商,仅仅是"伪作商贾",遮人眼目而已;真正目的是联络抗清人士。此类说法,本意善良,但是缺乏实据。"联络"两字,无论怎么说,都是成立的;关键是不承认炎武经商、而冠以"伪作商贾"名目,实际上是古代文人故作清高的习气,孰不知明末吴地士大夫崇商已经普遍;何况,炎武誓不仕清,从事经商有何不当?须知,炎武隐居读书地太湖东山一地经商风气甚为悠久,炎武身受其染,是顺理成章之事。

[2] 参考徐珂《清稗类抄》、章太炎《文录外编》。

[3] 《日知录》"直言"条原话:"张子有云:'民,吾同胞。'今日之民,吾与达而在上位者之所共也。救民以事,此达而在上位者之责也;救民以言,此亦穷而在下位者之责也。"(《日知录集释》第 1447 页)

本章参考文献:

[1] 周可贞. 顾炎武年谱 [M]. 苏州:苏州大学出版社,1998.

[2] 王蘧常. 顾亭林诗集汇注 [M]. 上海:上海古籍出版社,1983.

[3] 归庄. 归庄集 [M]. 北京:中华书局,1962.

[4] 汪辟疆. 汪辟疆文集 [M]. 上海:上海古籍出版社,1988.

[5] 张舜徽. 清人笔记条辨 [M]. 沈阳:辽宁教育出版社,2001.

[6] 黄汝成. 日知录集释 [M]. 上海:上海古籍出版社,1985.

[7] 陈田. 明诗纪事 [M]. 上海:上海古籍出版社,1993.

[8] 张舜徽. 清人文集别录 [M]. 北京:中华书局,1963.

[9] 邵廷采. 明遗民所知录(丛书集成续编第 127 册) [M]. 上海:上海书店,1994.

[10] 朱彝尊. 静志居诗话 [M]. 北京:人民文学出版社,1990.

[11] 钱仲联. 明清诗精选 [M]. 南京:江苏古籍出版社,1992.

[12] 林昌彝. 林昌彝诗文集 [M]. 上海:上海古籍出版社,1989.

[13] 顾炎武. 顾炎武诗文集 [M]. 北京:中华书局,1959.

[14] 邬国平. 清代文学批判史 [M]. 上海:上海古籍出版社,1995.

出处伤心著述工——诗人吴伟业简论

明清易代，风云际会，实乃群彦辈出之时。诗界贤才聚集，硕果累累，真可谓"国家不幸诗人幸"。吴伟业是其中的佼佼者。他创作了一批被称为"梅村体"的七言歌行，成为"娄东诗派"的领袖人物，影响力远超出本地域，声望的历时性强于同时代的其他著名诗人。

第一节　先荣后衰的人生

一、过重荣耀负担的才子

吴伟业（1609～1671），子骏公，号梅村，太仓人。出生于农村耕读人家，祖上曾是仕宦世家，但"中更衰落，子姓凋替"，[1](p794)乃祖庶出，少孤，家贫；乃父诸生出身，在当地教书。伟业少年从学于名士李明睿，参加复社，为张溥的入室弟子，遂名闻东南。年二十三（时崇祯四年，1631），举会试第一、殿试第二。然而，大臣有不服者，欲具疏参论，因崇祯帝批阅："正大博雅，足式诡靡"，哄声始息。伟业晚年回忆此事，云："不意年逾二十，遂掇大魁，福过其分，实切悚惧，时有攻宜兴座主（按：即周延儒），借吾为射的者，故榜下即多危疑，赖烈皇帝保全"。[1](p1131)

伟业即任翰林院编修，在朝不久，便告假归乡，几年后复职原官，在京五年，改派南京，官至左谕德兼侍讲。甲申年，正在乡闻崇祯帝遇难消息，曾有过自缢殉国的举动，被家人制止。福王政权建立，授予少詹事，到职仅两月，即辞职归乡。乙酉年，清军灭福王政权，遂下易服剃发令，各地士民奋起反抗，死者甚烈甚众。伟业不与武事，独觅隐蔽地躲藏，避过大劫。

之后若干年，伟业像个明遗民，其生存方式与同邑王时敏类似，乱世求安避险，与周围诸义师不相往来，仅参与本邑文士或邻近地区文士的文酒之酬，并无政治举动。江西金声桓反正抗清，清军去镇压，引起战事。伟业老师李明睿［注一］避乱扬州，伟业致辞中称"家园烽火，祸乱再作"，[1](p764)表达反战求和的情绪。不过，伟业尚不甘于寂寞，他出游各地时，与地方官绅往还颇多，另与预定的儿女亲家陈之遴（时任职清廷中枢机构）不断音讯，说明他并不是真正的遗民，已有出仕的念头。

二、出轨的才子

顺治九年，清政府下达征辟令，要求大臣与地方大员推荐各地贤士进京授职，无抗逆新朝记录的伟业便成为地方政府的关注焦点。有江南总督马国柱、吏部侍郎孙承泽等荐称伟业：东南人才，无出其右，堪备顾问之选[1](p1409)。通过征辟隐逸，招揽贤才，此类事历代有之，未可厚非；对清政府来说，召用伟业等人，另有用意。伟业是东南文士领袖，又当壮年，为朝廷所用，显然可以缓解南士对朝廷的敌意。

对伟业来说，这是一次极其严峻的考验。如果应召入京就职于清政权，必定成为贰臣。在当时的历史社会背景下，其中的因果联系，路人皆知。然而，伟业有无选择？伟业是否轻易就范？常见图书说：伟业没有选择的自由。清政府以高压手段加以威胁，不就范，就有杀身灭门之祸，伟业是被胁迫进京的。果真如此吗？如果换一种思路，可以发现存在另一种可能性，伟业此次进京是自觉自愿去的，外在的表现是半推半就式的。

证明一，亲家陈之遴在京为大学士，之遴与另一位大学士陈名夏结为一体，朝野称作"南党"。由于利害关系，"二陈"竭力推荐伟业，[1](p1407)并关照江南总督马国柱疏荐伟业。伟业与亲家之遴素有交通、与名夏曾为复社同人，入清后两人也有书信往来，伟业《陈百史文集序》云："溧阳陈先生以诗古文名海内者二十余年，余也草野放废，未尝一及先生之门，先生顾寓书余曰：'吾集成，子为我序之'。夫先生之文，衣被四海，乃于三千里外，欲得穷老疏贱者之一言，此其通怀好善，诚不可及，而余则逡巡未敢也。"[1](p655)以后，屡述"相恩"，能无一点通报而仓促应召吗？ [注二]

证明二，伟业与同邑王时敏俱为前朝大臣、知名文士，关系甚密；易代之际，尽管有多种遇难可能，皆因善保身家，两人都没有直接遭遇劫难；此时，时敏岂能在伟业感受威胁的情况下，有诗文祝贺呢？另外，钱谦益《送吴梅村宫谕赴召》诗，尽善颂之能事，更不待辩，一读便明。

证明三，伟业在应召之前，结识各地官吏，且与周亮工、马国柱等大吏有诗文酬答往来。这些本非隐逸人士所乐为；况且携带三十几口家人进京，也是胁迫的吗？

证明四，胡介《送吴梅村被征入都》诗，内有："幕府征书日夜催"句，被认作官府逼迫的材料。殊不知，此句亦可当作朝廷惜才的诗句，连同本诗"遗京节度新推毂，盛世朝廷倍重儒"、"春鸿那得久江东"[2](p296)诸句，同为揄扬伟业应召乃是朝野两善之事，岂有凄楚含义？日后，胡介到北京，伟业有诗相赠。[1](p408)

后世有称赞瞿式耜："瞿稼轩、张别山（按：张居正后人）两公同殉桂林之难，而一以从容，一以激烈。此亦各因性情，初非有优劣也。善乎檗庵大师（按：即隐逸僧熊开元）之论曰：'异哉！吴人非吾楚人之所能知也。楚人惟能忍嗜欲，耐劳苦，岸傲愤烈者而后能死；吴人居长厚自奉，园林、音乐、诗酒，今日且极意娱乐，明日亦怡然就戮，甚可怪也。'"[3](卷四)确实如此，有一大批吴地文人在易代之际，抛弃身家所有，义无返顾地投入自视正义的社会活动中。但是，从容就义、或激烈赴难并非吴地文人的普遍现象，比较普遍的是洁身自好、不染污泥浊流而已，还有一部分文人趋炎附势，顺治初年便迫不及待地投效新朝。伟业与多数人一样，开始是自好者；随着东南局势局势稳定下来（1650年可为分界线），伟业的态度与不少人一样，悄悄接受清政府了。如黄宗羲也于此时脱离武装反清队伍，改从事文化复古活动，用以表达自己必须承担的社会责任。只是，伟业比宗羲走得更远，他接受应召，进京履职，直接为清政府效劳，成为身仕两朝的"贰臣"。

顺治十年秋，伟业开始北上。一路上，他心情很不平静，顾虑重重。主观上，他对清朝不可能衷心拥戴的。清军南下时对家乡民众的暴行永远擦拭不去；复社旧识壮烈殉国的情景犹在耳目中；对故国尽忠报恩的想法总在心中。《过淮阴有感》云："昔人一饭犹思报，廿载恩深感二毛"。[1](p398)（伟业于崇祯元年经岁试，入太仓州庠，至南明弘光元年，身为少詹事，领明朝"皇恩"前后18年；诗语20年。）但是，伟业是典型的词臣，出仕伊始，政治态度就不明朗，行为不偏不倚。无论明末政局如何谲诡多变，他总是悄悄地做官，与己无关；入清之后，无论钟石毕毁，他还是静静地躲避，以观时变。当清朝统治略微稳定下来之后，他不得不计较再仕的利害。如仕，既不可能有所作为，还将会受到某些社会舆论的谴责，于心亦愧疚，将来青史必留遗憾。如不仕，恐怕难过官方这一关、家庭这一关、有敌意的乡人这一关，前者主要是潜在的压力；次者是百十口家人生存的现实问题；后者是防不胜防的忧患。所以，伟业在其重要的人生路途选择时，又是取其中：既要应付清廷的征召，又不会心甘情愿地进京；既有出仕的行动，又早作归田的准备；好做则做得久一点，不好做便及早回头。利害的考虑先于是非的抉择，是伟业的行为原则。

客观上，伟业感觉到入仕清朝的艰难性。"贰臣"难当，实为常识。像亲家陈之遴的馆师王铎、大名鼎鼎的洪承畴，以及钱谦益为官于清朝的窘况，伟业如此聪明绝顶，不会一无所知。"二陈"的失势，也不是好消息。伟业动身之前（顺治十年五月），陈名夏被顺治帝轻微地处罚一次，预示"二陈"危机的开始。所以，对出仕清朝的顾虑，掺杂着名分的计较，以及现实功利的考虑，使得他不能不心思沉沉。一过长江，他写道："浮生所欠止一死，尘世无由识九还。我本淮王旧鸡犬，不随仙去落人间"。[1](p398)近京情更怯，有寄当事诸大臣诗，云："匹夫志在何难夺，君相恩深自见怜。记送铁崖诗句好，白衣宣至白衣还。"[1](p401)伟业似乎感觉到自己将永远无法承受身仕两朝的心理负担，一开始就用心以极其低调的姿态，记载作"贰臣"的窘况。

三、短暂的侍御经历

次年春，伟业到京师，数月间，体弱多病，等待朝廷任命。此时，伟业正当壮年，且携带30余口家人一起到达京城，不得不寻找出路，一是保持与

"二陈"的关系之外，伟业的女儿与陈之遴的儿子在京完婚；为陈名夏作《陈百史文集序》云："今年春，始进谒于京师，会先生刻其集初就，余得受而卒读，凡诗文若干卷，不揣为之序曰。"二是积极交往朝中人物。《赠家侍御雪航》云："我来客京师，一身以匏系。老大惭知交，凄凉托兄弟"；又云："群公方见推，雅志安得遂?"[1](p219)似乎一面仍然自我表白"归隐之本志"，另一方面还是请担任侍御的吴雪航注意"群公"的推荐。伟业还积极与旗人交往，如多年后，伟业回忆曾在京师时，与长白山白氏的往来。此白氏后任太仓知州，所以有"余在京师，谒侯之太公双泉于邸第。其容粥然，其气温然，言呐呐不出口。余目之，此真宽仁长者也"。[1](p776)

值得注意的是，伟业积极与"北党"人士的交往。如当年元宵节与刘正宗的应酬，有《恭遇圣节次安丘刘相国韵》云："兴庆楼前捧玉觞，金张岐薛俨分行。龙生大漠云方起，河出昆仑日正长。节过放灯开禁苑，春将射柳幸平阳。燕公上寿天颜喜，亲定甘泉赐宴章。"[1](p410)另与新贵梁慎可的交往，为梁氏《玉剑尊闻集》作序，并作诗称赞真定梁氏百年不败："余以其名山别墅，乱后独全，高门遗老，晚节最胜。雕桥盛事，自太宰以来，百余年于此矣，是可歌也，为作《雕桥庄歌》。"[1](p295)伟业在此不论梁氏几代人，仕明还是仕清，不论夷夏，都予以表彰，确是一次真实思想的表露。

在得到"北党"的释疑之后，顺治十一年阴历四月，"北党"领袖人物、大学士冯铨出面复荐伟业。[1](p1410)伟业终于得到秘书院侍讲的任命，后迁任国子监祭酒等，都是一些接近皇帝的要职。在给通家世交何采的长诗《送何省斋》中，伟业表达了担任皇帝侍御的复杂心情。先是痛述侍君度日如年、身心皆苦："扈从游甘泉，渐渐惊沙厉。藉草贫无毡，仆夫枕以块。霜风帽带斜，头寒缩如蝟。入门问妻孥，呻吟在床被。幼女掩面啼，灯青照残穗。"因而对在京亲友叨叨仕进路径，极其反感："旁有亲识人，通都走声利。厚意解羁愁，盛言推名位。不悟听者心，怛若芒在背。"然而仍在江湖的旧友又喋喋不休归乡经，也觉失宜："忽接山中书，又责以宜退。卿言仍复佳，我命有所制，总未涉世深，止知乞身易。"[1](p222)但在同一首诗中，伟业又大量地回忆胜朝为官经历，以明皇时的宠遇与现实的压抑作对比，反映诗人强烈的逆反心理。有评者云："公壮年称旧臣，雄心尚在，故态复萌，其不能安困穷守贫贱，有由矣。宜乎为世网所牵引也。然以视牧斋之欲拜相，易心改面，昏夜乞哀，则公固知悔者矣。"[1](p224)观其实迹，近乎事实。

就这样，伟业以低调哀声开始他任清官的短暂历程。这一期间，伟业有不少诗创作，继续表达复杂的心情。有不少送新派外任官员的诗，对回南方的人，总要说一些思乡的心情；对升迁的人，祝愿其为廉正的父母官；对左迁的人，不忘带几句宽心的话。从中可看出伟业能够应对同僚间的往来。他对南安傅氏、云间董氏、梁溪邹氏等若干个世代仕宦的家族，格外称赞[1](p678、697、700)，根本不提这些所谓的大家族身仕两朝的尴尬。说明走在污泥浊水之中，伟业已经不顾湿鞋了。伟业与新贵兼诗人的龚鼎孳、曹溶、王士禛等人的交往，更是热烈加亲近。总之，作为江南文社领袖的伟业，显示其精明的官场应酬能力。

值得研究得是伟业赠龚鼎孳的诗。

《赠总宪龚公芝麓》篇，应作于伟业进京初年（1654），诗云："丈夫四十致卿相，努力公孤方少壮。"（龚鼎孳年少伟业6岁，此时正40岁。）俩人皆有英年早达的"荣耀"，不妨先夸一声；接着羡慕龚氏的为官明朝时的"政绩"："官守蕲春家近楚，贼窥江夏路通秦。""闻道黄州数被兵，读书长啸重围里。"再叙俩人的交情："荏苒分飞十八年，我甘衰白老江边。"以谈自己的现状结尾："楚水吴山思不禁，朝衫欲脱主恩深。"[1](p282)完全是把清朝当作"主子"了。

另一首《送旧总宪龚公以上林苑监出使广东》，有："门前车马多豪俊，蹑衣上坐容衰鬓。我持半勺君一斗，我吟一篇君百首。每逢高会辄尽欢，把我新诗不容口。"[1](p290)盛誉龚氏结交士人，并表达俩人的友谊日深。

常见图书把伟业仕清初期的诗创作，仅仅归之为不得已的应酬，实在是误解了诗人伟业的真正心情。

然而，伟业在清朝的仕途，不能不与陈之遴、陈名夏等人联系在一齐。"二陈"在伟业心目中，或许还有不少人心目中，是"贤相"。（《三冈识略》云："国初贤相，以溧阳陈公名夏为第一。"）[4](p80)但是，经过清初10年左右的得宠期之后，在朝中积怨太深，逐渐受到满贵的倾轧。伟业入京期间，正是"二陈"逐渐失势之时。伟业对于"二陈"在权势集团中的地位，并无加固作用，反而有不利因素。伟业对此心明肚知，只是用不上劲，故有愧意。在"二陈"落难后，伟业多次用诗文表达自己的同情与无能为力的愧疚，感叹不能报答"相恩"。[1](p438) 伟业进京后，携带众多家口；还不时有亲友故旧赶到京城，寻找生路；在生活上困难颇多，穷酸的字眼出现在诗篇中。使得他对家乡舒适优雅的生活环境，更加想念，归田的意愿更加强烈，经常在诗篇中，表达这一心情。

四、苦恼的晚年

顺治十三年底，伟业终于以丁继母忧的理由，向清政府告假守孝。顺治帝准其离职回乡。次年二月，伟业回到故乡，此后他不再从事政治活动，而是利用在乡官绅的身份，优游自在，似乎对现实生活觉得不赖。伟业经营家产，颇有成效，原先不丰裕的家，逐渐变成有较多田产、房产、园林的大户了。这使得伟业不得不注意交往地方粮道官员，寻找官场庇护。

顺治十六年（1659），郑成功、张煌言率师打入长江，抵达南京城下，偏师进入皖江一带，人心一时大振。然而，很快就失败了。作为南方的反清武装集团最大的努力，惜败的结局，使得对此抱有希望的人们，心灰意懒。钱谦益、顾炎武等人各赋诗言志，留于后人。伟业对此事的态度，似乎是站在清政府一边的。见他颂梁化凤等清军将领的诗文，成篇累牍；见他斥郑成功、张煌言毫不留情，说成是害国秧民的寇贼。所以，伟业颇以本地"得免于兵"而庆幸，称"吴中士女，卖其金玉衣装，市酒肉以相庆"。[1](p786)

顺治十七年，江南发生"奏销案"。此案的背景是上一年的"江上之战"与顺治帝的个人因素。顺治帝亲征后，朝政关注的政策焦点是把握满汉的平衡。"江上之战"，虽以清军胜利告终，但是，江南民众对义军的欢迎程度出乎满贵的预料。顺治帝个人又于此事前后，突然向佛，剃了发，并扬言出家，势必放松了对政局的控制。此时，清政府内的满贵强权集团，乘机发难，有意识地改变对南方地区温和控制的政策，立即在江南执行严厉的赋税征收政策，对往年有积欠的予以严惩，借以震慑江南民众，结果是江南的万余名官绅首当其冲。"奏销案"主要针对官绅人家，在籍、有田产且有积欠的伟业也

牵连到此案中，人被押（中途放归），帽被摘，财被罚，家产受到较大损失。这对他晚年的生活有不小的影响。[5](p1043)

第二节　压抑的贰臣心态

一、复杂的心态

晚年的伟业仍然对清朝非常恭敬。他称赞清朝地方官吏，用词不矜持，竭尽歌颂之能事。如颂宋牧仲、白林九、王士禛等。[1](p680、690、683)我们考察伟业此时的政治理念，认为其《白封君六十寿序》一文，借太仓知州父亲的一席言，表达得很清楚："州人士之入京师者，太公必坐而问焉，曰：'子之君四境其修乎？田畴其易乎？赋役其均、狱市其平乎'？且曰：'吾今年六十矣。自吾为儿童时，乐浪、玄菟之间，暴骨如莽，流血成川，父子兄弟肝脑涂地者，不知凡几。今吾一家无功德，皆为国恩所成就，嗟尔江南之人，夫孰非锋镝之后而捐瘠之余，其可不宣上恩泽以休养生息之耶'？余以是知国家吏治之盛，而太公之教忠与侯之所以孝也已"。[1](p776)伟业只提君臣之节，而不提夷夏之防；只提清政府在战后的整顿社会生活秩序，不提清军对江南的破坏；只谈民众渴望和平，不谈民众也曾为了保卫自己的家园所付出的代价，这些都是与其"贰臣"身份符合的真实思想，伟业没有唱反清的高调，也没有表达恢复故国的愿望，他真的觉得新朝还是不赖的。无怪乎归庄在《吴梅村先生六十寿序》中要说："先生科名之盛，官阶之崇，誉望之隆，祚胤之繁昌，邱园室家之乐，眉寿之无疆，福嘏之未艾，……"[6](p260)观察全文，读者应能知其讽刺之意。

归庄没有料到的是，一向体弱多病的伟业，三年后竟与世长辞了。临终前，伟业看着三个皆在孩提之年的儿子，写下一篇不短的文字：

"……改革后吾闭门不通人物，然虚名在人，每东南有一狱，长虑收者在门，及诗祸史祸，惴惴莫保。十年，危疑稍定，谓可养亲终身，不意荐剡牵连，逼迫万状。老亲惧祸，流涕催装，同事者有借吾为剡矢，吾遂落彀中，不能白衣而返矣。

先是吾临行时以怫郁大病，入京师而又病，蒙世祖皇帝抚慰备至。吾以继伯母之丧出都，主上亲赐丸药。今二十年来，得安林泉者，皆本朝之赐。惟是吾以草茅诸生，蒙先朝巍科拔擢，世运既更，分宜不仕，而牵恋骨肉，逡巡失身，此吾万古惭愧，无面具以见烈皇帝及伯祥诸君子，而为后世儒者所笑也。

……吾同事诸君多不免，而吾独优游晚节，人皆以为后福，而不知吾一生遭际，万事忧危，无一刻不历艰难，无一境不尝辛苦，今心力俱枯，一至于此，职是故也。岁月日更，儿子又小，恐无人识吾前事者，故书其大略，明吾为天下大苦人，俾诸儿知之而已。"[1](p1132)

这篇文字，与其说是留给儿子的，不如说是给世人看的。伟业还遗命"墓前立一圆石，题曰：诗人吴梅村之墓"。（尤侗云："词人吴某之墓"。）

由此可以看出，身处易代乱世的伟业，其为人始终是谨慎小心的，尽可能不违朝命，又试图符合以儒家为标志的民族传统政治道德。门生顾湄作《吴梅村先生行状》云："生平规言矩形，尺寸无所逾越"。[1](p1405)洵为实录。

伟业对人生的自我总结，不谈"立功"，也不谈"立德"，但可称作"立言"的是诗创作。对此，无论当时，还是后世，是毫无疑义的。另一方面，后世对伟业的印象，不仅仅是其优美的诗创作，还有充斥其诗文中的，那种似乎永远都无法自我宽宥的、无比懊丧愧疚的贰臣心态。不仅在清初，即使放在整个中国古代历史中考察，伟业的贰臣心态也是表达得淋漓尽致的，效果甚佳。清朝政府以及其同人可以接受，当世歧路人谅其心、宥其行，后代论者也称：

"梅村当国亡时，已退闲林下，其仕于我朝也，因荐而起，既不同于降表金名，而自恨濡忍不死，踽天蹐地之意，没身不忘，则心与迹尚皆可谅。"[71414](p)

当然，还是有人认为："斯乃其晚年悔痛之辞，欲於出处之际，托故以自饰者，然亦何足见谅于天下后世乎"？[8]

二、不多余的忏悔

我们分析，伟业存有没身不忘的愧疚感觉，是事实，而其同时心向新朝，也是事实。如进京初期所作长诗《送何省斋》，诗中表达的心情，惆怅的成分大于愧疚的成分。以后的诗作中，感"君恩"的成分大于畏惧新朝的成分。在行为上，他对子侄门生身入彀中，无不致词祝贺，喜悦心情往往溢于言表；即使对晚年所得子，也望其高第出仕清朝。清初有些"贰臣"，对自己的行为作出一点辩解："亡我君者，吾仇也；杀我仇者，吾君也"。与这些心安理得的贰臣有所不同的是，伟业从不掩饰自己当贰臣的愧疚心情。这反而得到清政府的认同，因为忠君的名义是历朝历代都需要的。

按当时的忠君理念，伟业受崇祯帝隆恩，理应尽臣节，效忠明朝；即使不能殉节，入清后，只能隐居，或乡隐，或市隐，"分宜不仕"。做个"贰臣"，得不到传统政治伦理道德观的支持，也得不到社会主导舆论的支持。然而，"贰臣"的愧疚心理，还是迎合清朝口味的。清政府可以利用"贰臣"的负罪心态，转变为效忠本朝，是其本意。所以，在伟业之前，还是有不少的"贰臣"乖巧地表露自己的负罪心态。如刘正宗，身为清朝中枢大臣，很是得意，但不时冒出伤感的情绪，评家认为："宪石簪笔禁近，躬阅兴亡，故诗多感伤之概。集中如《老妇行》、《对镜叹》，皆自况也。"[7](p1397) 又如梁清标，也是新朝贵人，自撰《蕉林诗集》，平日酬接，朝野无畛域，风雅好士，不主颂扬。[9](p206)

"贰臣"的愧疚心情，应有真伪之别与轻重之分。拿钱谦益来说，始终不能获世人谅解的是他试图掩饰自己的变节行经。谦益降清后，写了一封《与邑中乡绅书》[10](p.823)，试图申辩降清的理由，述说自己立功的表现，公开自己的秘密活动，希望获得众人宽宥。这真是吃力而两头不讨好的"多余的话"。谦益还有大量的宣泄对清朝极不满意的言论，似乎与之势不两立。这种贰中有贰的言论与行为，清政府当然反对的。对武臣中的李成栋、吴胜兆等人，格杀勿论；对文臣中的钱谦益、陈名夏、陈之遴等人，也是深恶痛绝的。乾隆朝对钱谦益著述的全面禁锢，固然是不愿让这位昌言无忌的清初文坛第一领袖，被后人引以为榜样，这对清朝统治的稳固，是极为不利的。

第三节　杰出的文学成就

一、此诗只应天才有

使吴伟业得以永垂不朽的功绩，是他杰出的文学成就。诗创作无论在清初，还是在整个古代，都是第一流的；词创作可以称作清词领路人；散文创作独具特色；杂剧创作别出心裁。

伟业的诗创作，从思想内容来看，他把易代时期复杂纷纭、谲诡多变、痛苦凄惨、疯狂变态的社会现象，编入了一出出诗剧，展示了一个波澜壮阔的历史舞台；"诗言志"，而他的诗，不仅仅是倾述了一个重大事件亲历者的心言，更为重要的是倾述了整整一两代人的感受；不仅仅感动了很多阶层的当代人，还打动了数百年之后的各类读者。伟业用蘸满心血的笔触，留给后人一部活生生的、声泪俱下、血肉淋漓的、英雄与小人、金马铁戈与丝竹霓裳、死亡与新生的历史长剧。伟业自己在这个历史长剧舞台中，充当什么角色并不重要，重要的是他因此成为整个一代人的代言人。

1. 亡国的痛苦

明清更替，对汉民族来说是一次亡国。伟业用诗实际上反映了整个一代人的精神沮丧，以及亡国后的各种群体、上从皇室国戚，以及文武将相，下至旧妓、艺人、平民的种种痛苦。千古绝唱《圆圆曲》不是单为斥责吴三桂这样的不齿于民族的败类而作，实际上是反映山河沦丧后，"全家白骨成灰土"的痛苦。此"全家"，应解读作"全民"。如《捉船行》、《直溪吏》，是描述社会底层民众的苦难；《吴门遇刘雪舫》则是讲少年国戚，从大富大贵到如今流离失所："富贵一朝尽，落日浮寒云。""落魄游江湖，踪迹嗟飘零"。[1](p14)《遇南厢园叟感赋》则形容故都如何遭致蹂躏。

2. 和平的渴望

伟业有强烈的和平主义倾向。他有很多诗创作揭露战争给社会带来的创伤，希望恢复正常的生活秩序。如《松山哀》言明末战事的残酷："十三万兵同日死，浑河流血增奔湍。岂无遭际异，变化须臾间。出入忧劳致将相，征蛮建节重登坛。还忆往时旧部曲，喟然叹息摧心肝。"[1](p307)《雁门尚书行》描述明朝内战的残酷："二女何年驾碧鸾，七姬无冢埋红粉。""沙沉白骨魂应在，雨洗金疮恨未消。渭水无情自东去，残鸦落日蓝田树。"[1](p292)饱经战乱之苦的民众，渴望和平是自然而又美好的事。作为文学家，伟业用诗揭示战乱与和平的利害，顺应民众的愿望，也是不错的。但是，他不是思想家，他对战事的是非曲直，基本上是不言、或言之不详。

3. 人间的真情

伟业的性格温和善良，人品上佳。他善于在危难时刻捕捉人性美好的一面，用诗记录下来，给人间留下珍贵的记忆。如《怀古兼吊侯朝宗》云："死生总负侯嬴诺，欲滴椒浆泪满樽"[1](p428)是纪念"诤友"侯方域的；《题华山蘗庵和尚画像》云："布衲绽来还自笑，篋中血裹旧朝衣"[1](p475)是赞美贞士熊开元的；《感旧赠萧明府》云："授简肯忘群彦会，弃繻谁识少年装"[1](p482)是表扬尊师敬老的萧涵三的；长诗《矾清湖》[1](p226)则是纪念危机时刻鼎力助人的老友的。

4. 家园的依恋

俗语：爱乡才能爱国。伟业的爱乡情结浓郁感人。他在《西田招隐诗》里描述了太仓农村的美丽动人的自然风光：

"落日浮远树，桑柘生微烟。迤转蹊路迷，凫鸭引我船。香近闻芰荷，卧入花鲜妍。人语出垂柳，曲岸渔槎偏。执手顾而笑，此乃吾西田。"[1](p17)

不止于此，他在《九峰诗九首》诸作中，是把家乡的人文历史与自然风光结合在一起；在《赠同年嘉定王进士内三四首》[1](p479)等诗里，他又是把亲朋故旧的友好相处，揉入乡情中。他对家园的依恋，实则是构筑一个亡国大夫的精神归宿地。从中固然读得出江南胜景，还应小心别撕破遮住刹风景的那层布。

二、巧思出于匠人心

伟业的诗创作，从艺术表现力来看，他成功地糅合前人各种诗法，突出以情动人的手法，试图用不同的体例，恰当地表现诗人欲述的情感，贡献了一大批体意俱佳的作品。

1. 有情方为好诗

伟业作了大量的诗，其作诗的态度极其认真，篇无苟作，句不滥造，还特别用情。读伟业诗的心得，便是有情方为好诗。如仕清期间《病中别孚令弟》云："似我真成误，归从汝仲兄。教儿勤识字，事母学躬耕。州郡羞干请，门庭简送迎。古人亲在日，绝意在虚名。"评者称："是血非字。"[1](p323)伟业论诗人举三个条件：才气、学识、性情。我们衡之伟业，以其才气非大家莫有，其性情集众人之有，其学识略超常人。伟业以大家之才，用之于丰沛之情，宜成形象动人的好诗。

2. 裁衣必须量体

伟业诗集的不少精品是七言古诗体，概为长篇叙事诗。这些诗可以看出伟业受白居易的影响很深，自述"一编我尚惭长庆"，如《圆圆曲》，实以诗存史。另一方面，他并不自我局限于"长庆体"，他还接受古代各名家的积极影响，如杜甫的影响，可以从他的《临顿儿》、《芦洲行》、《马草行》等诗中反映出来；明代"七子派"、"性灵派"的影响，可以从其隐逸闲适的山水诗中反映出来。

伟业的五言古诗亦不乏佳篇。如悼念英烈的《临江参军》，哀思南明灭亡的《遇南厢园叟感赋八十韵》等。伟业的律诗、绝句也有很好的作品。总之，他是量体裁衣，有多少感觉，适用怎样的诗体例，因时而宜，并无一定之约。

3. 大家自有一体

伟业是明清之际大诗人。作为大诗人，当然是多才多艺的，不仅有思想的品味，还必须有与之匹配的、甚至才过于德的艺术表现能力。大家多半自成一体，伟业的诗创作拿手的是"梅村体"。大家总有各自口味，强以两字概括，如唐朝李白的浪漫，杜甫的深沉，白居易的浅易，与伟业同时代钱谦益的驳杂，王士禛的轻快；"梅村体"则可以"细腻"名之。如《咏拙政园山茶花》，[1]（p262）此"细腻"，源出昆曲的流丽悠扬与明代小品的清逸灵秀（伟业出入"七子"、"三袁"），再结合伟业自身的创作性格，最后打造成功的。看看"梅村行"的典型诗篇如《圆圆曲》、《思陵长公主挽诗》、《琵琶行》等，哪一首不细腻？《画兰曲》中对画兰女的描写，"手拨"、"口脂"、"腕轻"、"沉吟"、"钏重"、"玉指"，等等，足有几十处。[1]（p42）当然，仅以两字概括一位大诗人的精华，是不全面的，权当一个入手处而已。

4. 风格多样有味

伟业诗（含部分填词长句）中女性题材比较多，很容易突出一个芳华绮丽的风格，甚至有评者称："梅村诗本从'香奁体'入手"，[1]（p1513）或称作"一艳才"。[1]（p1516）伟业确实有不少艳体诗，各自具备性情为上、绘声绘色、描述过程、痴情迷恋等要素。如《偶见》云："惜解双缠只为君，丰跌羞涩出罗裙。可怜鸦色新盘髻，抹作巫山两道云"尽见其本事。[1]（p507）伟业为江南艺姬卞玉京作《听女道士弹琴歌》、《琴河感旧》诗与《西江月》、《醉春风》词等，词句浓丽，胜似太平年薄倖儿之作。有人称："老去偏工幼妇辞。"（秦缃业语）[11]（p731）钱谦益有自己看法："顷读梅村艳体诗，声律研秀，风雨恻怆，于歌禾赋麦之时，为题柳看花之作。彷徨吟赏，窃有义山、致光之遗感焉。"[1]（p1140）他把伟业的艳体诗看作纯属起兴比物，申写托寄，千万不能看作小夫浪子的流连沈湎。谦益的看法，伟业认为是一种自我解嘲。我们以为钱、吴俩人都有明末才人习气，擅长香奁体，形成清初"一代红妆照汗青"的文学现象，不无关系。

伟业诗更突出感慨激楚的风格，尤其中期（明亡后、仕清前）创作，言怀多国亡家恨，寄兴皆民族兴衰。此类诗或以高歌激昂的情绪，愁绪百端而又一筹莫展的境遇，泪已千行，声还嘶哑，足以感染读者，如《永和宫词》、《萧史青门曲》等；或以绵延不绝的哀思，家各一样却是痛苦同状的回忆，点点滴滴，层层铺垫，听者欲止还听。如《哭志衍》，从"予始年十四，与君蚤同学"说起，到"解褐未赴官，归来卧林墅"；再到为官四川，"阖门竟同殉，覆卵无完殼。"全诗用107韵，真是一个凄惨的人生故事。[1]（p19）

伟业诗（包括填词短句）还有和平深婉的风格。早期的园田诗、晚年的山水游兴诗,语气平静,辞藻淡雅,不尚用典。如《木棉吟》[1](p278),叙说农家种花织布,讲述江南乡镇的商品经济,宛如一幅小镇农家图。

伟业的诗创作,从积极面来看,堪称清朝数一数二的大诗人;也有消极的成分,比如思想上,有喜富厌贫的表现、虚情假意的诗篇;形式上,有一些体意不匹配、食古不化、个别用典不妥的地方。这是任何一位诗人难免的,仅仅是极其次要的问题,可以忽略不计吧。

三、文章亦称第一流

伟业的散文创作,也值得学习继承。他的散文最大量的是序文,分作书序、诗序、寿序、赠序等(《全集》中编为十二卷,再加补遗与诗序,大致为十三卷),精华集中在书序与诗序中。

论理的书序,可以看出伟业如何知人论世、阐扬文道、解说诗经的,也可以从中读出晚年伟业的心路历程。如《吴六益诗序》云:"夫学精于专,荒于杂。夔、旷之于音,工倕之于巧,殚其终身之力,推极奥窔,故足以成名。彼一艺如此,况乎读书立言者之旨哉!"[1](p698)只是伟业的想法,或许与大多数学人相通,不过以此与清初的大儒对话,恐怕不成。写于仕清之前的《黄陶庵文集序》云:"惟夫忠孝大节,皆出于醇正博洽之儒,其似是而非者,不一见焉;然后天下后世瞭然知异学之当诛,而大雅之可尚。以观我陶庵,非其人耶?"[1](p652)这时他对"似是而非者"犹有义愤之辞。几年后,伟业进京,为陈名夏文集作书序,将之比作明初宋濂,则又是对"似是而非者"的认同。又到1660年秋季,为老友徐懋曙《且朴斋诗稿》作序写道:"观其遗余曰:'菰芦十载卧蓬蓬,风雨为君叹索居。'出处相商,兄弟之情,宛焉如昨。又曰:'山中已着还初服,阙下犹悬次九书。'则犹谅余前此浮沉史局、掌故之责,未能脱然。"[1](p1205)可见此时的伟业担心的是社会舆论对"贰臣"的指斥,难放得下一份仕清的心理负担。

优美的诗序是伟业散文创作的一大亮点。如88韵五言长诗《矾清湖》,为纪念老友而作。该诗序简直是一篇叙事短文,扼要地叙述老友曾在易代之际,最困难的时候救济过自己,深情难忘。此诗序为评者称赞。[1](p226)另有

《过锦树玉京道人墓》、《楚两生行》、《雁门尚书行》等诗因序绝佳，甚至被评者认为那些诗反而不匹配佳序。

传世的传记创作只有一卷（九篇），其中《志衍传》，《柳敬亭传》，《张南垣传》，这些为传记创作的佳篇。有意思的是比较简短的《梅村诗话》，仅围绕 12 位诗人展开，观其内容，谈诗理不及叙事多，与其说论诗，不如称其为十二篇小传。另外，伟业有《复社纪事》、《绥寇纪略》、《春秋地理志》、《春秋氏族志》等史作，成为清初史著的一部分，也是为后世学术研究作了贡献。

值得注意的是，伟业的散文第一长篇是《梁宫保壮猷记》[1]（p617~643），在古代诸记中堪称特长篇，全篇歌颂清将领梁化凤的业绩，特别是击败郑成功水师的"功绩"，实在是"贰臣"才能甘心制作，不能置之应酬文而已。

另外，伟业的戏曲创作也有上乘之作。他作有传奇一种、杂剧二种，都以国事家恨为题材，言情之中皆关系民族兴亡。如《秣陵春》假托南唐、《临春阁》假托南陈，表达剧作者的亡国辛酸回忆与痛定思痛的反思；《通天台》则是剧作者自况古代沈炯，道出身处两朝赖活不如好死的心理状态。这些剧作有一定的思想意义与较好的艺术感染力，在当时产生了较好的影响。

注释：

[1] 赵翼《簷曝杂记》（中华书局 1982 年版第 40 页）有"李太虚剧本"条，揭露其仕清丑状。

[2] 陈之遴，浙江海宁人，明崇祯十年一甲二名进士，官至中允。入清，任翰林侍读，官至礼部尚书，擢弘文院大学士。清初朝政因革，多出其手。顺治十三年，坐结党营私，以原官发辽阳居住。寻召还。十五年，以贿赂内监罪，流徙盛京，后卒于戍所。

本章参考文献：

[1] 吴伟业. 吴梅村全集 [M]. 上海：上海古籍出版社，1990.

[2] 沈德潜. 清诗别裁集 [M]. 上海：上海古籍出版社，1984.

[3] 王应奎. 柳南随笔 [M]. 北京：中华书局，1983.

［4］董含. 三冈识略［M］. 沈阳：辽宁教育出版社，2000.

［5］王时敏. 西庐家书（丛书集成续编第122册）［M］. 上海：上海书店，1994.

［6］归庄. 归庄集［M］. 北京：中华书局，1962.

［7］钱仲联. 清诗纪事［M］. 南京：江苏古籍出版社，1987.

［8］张舜徽. 清人文集别录［M］. 北京：中华书局，1963.

［9］袁行云. 清人诗集叙录［M］. 北京：文化艺术出版社，1994.

［10］钱谦益. 钱谦益全集杂著［M］. 上海：上海古籍出版社，2003.

［11］罗振玉. 雪堂类稿［M］. 沈阳：辽宁教育出版社，2003.

一树百获艺事盛——"清六家"画品试论

明清艺苑多吴人，清初画苑更是以王时敏领衔、王翚、恽格掌旗的"清六家"名满天下，众望所归。在艺术市场日渐繁盛的当代，"清六家"之画品及其所象征的人文精神，世人尤当重视。

第一节 "四王"与"清六家"

一、"二王"开路

清初画苑有"四王"之目，即王时敏、王鉴、王翚、王原祁等四位画家；还有"清六家"之目，即四王、吴（历）、恽（格）。前"二王"为长辈。

王时敏（1592～1680），初名赞虞，至12岁改名；字逊之，号烟客，又号偶谐道人，晚号西庐老人，太仓人。他出身于仕宦之家。其祖父王锡爵（1534～1610），嘉靖四十一年（1562年）科举高第（会试第一、廷试第二），官至建极殿大学士（国相）。锡爵一生，友人颂之为："公登科在嘉靖，入相在万历。历事三朝，身在台阶斗柄之地，长养五十余年和平盛大之福。訏谟典册，炳蔚廊庙，人皆能知之。"[1]（p1599）其实，锡爵相业平平，只是位高身崇，常、太两地尚无人企及。（锡爵同胞弟鼎爵，嘉靖四十四年廷试第二。）其父亲王衡，万历二十九年（1601年）科举高第（廷试第二），授翰林院编修。在这样的家庭中成长，时敏从小就熏陶于诗书，又以六法染翰。

祖与父去世时，时敏不足廿岁，独当门户；23岁时以国相后荫仕，官至太常寺少卿；崇祯十二年（1639年，或十三年1640年）致仕不复出，南明福王政权授以正卿，引疾不就，入清后本人归隐不仕，但推儿孙辈应试，维持官绅人家。时敏有九子，其中次子揆、八子掞皆进士，掞官至文渊阁大学士；九子抑中举人，官太原府同知；孙辈出仕者尚不止此数。时敏育子兰薰桂芳，家族瓜瓞绵绵，享尽人间福禄寿。

顺治末年"奏销案"起，时敏受牵连，家产顿见削减。他开始出售一部分家藏书画，换钱度日，但并非家罄一空。人称其"晚年贫病中度过"，[2](p14)实不辨富贵人家之"贫"为何义。

如，《西庐家书》云：

"数日前郡中顾松老（按：即顾予咸）至娄，言及汝有考教习之意。渠云：此功名捷径，极口怂恿。但云县监送部，繇部考定。不能无所费。至馆时有馈送学徒衣帽等礼，以三年为满。住京盘费，每年最少亦须千金。后，又因梅老在救老家同席，所言亦与相符。又云此途在北人最便，南人必有家者为之方好。亦是确论。近季沧老则云：虽定三年，然三年中，可给假二次，可得一年在家。若遇贤主人，学徒不但四时馈遗，将来仕途照庇。一生受用他不尽。反比乡会房师，倍加得趣。我闻之差稍慰心。但如给假往返，资斧何从措办？如守住都中，则家中如何接济？算到此处，又举家愁煞矣。"[3](p1042~1043)

该函涉及吴伟业、季振宜，皆仕清大臣，所言仕途事，是为在京的时敏八子王掞所策划。时敏治理一个庞大家族，对众子孙似有各自安排，供若干个子孙上仕途，是维持大家族之必须。从此书得知，科第、仕途背后，不能无才气、家世、财力等各项实力的支撑。因此致"贫穷"，不足为奇，也不为真"贫穷"。

再如，王氏世传宗谱，康熙二年（1663 年）条云，"西田土木未息。约云间张南垣，叠石钟树，又修葺后园，改筑亭榭，为衰年憩息之所。冬，延苏昆生教家僮时曲，为娱老计。"[4](p166)可见其"贫穷"的程度了。所以，后人看时敏《西庐家书》中满篇愁穷的文字，"不禁令人失笑"[3](p1044)。

时敏早年学画，起点甚高，内有祖与父俩位长者指授，外有董其昌尽力传教。众所周知，其昌为明末江南画苑第一高手。所以，青年时敏即与董其

昌、王鉴、李长蘅、杨龙友、程孟阳、张尔唯等人被称作"画中九友"。[5](p288)

时敏擅长山水画,从摹古入手,独师黄公望为画法。用笔多圆润虚灵,少曲折顿挫之态,如《长白山图卷》(现藏北京故宫博物馆),用笔细润,墨色清淡,意境疏简;晚年后用笔有变,如《落木寒泉图轴》(现藏北京故宫博物馆),苍凉浑厚,沟线空灵,苔点细密,皴笔干湿浓淡相间,皴擦点染兼施,苍老而又清润。施闰章作《王太常烟客画歌》诗,云:"峡里飞流回积雪,松间细叶垂苍藤。"[4](p161)

致仕后,时敏全力经营家务,教育儿孙,培育学生,门下出王翚、吴历、王原祁等一流画家;子孙如群马奔腾仕途,有一年竟有六子一孙同进科举考场。

王鉴(1598~1677),字圆照(或元照),号湘碧,自称染香庵主,为王世贞曾孙,于时敏为族侄。明末官廉州知州,入清后隐居不仕。自幼擅长丹青,亦从摹古入手,不独仿黄公望,能仿宋元各家;擅用水墨,拼水抹之,以烘托晴岚;兼善青绿山水,间以赭绿设色,或用花青水抹远天,以烘托雪峰,色彩浓丽而清润;运笔沉着,施墨浓润(后期由圆转尖),风格沉雄;代表作有《北固山图轴》、《梦境图轴》、《仿古山水册》等(分别藏沈阳、北京等地博物馆)。其画品所示功力深厚,与时敏可有一比;俩人共同培养学生,成为"娄东画派"的奠基人。

二、后生掌旗

"清六家"皆艺术大师,内又以王翚、恽格成就最大。

王翚(1632~1720),字石谷,号耕烟散人,又号剑门樵客、乌目山人等,常熟人。少时不甚读书,乐于绘事,"后石谷从太仓烟客、元照两王公游,得见宋元人真迹,学问日进。"[6](p81)

石谷既得"二王"指授后,参以自我领悟,综合各家所能,精益求精。早期画,尚以摹古为主,功力寝深,仿古能达酷似,写生又具生意。如《仿赵大年水村图轴》(藏北京故宫博物馆),保留较多"二王"的影响;中期画，能融南北诸家之善，画法多样，技艺精能，精品迭出。如《虞山十二景写生册》，用古人笔法，画家乡美景，既备宋元名家之法，又得名胜奇幽之趣；晚期画，以巨幅画面为典型，技法纯熟，形成一定格式。康熙三十年（1691），石谷以布衣身份受邀进京，供奉内廷，奉命集海内能手，共同绘制《（康熙）南巡图》。各高手畏葸犹豫，莫敢下笔，赖石谷主持局面，口讲指授，由各匠手分别绘制，而后总成。经过多年努力，终于集体创作出历代第一长卷《康熙南巡图》（总长200余米）。石谷因此得帝室恩宠，受赐笔："山水清晖"。朝廷欲授官，石谷坚辞，仍还故里，长寿而终。

恽格（1633～1690），字寿平，又字正叔，号南田，别号白云外史，瓯香散人等，武进人。早年遭战乱，随父日初参与浙闽武装反清队伍，不幸被打败，父子失散。南田因年幼为清军将领陈锦俘虏，收为养子。陈氏夫妇对他颇器重；但是，南田设法得知父亲消息后，就设计逃出陈家，还归故里。时有《赠毗陵恽正叔一百韵》，盛誉南田人格：

> "忆年在申酉，乱变生两都。……满城百万户，无一存妻孥。我年才十五，被执为囚俘。……后归陈制府，收拔称掌珠。装我紫貂冠，饰我绣罗襦。出入照路光，蹀躞乘龙驹。……业为制府郎，母咸剧於菟。家将绕四旁，臂弓腰鹿庐。……神僧为设法，……飘然一身归，奉父寻故庐。曾传训诫切，幸未蒙簪裾。旨甘且尽养，手自亲中厨。承欢二十年，奄忽终桑榆。"[7](p407)

南田还乡后，白首一节，以卖画养家糊口。他早年随叔父恽向（字道生，明末画家，与"画中九友"中的若干人交游）学画，青年与王石谷结好，师法黄公望，浸润宋元诸家，画法灵活多变，生动有致；出神入妙，穷古今之变；特别是独创设色没骨法，创立新风，世称"常州派"。

南田用设色没骨法画花鸟，成就特别优异。此法既注重写生，力求形似，生香活色，又强调传神，力去华靡；画风形神兼备，清新淡雅，别具一格。代表作《锦石秋花图轴》、《花卉册》（藏南京、北京、上海等地博物馆）上的瑶草琪花，非复人间凡艳，嫣然一笑，足令桃李失色。《南田画跋》总结为："凡画花卉，须极生动之致，向背欹正，烘日、迎风、挹露，各尽其变，但觉清芬拂拂，从纸间写出乃佳耳。"无论构思、还是笔墨、意境均臻极致。

其法，自创一格，深深影响后代花鸟画家。

南田山水画亦称名家。南田自题《灵岩山图卷》："昔黄子久画《富春山卷》，颇自矜贵，携行箧，历数年而后成。顷来山中镜清楼上，洒墨立就，曾无停虑。工乃贵迟，拙何取速？笔先之意，深愧于古人矣。"南田自为谦虚姿态，后世藏家还是盛誉之："想见先生胸有丘壑，思入风云，布置不苟，然后下笔，便如华严楼阁，弹指涌见。"还有南田曾在常熟东皋池上醉后作《蒲塘真趣图轴》，残荷露粉流红，水佩交翠，冷光零乱，浮动纸上，真得藏家所爱。[4](p154)

三、也曾同路的人

"清六家"之政治态度、人生经历不尽相同，但后半生以宗教为职业的，仅吴历一人。

吴历（1632～1718），本名启历，号渔山，常熟人，又号墨井道人，以其所居，传为先秦儒家传人言子居住地，遗有墨井一口，遂以自号；早年从陈瑚学经学、从钱谦益学诗、与王翚一同从"二王"游。

渔山家居城市无恒产，赖卖画谋生。但他不以画匠为意，本志向丹青。传说："（渔山）尝游吴兴，谒其郡守，谒入未即见，信步至一僧舍，见东坡《醉翁亭》真迹，喜甚，即僦居焉。就其处布席展卷，临摹三四日无倦色。太守遣人遍索墨井道人，无有也，逆旅之人亦不知其所往。摩竟，欣欣如有得，不果见太守去矣。其高致如此。"[6](p67)

渔山中年后信奉天主教，西方传教士柏英理先生约同去欧洲，于是到澳门，但未成，有诗"西征未遂意如何"[8]，无奈逗留澳门7年，愈加坚信西教，传世《墨井集》三卷，其中《三巴集》一卷，尽为澳门所见所闻，不少西方物质文明赖以传知友人。后（1688年）成为司铎，复归江南，在常熟、上海、嘉定等地宣教，有友人作《吴墨井秉西教于嘐川有六十吟寄示敬倚原韵》："吾曹碌碌昧物欲，墨井吴生称疾足。"[7](p83)

渔山善画山水竹石，兼工人物。早期作品，师从"二王"，领悟黄公望之雄浑沉厚，皴染工细，面貌清闰秀丽；中期，逐渐领悟吴镇之郁茂深秀，王蒙之苍茫潇洒，布局取景真实，安置得宜，富远近感，用笔厚重沉静，擅长多种皴法，"笔墨妙天下"。如《松壑鸣琴图轴》（藏北京故宫博物馆），景色郁茂，布局深远，皴法细密，积墨厚重，受光部分作阳面皴，使山石富立体感，反映其典型的风格。

晚期因传教，极少创作，直到 70 岁之后在上海卖画助教，复有不少作品传世。自云："余近年（按：时为 1706 年）作画，似勤似懒。有时不辞呵冻，忘暑忘餐，挥毫疾就；有时春暖晴窗，楮墨精良，对之沉睡。"[4](p156) 此时笔墨趋于苍劲凝练，具浑重拙朴、深醇沉郁的气韵，如《横山晴霭图卷》（藏北京故宫博物馆），注意取法自然，景色比较真实，还吸收一点西法，讲究透视、明暗。［注一］

四、殿军可畏

"清六家"以多才多艺的王原祁为殿军。

王原祁（1642～1715），字茂京，号麓台，时敏孙（揆之子），康熙九年（1670 年）进士，仕途上一路平稳，官至户部左侍郎，这对维持王氏官绅家族的地位至关重要。

出身书画大家，原祁在潜移默化中打下坚实的"童子功"，出手便令"二王"老惊喜。虽说时敏与原祁画路接近，多称祖孙俩人自成流派，即以黄公望为师，斟酌皴染，追求深沉浑穆之趣。其实只是早期山水画，他才悉心摹古，中期开始，形成了自己风格，即喜用干笔积墨法，先笔后墨，连皴带染，由淡及浓，由疏而密，反复皴擦勾染，使画面显得融和厚重。"娄东画派"后学张庚描述王原祁绘画的全过程，似一档精神大餐，令人领略艺苑风采：

> "展纸审顾良久，以淡墨略分轮廓，既而精辨林壑之概，次立峰石层折，树木株干，每举一笔，必审顾反复，而日已夕矣。次日复招过第，取前卷少加皴擦，即用淡赭入藤黄少许，渲染山石，以一小熨斗，贮微火熨之干，再以墨笔干擦石骨，疏点木叶，而山林屋宇，桥渡溪沙瞭然矣。然后，以墨绿水，疏勒缓缓渲出阴阳向背，复如前熨之干，再勾再勒，再染再点，自淡及浓，自疏而密，半阅

月而成。发端混仑，逐渐破碎；收拾破碎，复还混仑。流灏气，粉虚空，无一笔苟下，故消磨多日耳。"[2](p325)

晚期，原祁入召供奉内廷，奉旨主持编纂百卷本《佩文斋书画谱》，主持绘制《万寿盛典图》，笔墨趋于苍劲，追求拙朴趣味；写实性极强的《万寿盛典图》，体现其具有的潜质，一家多种风格。该图人物之众、绘雕之精，堪称国宝。此时山水画如《仿大痴富春山居图轴》、《仿古山水册》（藏北京故宫博物馆），简单随意，景色高旷，笔墨疏秀，干笔淡墨，多次皴染；用笔浑厚沉雄，追求"脱尽习气"，符合"笔端金刚杵"之称，具有熟而后生的意韵。其追随者称："是时虞山王翚以清丽之笔，名倾中外。公以高旷之品特过之。"（见《历代名人生卒录》）

第二节　艺德足训后人

"清六家"的艺术成就，不仅在当时，在日后 200 余年清朝，即使在今天，足以振奋艺苑后学。然而常见史书给"清六家"较多贬义［注二］，因受上个世纪画苑主流观点的影响，以"复古"恶名，多方误解与歪批、甚至指斥"清六家"。笔者曾受常见史书的影响，对"清六家"有误解。现重新思考，细加分析，全面辨证地看问题。绘画作为视觉艺术，不能没有触觉。画者的触觉来自于对大自然的领悟，通过各自的审美观，以画面的方式，表达画者的主观感情、价值评判、美丑取舍；读者不能不各受自身触觉的限制，有不同的解读，顺逆画者的思路，都有可能。历来没有歧义的画品，或许就是无气度的凡作；有歧义的，也未必无感动后世的精品。我们主张在充分肯定"清六家"技法的基础上，进一步阐扬其画风的积极意义，确信这是画法高明、可训后世的优秀的传统画派。

一、立足有根的传统画派

"清六家"是传统画派，其根植于祖国历史文化土壤之中，这里极富营养、极深覆土,不以日久年长而无能无效,不以植被丰茂而缺肥缺水,出土于斯,植根于斯,物以类聚,不失根本,岂能无憾,但有可宝之处。开路人"二王"倡"复古",争"正脉",其意可论。

明代画苑的新风,先是"吴派"诸名家挑战院派画家,争奇斗艳,各具匠心,因而风靡海内,展示出别开生面的文人画天下;后是董其昌创"南北宗"说,皈依传统,使古法不失,后人师古有自,显示出文人画别有天地。前后两者,实为殊途同归。"二王"师承董其昌,以"复古"为己任,体会"元四家"画法,先临摹,后活用,仿古精品迭出;"清六家"后来四人,更是上溯唐宋,总结古法,把握气韵、笔墨、形神关系,各有收获。(吴历绘事稍取西法,所染不深;仍以古法为主。)

艺术有沟通之处。《随园诗话》云:"人闲居时,不可一刻无古人;落笔时,不可一刻有古人。平居有古人,而学力方深;落笔无古人,而精神始出。"[9](p.612)

诗画同理,王原祁说:"画法与诗文相通,必有书卷气,而后可以言画。"[10](p.530)还说:"画不师古,如夜行无烛,便无入路。故初学必以临古为先。"[11](p.733)他们集古法之大成,使得文人画天地格外开阔,功业可观,比之塘上浮萍、数典忘祖者,有益后人更多。

二、因心造境的创新能力

如果,"清六家"不再创新,无非一支"院派"队伍。实际上,他们是敢于创新、奋力拓展国画表现力的生力军。

"二王"摹古的特点是有摹有创。时敏曾用心作一批"仿古"画,恐人不识,自题跋:"诸帧虽借古人之名,漫为题仿,实未能少窥其藩。然坡公有言:'论画以形似,见与儿童戏。'则临摹古迹,尺尺寸寸而求其肖者,要非得画之真。"[4](p.160)可知其中要诀:"仿古"贵在有我。

时敏门生心领神会,无不努力创新。他们重视学习研究传统画法,也懂得如何阐扬古代画派,从而达到自我独创的目的。比如,用笔被传统画法视作画法的核心,他们则以笔墨并用,尤其在墨六彩方面有许多创新之处,王

石谷努力"以元人笔墨，运宋人丘壑，而泽以唐人气韵，乃为大成。"[11](p.731)
"南田翁天资超妙，落墨独具灵巧，秀逸之趣，为当代第一。学之正不
易也。"[11](p.734)

他们的画路就是，以复古为旗帜，而行变古之实。如，时敏晚年把早年
目睹黄公望《秋山图》原迹，以后留在脑海中几十年的印象（回忆）告诉原
祁："气运生动，墨飞色化，平淡天真，包含奇趣"，云云。原祁又在若干年
后，"追忆祖训，回环梦寐，兹就见过大痴各图，参以管见，点染成文"，竟
创作出《仿大痴设色秋山图》。[2](p.317)

他仍把此作题为"仿"，恰当地反映出"清六家"的画路。

石谷以摹古著名，然而，事实上，他兼容南北二宗，融为一体、撷取其
中精髓，参乎造化，变而出新，山水画精巧安排湖光山色、耕牛渔舟、山桥
农舍、赋予江南生活气息；长卷《南巡图》描绘康熙帝南巡场面，又是古人
匪夷所思。南田作品的自创新意，已为世人熟悉。他的《拟古山水册》，分题
追拟，实是自己的笔意。

方士庶是娄东派后学，他领悟"清六家"的精髓是："山川草木，造化自
然，此实境也。因心造境，以手运心，此虚境也。虚而为实，是在笔墨有无
之间，……古人笔墨具此山苍树秀，水活石润，于天地之外，别构一种灵
奇。"此"因心造境"，"别构灵奇"的心诀，是"清六家"对我国古代艺术
理论的一大贡献，宗白华先生在《中国艺术意境之诞生》一文中，称之为中
国古代绘画理论的精粹。[12]

三、一树百获的艺术教育

"清六家"可分作祖孙三代，"二王"对晚辈的栽培尽心尽力；后两代人
青出于蓝而胜于蓝。这与时敏的悉心教诲、善于引导是分不开的。史称其
"爱才若渴。四方工画者踵接于门，得其指授，无不知名于时，为一代画苑领
袖。"[13](传291)尤其是他强调创意，起到活跃思路、各自创新的作用。史称：
"清初画学蔚盛。大江以南，作者尤多，各成派别，以娄东王时敏为大
宗。"[13](传291)原祁足能传承"娄东画派"，其诸孙又多以画世其家，其中，原

祁曾孙宸的画法最工。

在"二王"的栽培下,石谷开"虞山画派"风气,其后学以杨晋、黄鼎最著名;鼎弟子方士庶又为清代画评专家。

在"娄东画派"的带动下,南田扬"常州画派"新风,后学甚众,以马元驭为最出色,马氏又授蒋廷锡;蒋氏官至大学士,"以逸笔写生,奇正、工率、浓淡,一幅间恒间出,无不超脱。源出于恽格,而不为所囿。"[13](传291)在众多的南田私淑弟子之中,邹一桂为出色,百花呈卷,邀赏皇室,世谓南田后罕匹者。

由"二王"开始的这段艺术教育,一树百获,取得巨大成功,其中的经验,应为后人重视。

第三节　修行精神可嘉

"清六家"的艺术活力与影响力,自有与其绘事相匹配的"内秀",即品德素养与行为准则。文人相轻,向为陋习。明清艺苑杰才,不乏倨傲不群的形象,如明中叶画苑"吴派",似乎是狂士的代名词;然而,"清六家"俨然一个团队,师生友爱,团结互助,传承绵亘,从中可以得到一些启迪,有助于良好的艺苑精神发扬光大。

一、"和为贵"的人生态度

清初"四画僧"(弘仁、大涤子、八大山人、髡残),以其怒气金刚的画风,与其嫉恨新朝,拒不与之合作的处世态度相匹配;"清六家"则是以平和协调的画风,与其政治态度以及人生态度相符合。

首先,研究王时敏的政治态度,有"用夏变夷"的思想(语见《孟子》)。论世知人。鼎革之际,时敏即没有见危授命,也没有求生害仁。他隐黄冠于故里,身脱维縶,甘为遗民。他与子孙不无故国之思,但表达得不激烈,完全在清官方许可的范围内。如时敏三子王撰作诗《偕伯氏周臣过织帘先生故居，同顾伊人访陈确庵夜宿》："草堂人去萝薜存，洒泪空招未返魂。犹见康成遗故籍，忽思元亮老孤村。青浮稻色秋间路，白照芦花月裹门。感旧愈难今夜别，追维生死对黄昏。"[14](p154)诗中抒发怀念忠烈、感慨时政的心情，反映了其内心思想的一方面；另一方面，时敏父子以儒家追求理想社会的处世观为指引，较快地接受清朝，承认沧桑世变的现实，希望"用夏变夷"，重整河山，复归和平。所以，王揆很快成为清朝进士。

促使其思想转变的因素很复杂，兹举一二，如形势逐渐缓和，经济生活好转，使士人可以接受。时人记载清顺治初年，米价至每石四两余。及至康熙年间，米价每石仅四钱[15](p.109、107)；若干个南明政权皆自救乏术，何遑夺回江山，使得士人"初疑异权而待变，久之革面而易心。"[15](p.24)时敏是很快"易心"的。他自己坚不再仕，但要求子孙用行舍藏，逐步进入新朝缙绅行列。

从此出发，"清六家"追求画派正脉，实际上是看中绘事的社会功能，所谓"成教化，助人伦"（唐张彦远语）[16](p..292)。被称为"正统派"之后，他们之所以能够长时期地受到皇室和上层社会的欣赏，从消极面来看，他们迎合了社会上层颂圣的要求与精神享受的愿望；但从积极面来看，他们以此"用夏变夷"策略，继承发展了民族历史文化，有利于后世民族大团结的局面。

其次，研究"二王"的生活态度，因形势所迫，持与世无争的立场。王鉴为王世贞之后，家族中多"荡家子"，唯他成器，必须保持自控力；时敏要维持一个大家族，无非谨慎为上，即使有委屈的事，也能承受。"二王"以和为贵的人生态度势必影响子弟门生，在"清六家"内部，一直保持着和气，从不伤感情。

石谷对前辈"二王"极为尊敬；与同辈南田、渔山关系甚为融洽；直到渔山专职从教后，还有一点往来。其画中也有时事，只是情绪比较缓和。见陈瑚《送王石谷》诗，云："台城秋草暮云残，六代兴亡雁影寒。无限伤心金粉地，凭君画出与人看。"[17](p.3120)

如果，以和为贵走向极端，就是卑躬求和；运用于政治态度，那是绝对不行的；运用于生活态度，也是弊大于利。但是，在一定的原则基础上，讲

"和为贵",还是可行的。顺、康年间的"清六家",用这种精神运用于处世,体现在画面中,还是可以肯定的。

二、友爱互补的师友关系

王时敏是长辈,言行举止,言传身教,他乐于助人,也带动其他各位。时敏非常看重钱谦益的文才,总是索要其诗文,同时他也有物质赠馈,接济生活比较窘迫的钱老。时敏又是一位坦诚之人,他曾写信直言钱氏"用事奥僻"的缺点;谦益回复承认有苦畏、苦贫的问题。[1](p.1358、1365)时敏爱惜人才,帮助门生。南田因社会地位比较低下,会受到官府的欺凌。传"有某监司延正叔画,偃蹇不即赴,后迫致苏州,拘系厅事,明旦将辱之。一急足疾走娄东,乞援于相国太原公,(按:言相国,误;或原文脱"府"字。)时已抵暮矣。相国以指击案曰:'事急矣!非快马疾驰不可。'遽跨马,以竹竿挑灯,缚仆背上去,五更达郡城,门尚未启。有顷入城,直造监司署,力争以释之"。[6](p.68)

另一方面,门生也是爱戴师长。师生间感情笃好。时敏垂老之年,石谷经常去看望;一次约南田同往,不料"舟到娄东,烟老即于此日疾作,止于卧榻前,两番执手,十年彼此癙瘵怀思之情,百说不出,含泪相看,不能相叙,真大恨事。一见永别,人生离合有定数,不可强也。因此叹惮郁悒。赏音既去,流水绝弦。(《南田家书》语)")[18](p.762)

原祁也有助人的口碑。传"公官京师时,每岁初冬,辄赠门人、幕宾画,人人一幅,以为制裘之需。好事欲得之,往往缄金以俟焉。"[6](p.165)

三、"三不朽"的文化品味

文学艺术自有沟通处。国画大师黄宾虹云:"中国画有三不朽:一用墨不朽也;二诗书画合一不朽也;三能远取其势,近取其质不朽也。"[19](p.1)综观"清六家"的文学艺术才华,或可当之无愧。六家几乎都讲究用墨、诗书画合一,形神兼备。用墨与形神,前文已述,毋庸赘论;就诗书画合一,略加说明。

古画流行题跋，"清六家"画作题跋尤其多。六家皆能诗书画，在自己的或别人的画上题跋，增强艺术表达力。（石谷在诗作与题跋方面稍逊一筹，但也有一定份量。）如张庚云："太原王时敏性资颖异，流雅博物，工诗文，善书，尤长八分，而于画有特慧。"[17](p.3412) 所以，史载：时敏于尺牍文字师"苏（轼）、黄（庭坚）"，于诗仿"白（居易）、陆（游）"，于书法，以行及隶书，在清代书人中占有一席之地，被评为"楚调自歌，不谬风雅"的"逸品"。[13](p.290)

又如南田多才艺，著有《瓯香馆集》诗十卷、《题识》二卷、《补遗》一卷。沈德潜在《清诗别裁集》中选录其七首诗，评曰："南田工画，山水花卉兼擅，比之天仙化人；诗亦超逸。毗陵六逸中，以南田为上。"[14](p.557) 南田喜欢用诗题画，常出佳句，为鉴赏家喜爱。《过云楼书画记》内收录颇多，《随园诗话》则引《拙修堂宴集图》："花残江国滞征缨，绿浦江潮柳岸平。芳草有心抽夜雨，东风无力转春晴。艰难抱子还乡里，落拓浮家仗友生。只为踌躇千里别，归期临发又重更。"[9](p.241) 令袁才子激赏不已。评家拈出南田《寄石谷》诗："收得江山在锦囊，霜天乘月下沧浪。尚留琥珀兰陵酒，襆被同君话草堂。"认为"二君襟期洒落，当不独以丹青为能事也"。[20](p.484) 南田的书法在清初书界当有一席之地，楷书笔势舒展，秀劲而圆活，行书意随笔到，流畅潇洒。其书、题诗与画并为"南田三绝"。

渔山亦能诗，思清格老，命笔造微，如《无端次韵》："十年萍迹总无端，恸哭西台泪未干。到处荒凉新第宅，几人惆怅旧衣冠。江边春去诗情在，塞外鸿飞雪意寒。今日战尘犹不息，共谁沉醉老渔竿。"[8](卷二) 由此可知，渔山走上信西教的道路，自有其家庭历史背景，但他还保持着传统文人的情趣。

四、"画不苟作"的职业精神

"清六家"不仅源深，而且流长，当时即可细分作"娄东"、"虞山"、"常州"诸流派，日后又绵亘数百年，非历代画派所能有。其中，固有清朝皇室欣赏推广的因素，关键在于其自身魅力。人称石谷作画"一落笔便思传世，

故即其八十以后之作亦无一懈笔。识者谓其能密而不能疏,固然。然其气韵亦非凡手可及也。"[6](p87)

吴伟业用七言排律长句(25 韵)《观王石谷山水图歌》,描述石谷绘画过程:"王郎展卷间窗净,良久呼之曾不应。剪水双瞳镇日看,侧身似向千峰进。……"[5](p270)还有与前引张庚描述王原祁绘画的全过程,都反映了他们精益求精的艺术态度。

"清六家"其他高手,都是耐心严谨地作画,把它当作赏心乐事,倾力而为,绝不苟作,这些非明代"吴派"酣醉青楼、沉湎赌博的画手所能行。

总之,"清六家"在特殊的年代里,以其钻研的精神、颖异的素质、人文的底蕴、谦逊的态度、和睦的协作、高雅的审美,登上古代社会南方文人画的颠峰,后人仰之弥高,叹为观止。诚然,现当代艺术家也已在艺苑天地建起瑰丽壮观或精妙悦目的丰碑;但是,"清六家"所处的历史条件与个人学养素质不复出现,重现"娄、虞、常"三派引领天下的局面,已无可能。我们能够做的是,学习"清六家",在继承传统的前提下,勇于超越,攀登耸立于当代艺苑的新颠峰。

注释:

[1]《清史稿》云:"(渔山)作画每用西洋法,云气绵渺凌虚,迥异平时。"有识者以为不然。笔者姑取其中。

[2] 见詹子庆等主编《中国古代史》,高等教育出版社 1989 年版;朱绍侯等主编《中国古代史》,福建人民出版社 2000 年版。

本章参考资料:

[1] 钱谦益. 有学集 [M]. 上海:上海古籍出版社,1996.

[2] 林木. 明清文人画新潮 [M]. 上海:上海人民美术出版社,1991.

[3] 王时敏. 西庐家书(丛书集成续编第 122 册) [M]. 上海:上海书店出版社,1994.

[4] 顾文彬. 过云楼书画记 [M]. 南京:江苏古籍出版社,1999.

[5] 吴伟业. 吴梅村全集 [M]. 上海：上海古籍出版社, 1990.

[6] 王应奎. 柳南随笔 [M]. 北京：中华书局, 1983.

[7] 邓之诚. 清诗纪事初编 [M]. 上海：上海古籍出版社, 1965.

[8] 吴历. 墨井集（丛书集成续编第125册）[M]. 上海：上海书店出版社, 1994.

[9] 袁枚. 随园诗话 [M]. 北京：燕山出版社, 2001.

[10] 王原祁. 麓台题画稿（丛书集成续编第86册）[M]. 上海：上海书店出版社, 1994.

[11] 秦祖永. 绘事津梁（丛书集成续编第86册）[M]. 上海：上海书店出版社, 1994.

[12] 宗白华. 宗白华全集（2）[M]. 合肥：安徽教育出版社, 1994.

[13] 赵尔巽. 清史稿 [M]. 北京：中华书局, 1977.

[14] 沈德潜. 清诗别裁集 [M]. 北京：上海古籍出版社, 1984.

[15] 董含. 三冈识略 [M]. 沈阳：辽宁教育出版社, 2000.

[16] 周道振辑. 唐伯虎全集 [M]. 杭州：中国美术学院出版社, 2002.

[17] 陈田. 明诗纪事 [M]. 上海：上海古籍出版社, 1993.

[18] 罗振玉. 雪堂类稿 [M]. 沈阳：辽宁教育出版社, 2003.

[19] 王伯敏. 黄宾虹图释语录 [M]. 杭州：西泠印社, 1993.

[20] 王夫之. 清诗话 [M]. 上海：上海古籍出版社, 1963.

诗文随世日趋新——文史大家赵翼简论

赵翼（1727～1814），字云崧（注一），号瓯北，江苏阳湖（今常州市）人，是在文学、史学两个领域均有积极贡献的学者，文学方面被列为"乾、嘉三大家"（其余两位是袁枚、蒋士铨），史学方面是清代三大史考名著作者之一（其余两位作者是钱大昕、王鸣盛）。

第一节 丰富的人生经历

常州自从孙吴政权之后，一直是江南重要府城之一。城东阳湖自是东南一胜景，有诗人张问陶吟《阳湖道中》："风回五两月逢三，双桨平拖水蔚蓝。百分桃花千分柳，冶红妖翠画江南。"[1](p.165)清朝中期常州的阳湖学派誉满全国，其中名家多出于贫寒人家，更令人称羡。

赵翼也是贫士出身。他出生于常州农村洛阳镇的一个普通知识分子家庭，其父名惟宽，后人尊称子容公，时为乡村塾师，家境贫寒。赵翼自幼聪明机灵，好诗古文词，乃父诱之以近制举文，总角之年已经能够一日作出时文短篇。乃父又诱之以攻经书为业，不数年已经颇能自述己见，议论风发。不料15岁那年，乃父去世，家贫孤露。赵翼不失学业，随心所欲，倾心于博览群书，热衷于诗赋艺文写作。成年后，不得不肩负起养家糊口的责任，父执辈规劝："不治举业，何以救贫？"[2](p.22)于是，赵翼承接父业，成为塾师。次年补诸生（成为秀才），遂致力于举业。从赵翼成年之前的学习习惯来看，他有着强烈的自学愿望，对文学书籍与习作格外用心，为其今后形成独特的学风与文风，是有关联的。

青年时期的赵翼风华正茂，才学出众，跃跃欲试，在多位同乡前辈的筹划下，赵翼进京，寄寓刘统勋家，时年 23 岁（乾隆十四年，1749）。刘统勋（1699～1773），山东诸城人，时以大学士身份总裁《四库全书》编撰事务，用赵翼纂修史书。赵翼能入刘府，应出于同乡刘纶（1711～1773）的介绍。刘纶自乾隆初入翰林院后，受知于刘统勋，二刘并受乾隆帝信任，入直军机处，前后达 20 年。赵翼逢此机遇，为其施展才华，提供了极大方便。果然，在二刘的安排下，进京的第二年，赵翼中举人，随即入汪由敦门下。汪由敦（1692～1758），安徽修宁人，时任吏部尚书兼军机处大臣，为乾隆帝近侍。赵翼晚年回忆："汪文端公（由敦）诗、古文之学最深，当时馆阁后进群奉为韩、欧"。"余自乾隆十五年冬客公第，至二十三年公殁，凡八、九年。此八、九年中，诗文多余属草，每经公笔削，皆惬心厌理，不能更易一字。尝一月中代作古文三十篇，篇各仿一家。公辄为指其派系所自，无一二爽，此非遍历诸家不能也。"[2]（p.23）在汪由敦府上，赵翼接触到国家机要事务，跟从前辈料理公文，起草文书与文件，甚至代拟重臣近侍酬答诗文。此八九年间，不仅仅是做文书工作，更重要的是学识大进。汪由敦因办公敏捷干练，奏对得体，拟文称旨，深得乾隆帝重用。汪由敦又好奖借后进，如有赵翼代拟的诗文受到乾隆帝或其他重臣的好评，从不隐讳捉刀者。所以，赵翼才高的名声传遍内三院。赵翼顺利选入内阁中书，以后入直军机处，充军机章京。35 岁那年（乾隆二十六年），赵翼参加恩科考试，意在夺魁。试罢，阅卷官各自审阅后评定优者圈点为记，独赵翼一卷得九圈，其余或八，或五以下。遂以赵翼卷列首十名之前呈上。乾隆帝因故易赵翼卷为第三。

中进士后，赵翼逐渐脱离内侍，历任翰林院编修、广西镇安知府、广州知府、贵州贵西兵备道等职。在此期间，赵翼不仅仅是以"勉修循吏绩，抚字辑逃陬"的态度，恪守职责，还是出自内心热爱辖区的山水与士民。有诗赞："镇安虽僻自堪豪，最喜消闲似马曹。片檄下时诸部肃，万山深处一官高。草亭置酒留宾醉，花阁抄诗课吏劳。此福难消应准折，从今判牍夜焚膏。"[3]（p.329）以后，正当他在异地执行军务，接到移守广州的朝命，闻命即赴新任，来不及回镇安与官民告别，不料数月后，竟有镇安人士 50 余人，不远数千里，赶到广州见上一面。赵翼为之感动，作诗誌之："数千里外野人芹，殊愧依依众士民。黄伞岂多遗荫在，缁衣偏荷改为新。及身栾布祠齐社，他日廉颇忆赵人。偻指平生宦游绩，此邦风俗最称淳。"[3](p.336) 赵翼的这份情怀印入心田，晚年作《忽梦镇安旧游》诗云："廿载消闲林下身，何缘重梦日南春。山多盘古年间树，俗是华胥国里人。朱邑葬桐乖后约，欧阳思颖记前因。只惭我自难忘处，未必民犹念我频。"[3](p.782)

但是 46 岁那一年（乾隆三十七年），因受广州旧事牵连，追究责任，朝旨以违律论降职调用。赵翼遂以母老辞官归家。此后四十多年，他不复出仕。除了有过一段时间，应邀做幕僚之外（注二），长期在家乡，优哉林泉之余，经常游览各地名胜，还多次渡江主讲扬州安定书院，主要时间还是在家乡治学著述，授徒讲学。他手不释卷，数十年如一日，以其孜孜向学的示范作用与言传身教的传承作用，有力地推进了常州学人群的形成。《清史稿赵翼传》云："其同里学人后于翼而知名者，有洪亮吉、孙星衍、赵怀玉、黄景仁、杨伦、吕星垣、徐书受，号为'毗陵七子'。"后人有称道："听我掷笔歌常州。天下名士有部落，东南无与常匹俦。"[4](p.359)

赵翼未成年就承担起照顾长辈、抚养幼弟的家庭责任。成年后，对家族的照顾颇多，晚年时仍然维护家族的和睦，所谓"祭社牲牢宰不私"，"弟兄垂老同炊。家风岂敢夸颜柳，或可垂为子姓规。"[3](p.480)

他的著述集中编入《瓯北全集》，内有文集五十三卷、诗钞十七卷、诗话十二卷、史考三十六卷、丛考四十三卷、杂记七卷、史料四卷等。《瓯北全集》足以使其成为一代文史大家。

第二节　独树一帜的文学成就

清代中期，赵翼与袁枚、蒋士铨共同狎主诗坛，号"乾、嘉三家"。赵翼在诗坛的表现是多方面的，诗创作、诗论等方面都有创建，尤其是强调创新的理念，在当时独树一帜。

一、称雄称奇的诗创作

赵翼自幼喜欢创作诗，几乎是无时无地不作，总数达 5000 余首，编入全集的诗有 4800 余首，按年编次。有系年标记，符合其史家身份，对于后人研究其思想脉络，很为便利。友人钱大昕评价：

> "耘菘天才超特，于书无所不窥，而尤好吟咏。早年登薇垣，直枢禁，游翰苑，应制赓和，顷刻数千言，当宁已有才子之目。及乎出守边郡，从军滇徼，观察黔西，簿书填委，目不暇给，而所作益奇而工，归田十数年，模山范水，感旧怀人之词，又日出而未有艾也。最耘菘所涉之境凡三变，而每涉一境，即有一境之诗以副之。如化工之赋草木，千名万状，虽寒暑异候，南北殊方，枝叶无一相肖，要无一枝一叶不栩栩然含生趣者。此所以非汉魏、非齐梁、非唐非宋，而独成为耘菘之诗也。"[3](p1447)

赵翼诗创作的题材广泛，有各处游历，增长见识之后的叙事诗，如《观西洋乐器》、《观回人绳伎》；有咏史诗，如《读史二十一首》、《元佑党籍碑》。《赤壁》诗云：

> "依然形胜扼荆襄，赤壁山前故垒长。乌鹊南飞无魏地，大江东去有周郎。千秋人物三分国，一片山河百战场。今日经过已陈迹，月明渔父唱沧浪。"[3](p. 416)

有哲理或诗论诗，如《闲居读书作》、《题吴梅村集》、《阅查初白诗》等，《论诗》云："着色原资妙选材，也须结构匠心裁。可怜绝艳芙蓉粉，涂在无盐脸上来"[3](p. 861)；有游记诗，如《虎门望海》、《庐山纪游》、《澜沧江》云："绝壁积铁黑，路作之字折。下有百丈洪，怒喷雪花热"[3](p. 284)；有纪社会史实的，如《军中擒获林爽文槛送过泉纪事》、《人参诗》、《米贵》、《逃荒叹》等，《镇安土风》诗可知岭南偏远地区的社会状况：

> "官辙经年到，邮签万里修。地当中国尽，官改土司流。峻坂愁云栈，孤城仿月钩。近边多堠吏，按部半番茜。……"[3](p. 264)

有交游诗，如与袁枚初次见面于杭州，两人有动情的诗篇，记下这次会面。赵翼的《西湖晤袁子才喜赠》其一云："不曾识面早相知，良会真成意外奇。才可必传能有几？老犹得见未嫌迟。苏堤二月春如水，杜牧三生鬓有丝。一个西湖才了，此来端不枉游资。"袁枚的《见酬之作》云："乍投名纸已心惊，再读新诗字字清。愿见已经过半世，深谈争不到三更。花开锦坞登楼赏，竹满云栖借马行。直到此间才握手，西湖天为两人生。"（526 页）晚年赵翼又有《随园吊袁才子》：

"小仓亭馆记追攀，访旧重来泪暗潸。胜会不常今宿草，名园无恙尚青山。诗文一代才人笔，花月平生散吏班。我亦暮年难再到，为君多驻片时间。"[3](p.1069)

赵翼诗创作的风格呈现出多样性。当他即兴抒发性情时，创作出来的诗，多半是明白通畅，朴实淳美。如《枕上》云："枕上得诗愁健忘，披衣起写残灯光。山妻窃笑老何苦，儿辈读书无此忙。"[3](p.476) 但当他似乎是以史家或学者身份创作的哲理诗或咏史诗时，不免着重于议论，有些诗篇浅露有余而缺乏蕴藉，距离文学特性，难以形象引人入胜。如《读杜诗》云：

"杜诗久循诵，今始识神功。不创前未有，焉传后无穷。一生为客恨，万古出群雄。吾老方津逮，何由羿彀中。"[3](p.943)

他的不少诗篇发表对现实社会的议论，表现出诗人的个性。他一方面以焦虑的目光关注着世态炎凉，行句中同情民众的疾苦，隐寓着对时政的某些批评，如《人参诗》，以人参市价甚贵感叹："但许活富人，贫者莫可冀。此事关隐忧，苍生命所系。"[3](p.910) 另一方面又以极其鲜明的态度、直爽的语句，毫不含糊地表达对乾隆帝或朝政的忠心与敬佩。（在《簷曝杂记》一书中，反复歌颂乾隆帝的文治武功。）晚年赵翼对晚明忠节人士有较多的反响，有关这一题材的诗篇明显增多。《沙山吊阎典使故居》云："十三万命系君身，那得山村作隐沦。报国岂论官大小，逆天弗顾运维新。断头巴郡无降将，嚼齿睢阳至食人。今日经过投袂处，百年犹觉胆轮困。"[3](p.1123)

对当时文坛的各家表现，他也有自己的见解。一方面，赵翼如上所述，提倡并自觉执行诗教功能，不过不是刻板的说教，仍然主张诗创作有抒发闲情逸致的功能。他本人也有不少诙谐幽默的诗作，如袁枚云："诗能令人笑者必佳。云松《咏眼眼镜》云：'长绳双目系，横桥一鼻跨。'"[3](p.1642) 他也欣赏大家闺秀的诗作，并对来自于女界的反馈十分在意。如《味辛自松江归述庵侍郎珮珊女史俱寄声存问并知珮珊能背诵拙诗如瓶泻水各寄谢一首》："骚雅中谁识苦辛，正难物色向风尘。岂期白首新知己，翻在红颜绝代人。绣出弓衣传唱远，拂来罗袖爱才真。拙诗背诵如流水，多恐污君点绛唇。"[3](p.1218)

他对刻板的理学家采取嘲讽的态度。袁枚评价赵翼的诗是忽正忽奇，忽庄忽俳，稗史方言，皆可阑入；是不错的。另一方面，赵翼对游戏人生的浮艳流辈也有指斥。在看似游戏的《瓯北控词》里写道："盛名所至，轶事斯传。借风雅以售其贪婪，假觞咏以恣其饕餮。" "虽曰风流班首，实乃名教罪人。"[5](p. 3)

他认为"渊源沂雅骚，根柢本忠孝"，[3](p. 920)才是诗人正途。

总体来看，赵翼的诗创作与当时的袁枚、蒋士铨齐名，至于有人称其"独雄一时"，只是个人看法。如后人尚镕作《三家诗话》，仍不免偏爱赵氏，赞曰：

"明七子如何、李、沧溟诗，虽摩古未化，然其生平之行谊，各有卓然自立之处，所以前人虽极力贬斥，诗究难泯。读三家之诗，须知三家之大节各有可传，不第以真才本色鼎立一时，而云松尤为醇美。"[3](p. 1468)

二、倡新斗胜的诗论

赵翼的文学成就还表现在诗歌创作理论方面。其诗评代表作《瓯北诗话》，是清代中期诗论的标志性成果。该书总十二卷，本十卷，又名《十家诗话》，主要论及唐宋六大家——李白、杜甫、韩愈、白居易、苏轼、陆游，以及金国元好问、明代高启、清代前辈吴伟业与查慎行。后补二卷，余论韦应物、黄庭坚等。

赵翼评十二诗家，突出诗史结合与独立创新的评诗标准。在重史实方面，赵翼对于作者所处的现实社会环境十分关注，对每一位大诗人都下了一番诗、史互证的功夫。如论白居易，云："历官所得俸入多少，往往见于诗"；不仅"记俸"，还不断出现"品服"。他还指出白诗既表现"新屋五六间，"还述说白宅数迁，遂至于"林园池馆之胜"。《诗话》对陆游的考证成果反映在《陆放翁年谱》中，由此可知他论陆诗的功底。论世识人，成为赵翼诗话的特点，是其有胜于同时期其他大家，如袁（枚）、蒋（士铨）、翁（方纲）等人的地方。有称"云松《十家诗话》，最为具知人之识，持千古之平"。[3](p. 1467)

赵翼壮年之前一直自诩天才，评诗也崇尚才气，强调才气在诗创作过程中的重要作用；这一点与袁枚的见解不谋而合。袁枚云："诗文自须学力，然用笔构思，全凭天分。往往古今人持论，不谋而合。李太白《怀素草书歌》云：'古来万事贵天生，何必公孙大娘浑脱舞。'赵云松《诗论》云：'到老始知非力取，三分人事七分天。'"[3](p.1462) 赵翼被称作当时诗坛"性灵派"的大将。

但是，赵翼不同他人的地方是，他评诗与指导诗创作的首要原则是欣赏诗人的独特风格，提倡敢于创新，特别钦佩杜甫的"语不惊人死不休"的追求，其《论诗》绝句：

"满眼生机转化钧，天工人巧日争新。预支五百年新意，到了千年又觉陈。"

"李杜诗篇万古传，至今已觉不新鲜。江山代有才人出，各领风骚数百年。"[3](p.630)

"词客争新角短长，迭开风气替登场。自身已有初中晚，安得千秋尚汉唐。"[3](p.1375)

另外，赵翼并不排斥创作过程中的学问引导，不排斥成篇过程中的锤炼推敲，不排斥穷觅苦吟的认真态度。他强调学力与天赋的互相促进关系，主张诗人必须具备学识与善于思考，再加上不断的实践。他认为："诗之工拙，全在才气、心思、工夫上见。"[6](p.147) 其《闲居读书之六》诗常被论者引用：

"后人观古书，每随己境地。譬如广场中，环看高台戏。矮人在平地，举头仰而企。危楼有凭栏，刘祯方平视。做戏非有殊，看戏乃各异。矮人看戏归，自谓看仔细。楼上人闻之，不觉笑喷鼻。"[7](p.164)

他以观剧为喻，说明学无止境，同时告诫学人要有自己的见解，必须多方面的考虑，切忌人云亦云。他在别处写道：

"只眼须凭自主张，纷纷艺苑漫雌黄。矮人看戏何曾见，都是随人说短长。"[3](p.630)

赵翼的自我体会是："少日所得意，老去觉拿陋。奋笔拟删之，谓今学始就。焉知今得意，不又他日疚？诗文无尽境，新者辄成旧。……"[3](p.509) 当然，勤于实践也是必要的。他说："且诗之工，亦何尝不自多中得来？正惟作

诗之多，则其中甘苦曲折，无不经历，所谓深入无浅语也。"[6](p.147)

对于波及清代的明代七子末流模拟之风，他是不屑一顾的 。其《论诗》诗：

"'作诗必此诗，定知非诗人。'此言出东坡，意取象外神，羚羊眠挂角，天马奔绝尘。其实论过高，后学未易遵。诗文随世运，无日不趋新，古疏后渐密，不切者为陈。譬如泛驾马，将越而适秦，灞浐终南景，何与西湖春。又如写生手，貌施而昭君，琵琶春风面，何关苎萝颦。是知兴会超，亦贵肌理亲。君试为转语，案翻老斲轮，作诗必此诗，乃是真诗人。"[3](p.1172)

因此，他对诗坛惯行的"荣古虐今"[6](p.146)做法，是很不满意的。他别出心裁，有意识地提高本朝前辈吴伟业与查慎行的诗坛地位，而这一做法招致后人议论。有云："逞新未稳之嫌，未可谓的论。"[8](p.424)

第三节　考据精赅的史学成就

一、不世出的史考杰作

赵翼第一部史学代表作是《陔余丛考》。此书共四十三卷，分作经义、史学、掌故、艺文、官制等十四类，凡八百九十二篇。全书体现出作者渊博的知识，对其所关心的名物与故实，能够精考细析，纠正前说，或提出歧义；内容丰富，而且语言文字合文史笔记之体，雅俗共赏，为当时笔记史料之佳品。其中卷四十一，集中不少论史的条目，如"李斯本学帝王之术"、"唐中宗复位由张易之兄弟"、"赵普遇合"、"岳忠武之死"、"岳坟铁像"、"少林寺僧兵"，等等，均有史考意义，使之进一步阐述研究心得奠定了良好的基础。

在《陔余丛考》成稿的基础上，他又致力于《廿二史劄记》的写作。《廿二史劄记》虽名"廿二史，"实则包含廿四史。全书三十六卷，共 578 篇劄记，用读书笔记的形式，对我国历代正史的编撰、体裁和主要内容进行考证、分析和评论，是我国古代史学史上难得一见的考史名著。

本书首先是采取从原书排比史事，考核比较，提出己见；同时注重总惯诸史，评其得失，尤其详于有关一代兴衰变革的重大问题，试图探索历代政治利弊、兴废沿革原因、钩辑出历代特征现象，采取详近略远的方式，对元明两朝用力尤深。他试图从诸如"汉初布衣将相之局"、"六朝清谈之习"、"唐代宦官节度使之祸"、"明乡宦虐民之害"、"魏阉生祠"等情况出发，进一步探究历朝成败的规律。如《汉书武帝纪赞不言武功》篇，批评班固《汉书武帝纪赞》方面的片面性，只提武帝的文治，而回避汉武帝开辟四边的武功，他认为不妥，云："统计武帝所辟疆土，视高、惠、文、景时几至一倍，西域之通尚无与中国重轻，其余所增地，永为中国四至，千万年皆食其利。"[9](卷二) 在《汉初布衣将相之局》篇中说："盖秦汉间为天地一大变局。自古皆封建诸侯，各君其国，卿大夫亦世其官，成例相沿，视为固然。其后积弊日甚"，"其势不得不变，而数千年世侯、世卿之局一时亦难遽变，于是先从下者起。"[9](卷二) 梁启超的《清代学术概论》评价："赵书于每代之后，常有多条胪列史中故实，用归纳法比较研究，以观盛衰治乱之原，此其特长也。"

另外，还有《簷曝杂记》共七卷，是赵翼毕生零散笔记材料的汇辑本，编成书时已在作者暮年，全书提供了不少有价值的史料，向为治清史者所重视。此书比较详尽地介绍了作者亲历的诸多清廷政事与轶闻；·还介绍了在其历任华南、西南官署的所见，留下了第一手的历史真实情况。他还在书中多次反映欧洲人士在华活动情况，以及西方器物、宗教、对华交通的了解，表现出他对新生事物的敏感与思考。他看到西洋钟表而感叹："天地之大，到处有开创之圣人，固不仅羲、轩、巢、燧已也"，[10](卷二) 表现出颇具远见的历史观。他作《番舶诗》，写"西洋船"文，竭力介绍欧洲船只优点，尤其是西洋船帆的功能使之过目不忘，垂老之年仍记挂在心。

二、独特的史学评论

赵翼在史学理论方面似乎没有出色的贡献。从前三本史著来看，他史学写作的某些方面还是有其独特之处的。

在史学方法方面，他坚持正史为本的原则，全书考史所取资料，没有越出廿四史的范围。这当然不是最佳办法，缺乏正史之外的材料，难以保证考史事功的高效，甚至有失当之虑。如赵翼的《后园居》诗云："乃知青史上，大半亦属诬。"[3](p.197)然而，诗归诗，考史归考史。赵翼不敢冒风险，考史的目的是"资治"，希望朝廷有所接纳，当然不会采用稗说野史来立歧义。清初野史数千种，正是康雍乾三朝竭力遏制的的对象。赵翼怎能够用野史（哪怕是前朝的）入书呢？但是，赵翼以原书为论证的依据，对于评定原书的史学价值是有积极意义的，不仅令人信服，而且催人深思，对后来治学者有着很大的启发。

在史学评论方面，赵翼喜欢翻前人的定案。以翻案诗表现的有评价隋炀帝大兴土木工程，其中修筑运河，乃是"利涉通舟航"，"功及万世长"的大好事，《题吟芗所谱'蔡文姬归汉传奇'》评价蔡文姬归汉，符合汉匈和睦[3](p.195)，评价武则天是"一番时局牝朝新"，"臣仆不妨居妾位，英雄何必是男身"，评价朱元璋断后不果敢，"大本堂摧懿文死，应立燕王为太子。以长以贤事皆顺，屠孙亦得免刀儿。"[3](p.827)，还有《古来咏杨妃者多矣，多失其平，戏为一绝》："鼙鼓渔阳为翠娥，美人若在肯休戈？马嵬一死追兵缓，妾为君王拒贼多！"[3](p.414)斥责唐明皇的腐败无能，即不能保卫贵妃，反而以贵妃作为朝政的运作筹码。

在史学观方面，有些见地不够积极。如《风俗》云："人心俗习暗变迁，数十年间觉渐差。今日后生看孔孟，已非我辈后生时。"[3](p.1041)这些看法不过是老生常谈，陷入历史循环论的泥沼。应当说，赵翼有过多次参与修官史的实践。先是在重臣刘统勋府上协助编纂以后列入《四库全书》的史部著述；后任翰林院编修，参与修撰《通鉴辑览》，再后任乾隆帝近侍多年，深知乾隆帝的史识，所以，他比较妥帖地处理好个人见解不至于触犯"圣颜"，甚至不惜曲笔，迎合乾隆帝。比如赞同秦桧主和政见，指斥江南民间抗清人士为误国书生，等等。在《书放翁诗后》，判断开禧用兵，"是役出即败，轻举千古嘲。公若在其间，亦当带汗逃。（按：注意汗之谐音为"汉"）"[3](p.1041)我们只是要标出这一现象，即一遇华裔之争，赵翼的史识顿萎，不无迎合清廷之意。这是时代的特征，如果过分地批评赵翼，太苛刻了。

注释：

[1] 时人以"云"与"耘"互用，"松"与"崧"互用，故时人或云松、耘松、耘崧，皆未尚不可。

[2] 赵翼曾于乾隆五十七年，受福建总督李侍尧邀请，入其幕僚。

参考文献：

[1] 陈友琴 . 元明清诗一百首 ［M］. 上海：上海古籍出版社，1989.
[2] 赵翼 . 簷曝杂记 ［M］. 北京：中华书局，1982.
[3] 赵翼 . 瓯北集 ［M］. 上海：上海古籍出版社，1997.
[4] 龚自珍 . 龚定庵全集类编 ［M］. 北京：中国书店，1991.
[5] 梁绍壬 . 两般秋雨盦随笔 ［M］. 上海：上海古籍出版社，1982.
[6] 赵翼 . 瓯北诗话 ［M］. 北京：人民文学出版社，1963.
[7] 钱仲联 . 明清诗精选 ［M］. 南京：江苏古籍出版社，1992.
[8] 张寅彭 . 中国诗学 ［M］. 上海：东方出版中心，1999.
[9] 赵翼 . 廿二史箚记 ［M］. 北京：中华书局，1984.
[10] 赵翼 . 簷曝杂记 ［M］. 北京：中华书局，1982.

扫眉笔上也生花——清代吴地妇女诗创作简论

清代诗歌创作以其名家辈出、流派迭起、参与者众、硕果累累，形成了古代诗歌创作又一座高峰，而成为中国古代文学历史的重要组成部分。其中，吴地妇女的诗创作，以其积极的参与、灵活的表现力、独特的内容、超乎寻常的影响，构成清代诗歌创作的有机组成部分，称之为清诗园内的风景林，犹不为过。惜乎时下一些大部头的有关著作言之不详，特为之一说。

第一节　天时地利　女诗勃兴

我国的诗歌创作源远流长。远古先祖在生活与劳动中，很早就创作了一些韵语短句，从广义上说，诗歌创作与人类诞生同步；妇女在其中担当重要角色。自从文字形成与阶级社会出现之后，妇女的社会分工与社会地位下移，淡出安邦治国、管理宗族的领域，局促于相对狭小的社会事务与家族生活圈子里，创作诗歌的机会与内容受到了越来越多的限制，从而越来越拉大了与男性的差距。尽管如此，上古时代传世诗作不乏妇女作品，（或原创者为妇女，后由男性司职采风者改定）。一部《诗经》，尤其是十五国风，妇女之作占很大比例。

步入中古时代之后，我国妇女的诗创作才真正少了下来。汉、唐、宋、元等古诗创作高峰时期，女子作品当称凤毛麟角。进入明、清时期，出现了一些明显的变化，妇女诗作大量出现，结集成书，传世颇多。这里又以清代吴地妇女的诗创作为显著标志。

据《中国妇女名人辞典》，[1] 收录了中华民族五千年历史上的妇女名人为4100人，其中苏南籍妇女为821人，占总数的20%。苏南籍妇女名人，如按朝代顺序划分，主要集中在清代，为 763 人，占总数的 92.9%。清代吴地名女子能诗者为 573 人，［注一］并有大量作品流传下来。据《江苏艺文志》，清代吴地妇女作品多达半千，几乎清一色为诗集，可见一斑。另外，清人汪启淑的《撷芳集》（80 卷）、蔡殿齐的《国朝闺阁诗钞》（99 卷）[3] 蔚然可观。

弄清楚清代吴地妇女诗创作勃然兴起的原因，是有必要的。

一、社会历史环境

我国古代文人皆能诗，自幼学习文言文养成了作诗的习惯，个人魅力、人际交往、社会应酬，乃至科举功名、官场升降都可能与诗作优劣相关。所以，在文人圈子里作诗成为经久不衰的风尚。这样势必影响到全社会，影响到各个家庭，影响到女子。但是苦于文化素养缺乏，妇女能歌不能诗的情况严重存在。改变这一情况的关键，在于女子的文化素养能否提高。清代吴地妇女诗创作勃然兴起，是与当时当地的人文环境的变化，以及社会经济发展水平的提高，密切相关的；又是与全社会中部分女子得到一些良好的文化教育，直接联系的。前者是远因，后者是近因。

晚明吴地特殊的人文环境延续到清代。其一，晚明吴地士大夫不乏有识有胆之士，以天下为己任，崇尚道义，忠君爱国。这里有士大夫党社运动风起云涌，东林、复社等风靡东南数省，影响全国；有拼一死、抗魏阉的东林君子高攀龙、周顺昌、顾大章等；有奋勇驱逐魏阉缇骑的“五义士”；有复社领袖张溥及其流芳百世的“五人墓碑记”；有经国难而志弥坚的忠贞之士阎应元、堵胤锡、瞿式耜等。由此形成明末清初苏南社会风气的主基调。顺之者荣，逆之者耻。市井之流、老迈童稚、女流之辈皆能识忠荣奸耻。其二，晚明吴地士大夫又有另一面，即推行靡丽之风而不遗余力。逃儒入佛、道，享受精致生活，追逐歌童舞女。其后果就是在政治方面，在一定程度上消磨了士大夫的锐气与意志，不利于发挥士为民范的社会作用；［注二］在社会生活方面，致使青楼业畸形膨胀，出现了一批兼才女、名姬于一身的艺妓；她们在于男性的交往中，出于酬客与自身抒怀的需要，致力于诗创作，出现了以柳如是、卞玉京为代表的特殊身份的女诗人群体。

以上两种情况综合在一起，从作诗的题材、社会影响力的提高、鉴赏面的扩大等方面刺激和推动了晚明吴地家庭妇女或闺秀的诗创作。

入清之后，吴地的社会舆论维护传统的伦理纲常而不变，赞誉赴难就义的忠贞之士，推许操守清白的道义之士，如顾炎武、归庄、陆世仪、朱伯庐等；同时痛定思痛，反思晚明社会的不良风气，鞭挞空疏不学、心术不正之士，加以政府的有效管束，对旧日盛行多年的青楼馆所大面积地洗涤一清。这个变化导致清代无名姬，自然也无柳如是之类的女诗人；相反，从士大夫比以往更多地关注家庭、创作题材向正常人的生活靠拢、鼓励眷属酬友应答等各个方面促进普通女子的诗创作。据《乾嘉诗坛点将录》（作者署名玉炉三涧雪山房），以为乾嘉两朝名诗人百余名（名为108将；实有106人），其中苏南籍诗人为35名，超出1/3；前五名皆为三吴地区人士，头名（长洲人沈德潜）、第三名（太仓人毕沅）为苏南人。［注三］男士诗人群不仅可以提高女性诗人的兴致，还能有具体的指引。

二、必要的物质条件

区域环境为女子诗创作提供了相对宽松有利的物质条件。清朝经过初期短暂的动荡之后，进入了我国封建社会最后一个成熟期，社会经济文化有了进一步的发展，社会发展综合水平上了一个新台阶，尤其是苏南号称天下富庶之地与治安首善之区。无论是官绅家族，还是耕读人家，在社会秩序相对稳定、家庭生活相对平静、个人境遇相对良好的情况下，女子作诗的机遇无疑是大大增加了。

吴地妇女读书，学习文化的情况相比较国内大部分地区，要好得多，得益于本区域的社会文化整体水平比较高，读书人群体大，文化读本多，社会生活应用文化的场所普遍，（如：碑刻、榜示、演剧、书坊、书院等等。）加上各家识字的概率较大，如无衣食之虞，女子读书理应有所保障。清代王次山（常熟人）题《夜纺授经图》诗："辛勤篝火夜灯明，绕膝书声和纺声。手执女工听句读，须知慈母是先生。"[3](p.107) 更说明一部分女子还承担教子的家庭事务。

三、体裁适合

女子的情感世界极其丰富；在当时的历史背景下，男性所擅长的时文、尺牍、散文、传记等文体不是女性所能恣意纵情利用的，而诗创作比较适合女性。所谓"诗虽小技，然必童而习之。"[3](p.247)只要有学习文言文的经历，适当的实践，就有可能成功。

奇怪的是，一些普通女子从小不甚读诗书，但有颖异心思，丰富情感，细致体察，也能先吟而后作，自创短诗不成问题。连一些出生家境不好而在大户人家做小婢老妪的妇女，也有可能加入女诗人行列。太仓毕沅（1730～1797，字秋帆，乾隆进士，官至湖广总督，博学，精通经史）家有老妪，素不识字，而于平时听惯毕沅与其客友作诗赏诗，竟也能作起诗来，有"读书盼望为官早，毕竟为官逊读书"的佳句。[4](卷廿四)

第二节 传承诗教 雅正风化

封建社会禁忌多，"士庶不敢作卿大夫事，卿大夫不敢作公侯事。"[5](p.28)妇女作诗更不能无所顾忌，使之创作题材存有明显的缺陷，所涉及的内容，关于家庭事务的多、社会事务的少；个人情感的多、群体意识的少；女性化的题材多、男性化的题材少；颂扬祝福类的多、谴责批判类的少；等等。尽管如此，清代吴地妇女的诗创作还是为后人留下了大量、丰富、广泛、健康的文化遗产，值得我们继承、学习、吸收、扬弃。

一、诗的教化功能

印象最深的是，女诗的教化功能。先秦儒家创始人孔子用《诗》教学，引导作诗赏诗的方向。《论语·阳货》云："诗可以兴，可以观，可以群，可以怨。迩之事父，远之事君。多识于鸟兽草木之名。"由此可知，儒家诗教所涉及的面很广，但是，突出侍君事父的主旨，是明确不误的。后世儒家进一步发挥作诗赏诗的政治教化作用，所谓："此诗之为经，所以人事浃於下、天道备於上、而无一理之不具也。"[6]清代学者的主流意识仍维护"温柔敦厚，诗教也"[7](卷五十)的观念不变，这就势必决定清代吴地妇女诗创作的主基调，也是突出诗的教化作用，不过又以家庭伦理教化为主。

教人谨慎事君，恪守公职，勤政亲民，国先家后的有之。如"寄子诗"："家内平安报尔知，田园岁入有余资。丝毫不用南中物，好作清官答圣时。"[2](p.1314)毕沅之母的戒子诗更是"训词深厚，不减颜家庭诰。"如："我闻经纶才，持重戒轻易。教敕无烦苛，廉察无猥细。""痛汝早失怙，遗教幸勿弃。""上酬高厚恩，下为家门庇。"[2](p.641)也有劝夫君的，如："把酒送吾子。……征途勉加餐，努力拾青紫。上慰高堂亲，下酬贤伯氏。君行既雅醇，君才复俊美。但保金石心，豪门勿投趾。桃李易凋残，松柏岂朝萎。"[2](p.1323)

教人安分遵礼，治家理业，和上睦下，亲邻洽友的有之。如"夫婿长贫老岁华，生憎名字满天涯。席门却有闲车马，自拔金钗付酒家。"[2](p.1314)又如，"新塘一水绕街东，旧是柴桑五亩宫。松菊尚存思祖德，蓬蒿不剪见家风。"[2](p.1312)以及"失意休教苦自煎，为君把卷论前贤。……涤器当垆情更洽，操春举案志犹坚。"[2](p.1324)

宣传妇女美德，温柔敦厚，助夫教子，敬老尊师的有之。如："挟策长安去，谁怜行路难。恐伤游子意，别泪不轻弹。"[2](p.1315)还有苏州闺秀江铭玉的《堂上视膳诗》："明知温清时时缺，隐惧春秋渐渐高。"[2](p.922)非贤媳孝女不能为；尤其是席佩兰（常熟人）的"深闺柔翰学涂鸦，重荷先生借齿牙。漫拟刘公知道韫，直推徐淑胜秦嘉。解围敢设青绫障，执贽遥塞绛帐纱。声价自经椽笔定，扫眉笔上也生花。"[2](p.1360)拜师之情真意切，风度不凡。

二、女性的文化品味

女子自娱自乐、提高生活的文化品味的诗也占较大的比重。

有描写江南园林楼阁、水乡景物的，如《水村》云："水村鸂鶒簇归船，载米宁迟载酒先。几见邻家机杼动，鱼盐呵护太平年。"[8](p.260)《独倚楼栏》：

"一湾澄水遶蘭陂，每有微风豁蹙眉。独倚楼欄如画里，吹箫弄笛总相宜。"[2](p.295)有抒思乡之心情的，如《乡思》："不禁乡思倚危楼，山色空濛海气浮。……欲寄相思为娄水，门前日日看潮头。"[2](p.260)《怀父以忧归里》则是另一类乡思："病里遥途谁问视，天涯老泪更风霜。""惭愧左家最娇女，秦关春梦望高堂。"[2](p.286)远在西北的女儿即同情仕途受挫归乡的老父，又自怜路遥心苦。

有记录女性情感世界的，如《长相思》："诗一篇，画一笺，仓促无从寄客边，明朝忙过年。心惘然，意惘然，将必连宵不好眠，相思和泪咽。"[2](p.222)《病中》云："风簷网结长垂幌，砚匣尘封久废诗。瘦影怕从明镜见，泪痕空有枕函知。"[2](p.303)《访菊》云："东篱翠叶缀黄英，烂漫丰姿照眼明。遍约邻娃携笔墨，何香孰艳细心评。"[2](p.315)

还有的写闺房之苦，欲嫁无佳偶、不如意的婚姻、思念离家远去（公务、游宦、游历或经营）的丈夫、无法排遣的闲闷与愁绪，等等。

三、巾帼的社会意识

很少去写关于忧患时务、社会生产的诗。只有一部分女诗人的作品能够脱尽胭脂气，表现出巾帼不让须眉，妇女同样也有见识、辨是非、懂大局。《拜经堂诗话》称东吴徐氏多才女，有徐灿（字湘蘋）者，为陈之遴妻，身经大富大贵，"尤工长短句，间亦为诗，……尽洗铅华，独标清韵；又多历患难，忧愁拂郁之思，时时流露楮墨间。"[5](p.774)一首《送人西还》诗里，有"料得鱼轩回首处，沙场犹有未归人。"[9](p.1339)荡气回肠，人入此境遇必生共鸣。

明亡为天地间一大惨剧。无论是孤臣遗民，还是仕女农妇，目睹刀光剑影、遍地血尸；身遇严厉呵斥、百般凌辱，甚或骨肉凋零、亲友多故，心痛哀调经数十年而不易。同病相怜，更为弱者哀。遗民诗人写明季弱女子命运的篇章格外凄楚；女子的自我写照更觉怜悯。如清初江阴激烈反抗，死难甚多，一位普通的江阴女子写道："寄语路人休掩鼻，活人不及死人香。"[2](p.1339)

还有一些女子超常规的创作咏史诗。如孙淑（常熟人）的《五日吊古》、吴永和（武进人）的《虞姬》等，尚可欣赏。值得一提的是毛秀惠（太仓人）的《庄水谣》、《渔父图》、《钱塘怀古》（颂岳飞）皆可推介。《庄水谣》里说："男妇足茧更流血，鞭牛日夜牛蹄脱。"[2](p.1339) 可以证史。清代嘉庆年间，苏州与常州的农业生产略有差距。同样用水车，两地不同。"常州水车用九人抽。咫尺之地，至用三道。农人踏车者，不著裤，不著履。苏州用水车，坐而足踏之。或上无蓬屋，自地树杙，作枢置辋，以黄牛运之，目之曰鬼车。"[10](p.315)

四、异类的声音

清代女子的诗创作，闺秀多而青衣少。不过在明末清初，江南名姬诗作受到了追捧，一度流行青楼女子题材的诗。其实，由虚情假意与华丽辞藻堆出来的诗作，思想性逊于艺术性，并不耐看。（清代的大部分时期并不流行青楼诗。）此类作品，与其推介所谓的精品，倒不如去听弱女子的呻吟，张惠（苏州人）的《题壁》云："重到孤山拜阿青，荒榛茅棘一沙汀。烟沉古墓霜寒骨，雪压残碑玉作铭。幽恨不随流水去，香魂时逐蓼花零。劝君更礼慈云侧，莫堕轮回作小星。"[11](p.164) 由此可以听清楚沦落人的苦楚与悔恨。

翻过历史沉重的一页页，我们看到封建社会缺乏人权、践踏人性，尤其是对妇女的迫害；但是，众多女诗人在思想内容方面，我们也很难找到有什么超前的、创新的地方，绝大多数作品都是恪守传统美德而不移；对封建社会缺乏人权、践踏人性，尤其是对妇女的迫害，视而不见，不知不觉。对此，我们即无意过多地责备她们，也无意掩饰或人为拔高。这种情况在当时是完全正常的，后人应当保持一份宽容与理解。

第三节　清秀婉丽　性情之作

袁枚说："闺秀，吾浙为盛。"但是，他推出的"闺中三大知己"，又都是吴地女子（分别是元和人严蕊珠、长洲人金纤纤、常熟人席佩兰）。可以认为江浙女子同样多闺秀，不误。

但是，众多的清代吴地女诗人似乎无名家。稍有名望、成就较多的是，早期的柳如是、（请注意，柳氏的好诗在晚明，入清后几乎不作诗，更无好诗。）黄媛介、徐灿；中期的随园女弟子席佩兰、严蕊珠、金纤纤、归懋仪以及许德蘋；后期的程蕙英。不过，总体来看，对女诗人的艺术表现力及其唯美主义的创作特点，还是让我们多一份欣赏。

一、托物述怀

女性诗作中，大部分是咏物诗，叙事与咏史诗少；咏物又以象征阴柔之美的视觉对象为多。如喜用花鸟草木为题材，"凤蝶"、"鹦鹉"、"孤雁"、"萱草"、"柳条"、"金菊"、"芙蓉"，等等。通过比兴手法，托物言志，是《诗经》以来作诗的传统，本身无可非议；只是咏物诗所占的比例很高，应判断为女性诗人的不足之处。

即景抒怀妙在借物寄托，言之有物，全在性情。女诗人的情感世界丰富，所以在这些咏物诗中，不少佳作。像缪珠荪（江阴人）的《问柳》："柳丝乱且长，傍水趁风扬。镇日何恣肆，伊人尚远方。"[8](p.292) 托物寄情，借柳丝伸长，表闺秀向往远方的心意。当然，真正的好诗，必须是身在闺中不明言闺愁。诗作得细，可以拓宽诗镜，一题可多作。同样是咏柳，还有两首相当不错，程蕙英（阳湖人）作《春日过汤氏园有感》："桃李新花发旧枝，柳条长日挂游丝。月明风细黄昏景，输与眠香蛱蝶知。"[12](p.391) 其中隽永之味，蕴藉可人；以及顾道喜（吴江人）作《章台柳·送人》："江边树，江边树，南下归舟留得住。北上风帆欲远飏，不该遮断送行路。"[8](p.315) 此中滋味或许只有送行人才有；并且，只有女性送行人才有。

又如叶棻（昆山人）的《蜻蜓》诗："蜻蜓款款遶池台，未近花丛不访梅。似爱小园今日静，优游享乐故相陪。"[8](p.268) 大有南华经之旨，物我相喻，怡然有得。

二、细腻的赏识

女性的诗作反映了女性的生活，所谓胭脂气难免。这不应看作是缺点，而是女性诗的特点与优点。女诗人表现出女性的气质，自娱自乐，完全合乎诗作为一种艺术形式，可以宽幅度地满足人的文化需求。如，女子的自怜，楚楚动人之态，是男性诗人无法也不应效仿的。像金纤纤（长洲人）的诗句："病起名香闻不得，花间小立当熏衣。"[2](p.1279)那种纤细的体态、柔情的移步，全在意料之中。

女子的清真天籁，男子也有所不及。如吴姗姗（吴江人）的《夜坐闻笛》："妆楼风影夜萧萧，检查牙签倦欲抛。何处一声长笛起，隔帘吹月上花梢。"[2](p.1356)"一声笛"，引起条件反射，勾起不尽回忆；属于闺秀的一份排不掉、遣不散、挥不去的淡儋的愁，怎能了却。

还有，女性的细腻，体现在作诗上，也有长处。如，她们的诗中喜用"影"字。影有"风影"、"话影"、"树影"、"雁影"、"瘦影"、"月影"、"坐影"、"蝶影"、"隻影"、"移影"……；体现了女性对光线的敏感，观察细致；以及擅长描写女性形体与女用物品，"指爪"、"娥眉"、"熏衣"……；这些美丽的人体造型或日常用品一经点出，顿具欣赏价值。

从这些方面来看，论作诗的细节，或许男子不一定会超出她们。无怪乎袁枚称道："诗镜最宽，有学士大夫读破万卷，穷老尽气，而不能得其阃奥者。有妇人女子、村氓浅学，偶有一二句，虽李、杜复生，必为低首者。此诗之所以为大也。"[2](p.178)

三、常人的语言

随园老人评诗云："诗人笔太豪健，往往短于言情。"[2](p.885)此则用以评论古代诗家，不免苛刻；此话当作说给女诗人听，最合适。吴地大部分女诗人遣词用字，只是以平易、常用、通俗的语言抒情，如苏州桃花坞金湘芷的诗语，《秋日杂兴》中的"秋来只有睡工夫，水槛风凉近石湖。却笑溪边老渔父，垂竿终日一鱼无。"[2](p.1127)读时不觉秋意沁人心扉。此类例子不胜枚举。

当然，还是有少数女诗人，喜用典故，语出惊人；并且擅长填词。比如柳如是，已是时下文史论坛的热点人物，在此可不为例证。可介绍人称"词是易安人道韫"的徐灿，以词学见长，时人评之为"才锋遒丽，生平著小词绝佳，盖南宋以来，闺房之秀，一人而已。"[12](p.338) 其代表作《踏莎行》云：
"故国茫茫，扁舟何许？夕阳一片江流去。碧云犹叠旧河山，月痕休到深深
处。"[12](p.337) 意味深长，可以与柳如是等人同列。巾帼的许国之愿、忠君之志
可激动须眉。

我们以平常心鉴赏女诗人的诗余之作的话，宁可介绍庄莲佩（武进人）
的《卜算子》："梦里接春来，醉后辞春去。廉外群蜂怅落花，一样嫌忽遽。
几度喜春晴，几度悲春雨。窗下灯花灿烂开，急杀无新句。"[8](p.217) 以及钱念
生（常熟人）的《点绛唇·寄外》："岭隔云高，梦儿欲把羊城遶。怪他双
櫂，不送魂飞到。多病，多愁，多恨，多烦恼，谁知道。心田虽小，长遍相
思草。"[8](p.286) 庄、钱为闺秀填词典范，道出了好人家闺房的两件事：追求文
化的雅，需求精神的正。

最后，要注意的是，清代女诗人群体是最后一批古代女诗人，她们与近现
代女性有着不同的社会背景、不同的遭遇、不同的心态。她们的情感、艺术表
现力是值得我们去认真挖掘、分析、总结，并继承这一份珍贵的文化遗产的。

注释：

[1] 其他历史时期分别是元代及元以前为4人，明代为35人，近现代为19人。

另外，本文所指吴地，限定为丹阳以南的江苏省境内。按现代行政区域划分为苏州
166人、无锡59人、武进78人（以上三地均不含属县）、常熟78人、江阴25人、吴江67
人、太仓31人、昆山33人、宜兴16人、金坛11人、丹阳6人、溧阳3人。

[2] 晚明士大夫所奉行的两股风气是很不协调的，但是，很奇怪地并行于世，甚至并
行于一人。时称瞿式耜"为园于东皋，水石台榭之胜，亦擅绝一时。邑人有'徐家戏子瞿
家园'之语"。以及"居长厚自奉，园林、音乐、诗酒，今日且极意娱乐，明日亦怡然就
戮，甚可怪也。"（见《柳南随笔》卷二与卷四）多数情况则是相反。"流连忘返，醉饱无
时，卿卿虽爱卿卿，一误岂容再误？遂尔丧失平生之守，见斥礼法之士。"（见于清代余怀
《板桥杂记》）

[3] 此书引自《丛书集成续编第155册》（上海书店1994年版第507~513页）。作者
不详。全篇指点乾嘉诗坛人物，未必尽为确论，只是看作苏南诗人在清诗坛中的盛况，未
尚不可。35位苏南诗人是：

托塔天王沈归愚（德潜），长洲人；玉麒麟毕秋帆（沅），太仓人；

霹雳火赵瓯北（翼），阳湖人；双鞭萧子山（抡），太仓人；

金枪手彭甘亭（兆荪），太仓人；病尉迟孙子潇（原湘），昭文人；

井木犴翁霁堂（照），江阴人；花和尚洪稚存（亮吉），阳湖人；

行者黄仲则（景仁），武进人；浪子郭频伽（麐），吴江人；

立地太岁刘芙初（嗣绾），阳湖人；船火儿吕叔讷（星垣），阳湖人；

浪里白条钱竹初（维□），武进人；毛头星袁湘湄（棠），吴江人；

铁面孔目王铁夫（芑孙），长洲人；圣水将顾晴沙（光旭），无锡人；

神火将孙渊如（星衍），阳湖人；神火将一作吴竹屿（锡麒），长洲人；

火眼狻猊张瘦铜（埙），吴县人；铁笛仙赵味辛（怀玉），武进人；

神医薛一瓢（雪），吴县人；出林龙吴竹□（蔚光），昭文人；

独角龙吴巢松（慈鹤），吴县人；一丈青王介人（文潞），太仓人；

母大虫陈筠樵（声和），昭文人；母夜叉沈芷生（清瑞），吴县人；

一枝花尤二娱（维熊），长洲人；锦豹子杨荔裳（揆），无锡人；

金钱豹子石琢堂（韫玉），吴县人；两头蛇徐龙友（夔），长洲人；

双尾蝎李客山（果），长洲人；鬼脸儿薛香闻（起凤），吴县人；

催命判官沙斗初（维杓），长洲人；通臂猿毕子筼（华珍），太仓人；

黄面佛彭尺木（绍升），长洲人。

本章参考文献：

[1] 袁韶莹．中国妇女名人辞典［M］．北方妇女儿童出版社，1987.

[2] 许培基．江苏艺文志［M］．南京：江苏人民出版社，1996.

[3] 袁枚．随园诗话［M］．北京：燕山出版社，2001.

[4] 钱泳．履园丛话［M］．西安：陕西人民出版社，1998..

[5] 王夫之．清诗话［M］．上海：上海古籍出版社，1978.

[6] 朱熹．诗集传［M］．上海：上海古籍出版社1958.

[7] 陈香编．清代女诗人选集［M］．台北：台湾商务印书馆，1977.

[8] 沈德潜．清诗别裁集［M］．北京：上海古籍出版社，1984.

[9] 谢国桢．瓜蒂庵小品［M］．北京：北京出版社，1998.

[10] 周道荣．中国历代女子诗词选［M］．南京：新华出版社，1982.

[11] 江民繁．中国历代才女小传［M］．杭州：浙江文艺出版社，1984.